ものと人間の文化史 141

駕籠《かご》

櫻井芳昭

法政大学出版局

駕籠・目次

まえがき　1

第1章　駕籠の誕生　1

一　駕籠前史　2
二　駕籠の登場　4
三　乗輿制　6
ルイス・フロイスの報告書　6　乗輿制での駕籠　7
四　図絵に見る初期の駕籠通行　16
駕籠の形態　16　駕籠が描かれている場所　27　駕籠に乗る人、担ぐ人　30
五　江戸での町駕籠の自由化　33

第2章　駕籠の種類と担ぐ人　39
一　乗り物と駕籠　40
二　駕籠のつくりと製作　55
乗り物師・駕籠師　55　仕様と大きさ　58　修復・保存処理　59
三　駕籠を担ぐ人たち　62
御駕籠之者・陸尺　62　宿駅人足、駕籠かき、雲助　66
第3章　街道での駕籠　81
一　駕籠継ぎ立て　82
二　紀行や版画に見る駕籠　98
紀行　98　東海道五三次の版画に見る駕籠　108
三　外国人が見た駕籠　115
自国との比較　115　駕籠のつくりと駕籠かき　117　ハリスの江戸参向　121
駕籠運行の観察　125　駕籠の評価　128

四　特色ある駕籠利用　131
大名行列　131　巡見使　136　日光例幣使　139　お茶壺道中　144　オランダ商館長の参府行列　150　早駕籠　153　関所での乗り物と駕籠　158　大井川での駕籠・蓮台渡し　164　輿入れ　169　和宮降嫁　173　唐丸駕籠――佐渡金山の水替人足　182　おかげまいりの施行駕籠　186　僧侶の駕籠　190　病人の村継ぎ駕籠　193　桜田門外の変での駕籠　195

第4章　地域での駕籠　199

一　江戸の駕籠　200
駕籠屋　200　江戸名所図会に見る駕籠　203　吉原通いの駕籠　207
二　上方の駕籠　214
京都　214　大坂　217
三　尾張での駕籠　221
『尾張名所図会』221　天台宗中本寺格・密蔵院住職の江戸参向　227　天台座主・吉田源応のお迎え駕籠　229　尾張の俳人・横井也有の駕籠での旅　230　仙宥院の内津参詣　232　千村氏の江戸出府　233　尾張藩役人の廻村　233　現存する駕籠　234

四　駕籠にまつわる話　238
駕籠訴　238　『旅行用心集』での駕籠　243　駕籠についての諺　245　悶着　246

第5章　駕籠と江戸文明　251

一　明治以降の駕籠　252
二　交通史における駕籠　259

あとがき　267
参考文献　271
駕籠関係年表　巻末(5)
事項索引　巻末(1)

まえがき

「エッサ　エッサ　エッサホイ　サッサ　お猿の駕籠屋だ　ホイサッサ」で始まる威勢のよい童謡「お猿の駕籠屋」は、昭和四〇年代の高度成長期まで広く親しまれていた。疾風のように駆け抜ける駕籠に、時代の勢いと懐かしさをだぶらせていた思い出がある。

ある会合の折、友人に「今、駕籠のことを調べている」と話すと、「あの童謡の〝お猿の駕籠屋〟のこと」という。「そうそう、人間が乗る駕籠のことだよ」と答えると、「そもそも、どうして駕籠なの」と切り返されて、しばし言葉につまった。とりあえず直感的に浮かんだことをまくしたてた。「なるほど、なかなかおもしろそうだね」と興味を示した。別の機会にもある女性に、「輿入れ」の由来について話題にした。今でも嫁入りのことを輿入れというのは、自家の座敷で乗った輿のまま婿家の屋敷まで乗り入れる慣例からきていることを話した。彼女は「へえ、日本の伝統が現在も言葉として生きているのね」といたく感心していた。

一人になって改めて駕籠に注目した理由をまとめると、

①一本の長い棒に、乗り台を吊り下げて、人が担いで運ぶ日本独特の様式の乗り物である。

②庶民から大名まで身分を越えて利用した、江戸時代限定の乗り物である。

③駕籠は浮世絵版画や名所図会、弥次・喜多などの道中紀行には、よく登場するのに、駕籠通行に焦点をあてた交通史研究は極めて少ない。

の三点である。そこで、駕籠にかかわることを、「落ち穂拾い」のように集めて、概説的にまとめてみたいと考えた。

そこで、まず手近なところに現存する駕籠を訪ねることにした。とりあえず、歴史民俗資料館や博物館に所蔵されている駕籠を観察した。調査票を作成して、出会った駕籠を計測し、写真におさめた。そして、その駕籠にまつわる話を取材した。その後は各種の会合の機会や友人、知人に会うごとに駕籠のあり場所を尋ねた。すると、予想より多くの駕籠が現存していることがわかってきた。愛知県下だけでも約一六〇挺を数え、小生の居住する春日井市では一三挺を確認することができた。また、かつては駕籠を所蔵していた旧家や寺院もいくつかわかった。「破損したので処分した」。「火事のとき燃えてしまった」。「家にあっても使うあてがないので、村芝居の人にあげてしまった」。「学校の文化祭に出品したが、帰る途中に落としたのでこわれてしまった」などのそれぞれの事情で、現在は残っていなかった。

街道から駕籠通行は消えても、武者行列、お姫様道中、大名行列、お駕籠まつりなどのイベントに駕籠行列が登場して、日本の伝統行事として親しまれているところが意外とある。また、歌、諺、昔話、時代小説、芝居などでは、脈々として生きており、いまなお、駕籠は日本人の心の奥に存在していることを確認できて嬉しくなった。

本書は、先学諸氏の交通史や文学、風俗画などにかかわる研究資料や業績に負うところが多く、これらをもとにしつつ調査と聞き取りによってまとめた。江戸時代の交通史理解の糸口として活用いただければ幸いである。

第1章

駕籠の誕生

一　駕籠前史

古代の日本では、人力によって人を運ぶ道具は、人を乗せる台の下に二本の轅《ながえ》をつけて、肩で担ぐ輦《てぐるま》や腰の辺りに下げて手で持って運ぶ輿が使われていた。これらには高貴な人が乗られるので、担ぎ手より上の位置で運ぶことが慣例であった。下へぶらさげるような非礼な位置にすることは、罪人以外は考えられなかったのであろう。しかし、長持や荷物、土石などの重い物は、ぶら下げて運ぶことが日常慣行になっていた。

輿は六世紀から文献にみえ、大宝律令では天皇の乗用とされ、特別の場合には皇后、斎王に許されていた。平安時代に入って、輿は貴族の乗用となり、その種類も多くなった。そして、中世以降には、武家にも使用され、室町幕府は三職および相伴衆、評定衆などに限って認めていた。

腰輿は簡便を旨として造られる屋形輿、肩輿、板輿、小輿、塵取などのようになったことから、牛車の下位の乗り物として、高僧をはじめ、貴族にも広く用いられるようになった。また、駕籠のように下へぶら下げる釣輿（半切ともいう）があり、宮家に召し使われる女性の乗り物であった。

板坂卜斎の『慶長記』の「元年（一五九〇）秀頼公三才上洛」のなかに、「釣輿一挺、次に釣輿に秀頼公乳母にいだかれ、供の女房衆釣輿三一挺云々」とあり、釣輿が相当数使われていたことが読み取れる。

駕籠の起源は「あんだ」という竹木で編んだ運搬具で、編板《あみいた》から転じたものとされている。『故事類苑』では、「駕籠は輿の一変せしものにして、その形は輿の両轅を去り、一轅を屋上に加える如くにして、肩に担いで前後より之を担ぐものなり」としている。また、『和名類聚抄』では、「駕籠は刑罰具の項目にあるので、囚人を運ぶ用具として用いられていたと考えられる」としている。『曾我物語』では、「あんだというものに、なsしき屍をかきのせて」とあり、戦死者や負傷者を運んだこと、『太平記』では「生捕られ給ふ一宮中務卿以下六一人或は籠輿に召され、或は伝馬に乗られて、白昼に京へ入り給ふ」とあり、捕虜の運搬に使われているので、編板に取り付けた二本の棒を手で持って運ぶ運搬具であったといえる。

駕籠使用のはじめとしてよく引用されるのが、足利義満の康応元年（一三八九）の『厳島詣の記』にある「御前の浜の鳥居のほとりより、かごにて御船にうつらせ給へり」の記述である。このかごは用語として使われたことには注目したいが、つくりは時期を勘案すると板輿か手輿であったと考えられる。輿の使用については、『源平盛衰記』の安元三年（一一七七）の天台座主明雲僧正の記述など、もう少し古いところから見られる。

駕籠と考えられるものとしては、建武年間（一三三四～三七）の京都三条河原の落書に、最近はやるものとして、「関東武士のカゴ出仕」とあり、武士は馬とともにカゴでの出仕が注目されていたことがわかる。ただ、これが輿であったのか、駕籠であるのかは説明がないのではっきりしない。乗り物の用語としてかごが使われていたことは確認できる。

二　駕籠の登場

輿は高く釣って運ぶため、担いでいる人が石につまずいて転んだ場合は、乗っている人がけがをすることがあった。『垂仁記』一五年には「堕輿而死」とあり、死に至る例もあり、高く釣ることは危険性をはらんでいた。こうした事態を軽減する方式として、一本の轅を肩で釣る駕籠が登場し、乗り台を下げたことによって安全性が増した。

駕籠誕生の系譜は二系統が考えられる。一つは腰輿の二本の轅を取り去って、屋根に一本の轅を通す金具を取り付けて吊り下げるように改造した乗り物である。もう一つは、土石や負傷者などを運んだ「あんだ」の流れをくみ、竹を構造材とし、籠状の乗り台をぶら下げて運ぶ「もっこ」スタイルの簡易な駕籠である。

文化人類学の増田義郎は、「再び文化史像の形成について」のなかで、衣食住、儀礼、都市や農村の生活などの多面的な事例分析から、「室町末期から江戸時代前期にかけて、日本の文化には何か決定的な変化が起こっている。そして、その文化的変化後の日本人は、それ以前の日本人と違った生活を始め、違った倫理感に支えられて行動し、違った価値概念にしたがって、ものを判断するようになった、と言える可能性が大きい」と述べている。駕籠の誕生はこのような文化的変化の具体的なあらわれの一つと考えられる。また、歴史学の黒田日出男は、「画像分析で見える歴史の変動」で、駕籠誕生の契機について、「近世城郭・城下町建設でのもっこ担ぎの労働のあり方が影響している」との見解を示し、駕籠の出現を「変革期の一翼をになう巨大な現れの一つ」と位置づけて、大きな意味を持たせていることに注目したい。

駕籠誕生の背景には、時代を反映する特色ある労働形態、人を運ぶ需要の増加などが影響しているとともに、これを実現した人々のものの考え方に決定的な変化があったことが予見される。例えば、「高貴な人を運ぶのに、必ずしも神輿のように高く掲げる必要はない。下へ吊って安全に運ぶことが大切である」との考え方が、駕籠方式を承認することになったのであろうか。駕籠は輿に比べて、人を安全に運び、その簡易性から土木作業現場などの悪路でも使用できる汎用性の高い新しい形態の乗り物として、近世への変化を代表するものであるといえる。

三　乗輿制

ルイス・フロイスの報告書

桃山時代から江戸時代前期にかけて、多くの風俗画が描かれている。その代表的作品であるいくつかの洛中洛外図屏風のうち、町田本（一五二〇～三〇年代）や上杉本（一五六〇年代）には、腰輿は描かれているが、駕籠はまだ登場していない。

ポルトガルの宣教師フロイスは、永禄六年（一五六三）に来日し、各地を訪れるとともに、足利将軍、信長、秀吉など、この時代を代表する多くの要人たちに謁見し、前任者の資料も活用して『フロイス日本史』として詳細な記録を残している。輿に関する記述が最初に出てくるのは、天文一九年（一五五〇）、フランシスコ師が堺から京都へ行ったとき、同行した日本の貴人が小姓や馬丁を従えての旅である。次は永禄八年（一五六五）、堺で滞在中の都で勢力のある篠原長房殿への訪問で、「当国の慣例である輿以外の方法は許されなかったので、輿に乗って長い道程を尋ねた」と述べている。この時の乗り物については、「非常に軽い材木で作られ、方形で簾がついた二つの小窓があり、中に座っている者が望む度に開閉できるようになっている。非常に小さく、内部は一人がちょうど安楽に座れる。二人がこれを担ぐのですが、道程が長ければ四人で担当します。高貴な人や仏僧たちは皆これを使用し、贅沢で華美なものを所持していることを誇りとしています」と描写している。前述の二例以外に輿を利用した場合をみると、次のようである。

・親族の安全のため、大きい輿に乗せて彼を秘密裡に連れ戻した。

・三好殿の飯盛城の麓に着くと、輿が待っていた。六人の駕輿丁が急いだが、山中で夜になってしまった。上から松明が運ばれてきたので、途次の難渋が少なくなった。

・私は腹がひどく痛み出した。三ヶ殿は都へ行って治療する方がよいと、同所から一〇里離れた都へ送り届ける輿をよこしてくれた。

・松永霜台の息子が、公方様の夫人を殺すよう命じ、輿を彼女のところへ遣わした。彼女を輿に乗せて都から半里隔たった四条河原という川辺に着いた。

こうしてみると、輿は高位顕職の人たちが、特別の場合に使う乗り物となっており、その機会は、長旅の道中、高貴な人の訪問、病弱者の移動、罪人運搬、秘密裡の連れ出しなどであり、江戸時代の駕籠の利用形態とよく似ていることが読み取れる。

乗輿制での駕籠

宮島新一は「秀吉は駕籠に乗ったか」の中で、『言経卿記』には天正二〇年（一五八四）の項目に「ニナイコシ」の用語が使われ、慶長五年（一六〇〇）には「鳥飼道日折ヨリカヽコ借用之間、遣了」と「駕籠」の語が見られることから、「天正末期から慶長初期の間に、乗り物の交代があったようだ」と述べている。誕生してきた駕籠を追認して、法制度に位置付けたのは豊臣政権である。文禄四年（一五九四）、秀吉は乗輿制を発して駕籠使用を一部の高官に制限した。乗り物使用を「家康、利家、景勝、輝元、隆景の五奉行、公家、五山の長老、出世之衆に限り、そのほかは大名といえども、若年之衆は騎馬にすべし」としている。また、駕籠は五〇歳以上で、路次が一里以上に及ぶ場合と病人にだけ許された。そして、これに違反したときは、厳しい咎めを受けることが加えられていた。このように駕籠は高い身分の者と高齢者、病人にだけ許された特別の交通手段であった。

江戸幕府はこの内容を継承して、慶長二〇年（一六一五）発布の「武家諸法度」で「雑人恣《ほしいまま》に乗輿すべからざる事」として、乗り物公許の身分を定めている。その範囲は「国持大名以下徳川一門の歴々（三家三卿）は乗用許可は不用、その他の昵近《じっこん》の者、高位の医者、陰陽師、六〇歳以上の人、病人は許可を得て乗輿」とした。ただし、公家、門跡、格式の高い僧侶は制限はなく、昵近の免許の者（表高家一三家、高家一六家、五〇〇〇石の御側衆、本丸御留守居役、大番頭）は、御免を得た後乗る定めであった。

三代家光の時代になると「武家諸法度」が改定され、寛永六年（一六二九）、同一二年（一六三五）、延宝九年（一六八一）と緩和が進み、乗り物を使える身分は拡大された。

「一門之歴々、国持城主壱万石以上並びに国持大名の子息、城主及び侍徒以上の嫡子、五〇歳以上の者、医師、陰陽師、奥向女中及び病人」とした。そして、幕臣、他の陪臣、五万石以上の大名の家老などは、主人からの誓詞及び断り状を出せば乗輿ができた。また、これ以外の陪臣や女性でも主人の許しを得れば、お忍び駕籠や権門駕籠を使って御用を勤めることができた。

各領国では「諸家中に至っては、その国においてその人を撰んで乗せて可」としている。つまり、公式の参勤道中は別として、各藩内では、その藩制によって乗輿の分際を定めていいという地方分権制になっていたのである。

駕籠は最初のうちは、高い身分の人と馬に乗れない女性、老人や病人のための乗り物として利用されていたが、次第に許される範囲が拡大し、武士も馬より姿を見せない駕籠で行くのが格上との風潮が醸成されていった。

三浦浄心の江戸初期の『慶長見聞集』に、「江戸町衆乗り物に乗る事」の記述がある。これには「江戸の町で、ひとり、ふたり乗り物に乗って異風を好み、外見を飾って往来する者あり。町衆たちはこれを見て、乗り物に乗る者は智者、上人、豪家の面々、その他の人たちも位なくしては乗りがたし。されば江戸町では、奈良屋、樽屋など三人の年寄あり、町の者が乗るならば、先ずこれらの人こそ乗るべけれ」と目立ちたがりの利用者を非難している。乗り物を使用することで自慢顔をしたい町人が横行し、雑人が恣に乗輿する機運があることがうかがわれる。

町駕籠は寛永年間（一六二四～四三）以来制限され、五〇歳以上の許された人しか乗ることができなかった。しかし、実態は闇で利用する人たちが後をたたなかったようである。駕籠は次第に増加していったので、寛永八年（一六三一）には、江戸市中での辻駕籠を六〇〇挺に制限している。また、寛文五年（一六六五）には、「江戸で町人が駕籠に乗ることは、以前から禁止。違反した者は逮捕し、罰則を与える」と令している。そして、品川、千住、板橋、高井戸の各主要街道の入口までは駕籠に乗ってきてもよいが、江戸市中へは禁止としている。街道では庶民も賃銭を払えば利用できた駕籠が府内では、乗輿資格のある限られた人しか乗れないことになっていた。乗輿の許可のないほとんどの旅人は、東海道であれば品川宿で駕籠をおりて、徒歩で江戸の町中へ向かわねばならない。ところが実際は、こうした客をあて込んだ辻駕籠が上記四宿に待機していたので、宿駕籠から辻駕籠に乗り換えて、用務先へ行く人もあったようである。

江戸で庶民が利用できる町駕籠を営業する駕籠屋が、公式に許可されたのは延宝二年（一六七四）で、三〇〇挺に限られていた。ただし、だれでも乗れるのではなく、五〇歳以上の老人、女性、子供、病人と特に許された者だけであった。また、江戸城の内郭地区である桜田門より馬場先門、和田倉門内及び竜の口辺りまで、神田川通り一橋門、竹橋門を限り大手に至るすべてのところでは、町駕籠の往来を一切禁止している。

こうして町駕籠が制限付きで認められたが、現実には規則はあまり守られなかったようで、延宝五年（一六七九）と同九年（一六八一）に、「特別許可された者以外は、一切駕籠に乗ってはいけない」との「ヤミ駕籠」禁止令が繰り返された。そして、駕籠利用について次のような九項目の達しを出して規制の規準にしている。「御触書寛保集成」の乗物之部の延宝九年では次のようである。

一、小普請役を勤めていて、五〇歳前の乗り物の許可は、これからは御免にならない。

一、病気で御奉公が勤まらず、養生の内の乗り物許可は、これからは誓詞を以て御免をなすこと。
一、勤めながらの乗り物許可は、月次駕籠を以て、誓詞を御免なすべきこと。
一、直参といえども、軽御奉公人は乗り物無用たるべし。無拠《よんどころなき》子細があれば、支配方の差図を受け、乗り物あるいは駕籠を誓詞を以て御免なすべきこと。
一、町人の乗り物のことは、今まで支配方の判断で御免していたが、これからは先惣様が駕籠をなすべし。さりながら、子細がある場合は老中弁松平因幡守、石川美作守へ申達して差図を受けるべきこと。
一、猿楽は、たとえ五〇歳以上たりというも、駕籠をなすべきこと。
一、御三家方、甲府殿家司の乗り物許可は、老中へ申達、その上誓詞を以て御免なすべきこと。
一、諸家中五〇歳以上の者の乗り物許可は、主人より書状を取り、その身に誓詞いたさせ、その上にて免ぜられるべきこと。
一、諸家中五〇歳以下の者は病気で乗り物許可を申請してはいけない。しかし、勤めながらの乗り物許可申請は老中まで申達して差図を受けるべし。調査が必要な場合は、主人より書状を取り、その身に誓詞いたさせ、免ぜられるべきこと。
右の外、乗り物の儀は申すに及ばず、駕籠たりというとも、御目付衆へ申達、無拠子細がある場合は吟味の上、差図すること。

五〇歳を境にして、身体の状況、家柄に応じて、誓詞による手続など、乗り物の許可を取るための手順を読み取ることができる。月次や月切駕籠は乗輿の資格のない家臣が、病弱などの理由で駕籠使用を申請して、許可を取って乗るしくみである。この例を名古屋の徳川園内、蓬左文庫にある尾張藩士の「天明五年（一七八五）、右膳様御駕籠願一件」によると次のようである。

私儀持病之癪積其上痰《たん》積眩暈強御座候付、度々発馬上討ニ而者難相動　これにより出勤之砌　誓詞を以て月切乗り物駕籠相用度　氏段願い奉り候　以上

四月廿三日　高木右膳

こうした申請に対しては御目付で事実関係を吟味し、返答を出すのである。他の例から申請理由をみると、腰痛、下冷など老齢でなくてもこれに共通する症状がある家臣が願い出ていたようである。そして、駕籠の大きさもいろいろになり、華美なものも出てきたことから、町駕籠注文の仕様を一七項目にわたって次のように細かく示し、この仕様以外の製作を禁止した。

一、長さ三尺三寸五分（一〇一・五センチ）

一、横下弐尺四寸（七二・七センチ）、上壱尺八寸五分（五六・一センチ）

一、軒の出端、壱寸五分（四・五センチ）、但し四方共

一、台木幅弐寸角（六センチ）金物
一、腰の縁六分（一・八センチ）、四方へ折り廻し。但し四方につり木壱本宛入
一、腰の籠、外より見え候。高三寸五分（一〇・六センチ）、但し渋張外皮竹亀甲組
一、折返し後七寸（二一センチ）、前、壱寸五分（四・五センチ）、前後共御座包
一、掛莚《むしろ》前一盃《ぱい》、後ハ小明キ五寸（一五センチ）ミせ。裾縁まで
一、同窓長壱尺五寸（四五・五センチ）、高九寸（二七・三センチ）、軒下より壱寸五分さけて
一、窓明け、但し白すたれ布縁
一、前々窓大体すたれ前一盃仕、布縁を取
一、屋根渋張、角金物
一、惣体近江表包
一、押縁竹、四通四方共
一、駕籠の内は、さはら木地
一、肱懸、何にても白木
一、棒長、壱丈（三〇三センチ）、丸太

この駕籠は大きさが、縦一〇一・五センチ、横七二・五センチの中型で、掛け莚を付け、屋根は渋張りで角は金物でとめられ、三メートル余の丸太の棒で担ぐ四ツ手駕籠である。江戸幕府の質素倹約

の方針を反映した簡素な駕籠といえる。

将軍綱吉が延宝八年（一六八〇）に就任して、「生類憐れみの令」が多方面にわたって施行された。綱吉公は犬だけの命を憐れんだのではなく、人間も含めてあらゆる生類の弱者をとくに憐れむべきものと考えていた。人間の中では、老人、病人、牢獄にいる囚人などであるとし、牢獄の改善と老人、病人の駕籠利用について禁制の緩和策がとられた。元禄一三年（一七〇〇）、「借駕籠は、旅人は格別とし、そのほかは極老の者、病人、女、小児に限り、目印をつけて乗せてもよいが、それ以外の者は乗せてはいけない」とし、市中の老人や病人が駕籠を必要に応じて利用できるようにした。これに対応するために、自家用でない借駕籠（辻駕籠）を自由化する政策が実施された。つまり、台数制限が撤廃され、借駕籠の営業を希望する者は、税金を納めれば許可されるようになったのである。

借駕籠を営業したい者は、三伝馬町（大伝馬町、小伝馬町、南伝馬町）の名主のところで焼印をもらい、毎月銀三分を納めることが義務付けられた。伝馬町助成に資する税金を課することで、町駕籠の台数自由化が実現したのである。そして、「傾城（遊里）へ行く者を乗せてはいけない。駕籠にだれが乗っているかわかるように簾を取りはずすこと。駕籠は辻や橋畔に集まってはいけない。桜田門、神田川通り、大手などの内郭地域での往来を禁止する」のような条件がつけられた。

焼印登録した駕籠は、同年九月に四三九挺、一〇月七六五挺、一一月一二七三挺と月を追って増え続け、翌年には三六一二挺、極印賃銭一三貫三匁二分に達している。極印賃をとられたにもかかわらず、借駕籠も大八車も増加したのは、無許可のヤミ駕籠が表に出て公認された一面もあったが、従来の駕籠・大八車制限政策が江戸町民の実状に沿っていなかったことの反映である。

町中に駕籠が急に増加し、法定外の利用者や病人のように見せかけた若者、笠をかぶったり、羽織などで顔をおおい隠したりする者、焼印のないヤミ駕籠の横行などが生じ、触れや小人数での取り締りでは鎮静化がむずかしい事態になってきた。駕籠に乗っていい人をそのままにして、駕籠の台数を大幅に増やしたためのギャップである。そこで、幕府は駕籠の台数自由化政策を始めて三年後の元禄一六年（一七〇三）に、再び台数制限政策に転換した。許可する駕籠を六〇〇挺に制限するとともに、課税も廃止したのである。町人が病気でもないのに、駕籠に乗ったり、身分にふさわしくない者が駕籠に乗ったりする実情を、駕籠抑制政策で旧来に戻したいと考えたのであろう。これによって、伝馬町は焼印代の収入がなくなって大きな影響を受けたことはいうまでもない。伝馬町では借駕籠と大八車の極印停止の代償として、二万五〇〇〇両の拝借を願い出た。しかし、宝永二年（一七〇五）になって、屋敷四ヵ所の拝借が許されるにとどまっており、極印銀の停止による不利を補うにはほど遠かった。

元禄四年（一七〇四）には、駕籠かきの日雇座への登録義務化、武家の身分、家格による使用乗り物の定め、続いて、駕籠に定めの外の者が乗っていることが露見したら、本人が召し捕えられることはもちろん、その家主、五人組、名主までも連座させることなど各種の取り締まり強化策を打ち出している。そして、五〇人目付などが中心となって江戸の町中で警戒にあたった。ある日、つくりが町駕籠でない駕籠に町人が乗っているのを見つけて問いただしたところ、伴右衛門は「これは四ツ谷で借りた町駕籠である」と答えた。目付は「町駕籠には焼印があって、戸がないはずだが、これには焼印がなく、戸があるのはおかしい」と追及したけれども、伴右衛門は「町で借りた駕籠に間違いない」といいはった。この裁定の結果は「過料銀一枚」、そのうえ、お叱りがあり、三日間の逼塞が申し渡されている。このように取り締まりに相当本腰を入れていた時期があった。

そして、正徳三年（一七一三）には、許可台数が、いっそうしぼり込まれ、町方三〇〇挺、寺社方二〇〇挺、代官付二〇〇挺だけに焼印して、これ以外の辻駕籠使用を禁止する措置を取った。翌年、さらに、町方の辻駕籠を一五〇挺に半減し、添え焼印を押して、これ以外の駕籠を壊すという強行な布達を出した。しかし、生活がかかっている駕籠かきたちは、これに強く抵抗した。幕府は定数外の無印駕籠の徘徊と、戸や簾・垂れの禁止、定めの者以外を乗せると曲事として取り締まる通達を何回も出すという駆け引きが続いた。こうした状況は駕籠の制限政策が、江戸社会の実態と合っていなかったことのあらわれといえよう。

四　図絵に見る初期の駕籠通行

駕籠の形態

一六世紀末の安土桃山時代から一七世紀初期の江戸時代寛永期（一六二四〜四四）までの代表的な

図1 『家忠日記』でのスケッチ（文献15）

図2 聚楽第図屏風（文献16）

駕籠は表1のようである。今のところ最も古いのは、天正一九年（一五九二）の徳川家康に仕えた松平主殿助が綴った『家忠日記』に描かれた駕籠のスケッチである。

轅が屋根の下を通り、佩刀した二人が担いでいる図で、説明はない。担ぎ手が脇差を帯しているのは、乗っている人が特別の貴人であることを表している。江戸時代では、将軍と御三家、御三卿だけの陸尺が黒絹の羽織を着て脇差を帯することができ、これ以外は帯刀しない慣例であった。

この図は轅が、屋形の棟でな

初期の駕籠の様相

<table>
<tr><th rowspan="2">乗る人</th><th rowspan="2">供等</th><th colspan="7">担ぐ人</th><th colspan="2">通行の様相</th></tr>
<tr><th>数</th><th>頭部</th><th>上部</th><th>下部</th><th>脚</th><th>脚</th><th>持物</th><th>目的</th><th>環境</th></tr>
<tr><td>貴人</td><td>—</td><td>2</td><td>総髪茶筅</td><td>法被</td><td>小袴</td><td>脚絆</td><td>草鞋</td><td>刃</td><td>移動</td><td>—</td></tr>
<tr><td>武士</td><td>槍持武士５人脇１人</td><td>2</td><td>総髪茶筅</td><td>法被</td><td>小袴</td><td>脚絆</td><td>草鞋</td><td>—</td><td>武士団移動</td><td>聚楽第大手門への道</td></tr>
<tr><td>貴人</td><td>—</td><td>2</td><td>総髪茶筅</td><td>小袖</td><td></td><td>—</td><td>草鞋</td><td>—</td><td>花見駐</td><td>寺院境内</td></tr>
<tr><td>家康</td><td>—</td><td>2</td><td>—</td><td>—</td><td>—</td><td>—</td><td>—</td><td>—</td><td>移動</td><td>戦場鷹狩</td></tr>
<tr><td>武士</td><td>毛槍挟箱鉄砲</td><td>2</td><td>総髪茶筅</td><td colspan="2">小袖</td><td>脚絆</td><td>草鞋</td><td>—</td><td>武士団移動</td><td>木工屋根の橋上</td></tr>
<tr><td rowspan="2">女官</td><td rowspan="2">帽子刀２人</td><td rowspan="2">2</td><td rowspan="2">総髪茶筅</td><td colspan="2">小袖</td><td rowspan="2">脚絆</td><td rowspan="2">草鞋</td><td rowspan="2">—</td><td rowspan="2">婚礼行列</td><td rowspan="2">二条城〜宮中への道</td></tr>
<tr><td>法被</td><td>小袴</td></tr>
<tr><td>罪人</td><td>烏帽子１人</td><td>2</td><td>烏帽子総髪茶筅</td><td>小袖</td><td>小袴</td><td>—</td><td>草鞋</td><td>袋</td><td>護送</td><td>街道</td></tr>
<tr><td>貴人</td><td>有</td><td>2</td><td>鉢巻総髪茶筅</td><td>法被</td><td>褌</td><td>脚絆</td><td>草鞋</td><td>煙管</td><td>花見駐</td><td>名所</td></tr>
<tr><td>若君など</td><td>有</td><td>2</td><td>鉢巻総髪茶筅</td><td>半てん</td><td>赤褌</td><td>—</td><td>草鞋</td><td>—</td><td>歌舞伎見物</td><td>小屋前</td></tr>
<tr><td>武士</td><td>３人</td><td>2</td><td>総髪茶筅</td><td>法被</td><td>小袴</td><td>—</td><td>草鞋</td><td>—</td><td>見舞差入れ駐</td><td>工事現場</td></tr>
<tr><td>貴人</td><td>４人</td><td>2</td><td>月代髷</td><td>小袖</td><td></td><td>脚絆</td><td>草鞋</td><td>—</td><td>花見へ移動</td><td>名所</td></tr>
</table>

表1　図絵にみる

項目＼図絵	製作時期	軸			屋根		本体			
		形	色	通る箇所	形	開閉	前	後	横	底
1 家忠日記	天正19 (1591)	直	白	下	三角	—	?	?	窓2 上両隅	角
2 聚楽第図	天正15(1587) 〜 文禄4 (1595)	直		上	三角	—	面	?	面？	角
3 醍醐花見図	慶長4頃 (1599)	直	白	下	三角	—	横長窓	?	面	角
4 戦場駕籠	慶長5 (1600)頃	直		上	三角	—	空	空	空	角
5 洛中洛外図	元和15 (1615)	少し弓なり		上	やや丸味	—	横長窓廉	?	網代編廉雨覆	丸味
6 東福門院入内図	元和6 (1620)以降	直	白	下	棟・三角	—	廉出入り口	?	窓廉	角
7 太平記絵巻	江戸初期	直	白	上 木に穴	やや丸味	—	?	無双窓	無双空板張り	角
8 花見図屏風	江戸初期	少し弓なり		上	丸味	半全	横長窓廉	面	廉屋根軒取付	丸味
9 四条河原図	江戸初期	少し弓なり	白	上	丸味	—	横長窓廉	面	廉窓戸留金具	やや丸味
10 築城図	慶長12 (1607)	直先細	白	上	やや丸味	?	?	面	桟留金具	やや丸味
11 花下群舞図	桃山時代 17C初頭	直	白	上	やや丸味	—		廉(出入り口)	窓廉	やや丸味

い方向で釣られ、屋根の妻が横になって進む不自然な構図である。駕籠の窓のある前方を正面の中央に描いて、立体的に表現しているのであろうか。屋形は直方体の箱形で窓が二つあり、底部には下に降してもよいように、小さな支えが付いており、輿を改良した初期の駕籠の形態をうかがうことができる。

次は「聚楽第図屛風」である。聚楽第は天正一五年（一五八七）、秀吉が関白邸として築いたもので、五層の本丸天守がそびえる城郭様式の豪邸である。しかし、ここの主である豊臣秀次を叛逆者として文禄四年（一五九四）に追放し、自刃させて聚楽第も取り壊されてしまった。

この図には、右端の下部に駕籠が一挺描かれている。聚楽第の大手門へ通じる長者町筋を、槍を担いだ武士の一団が急ぎ足で進んでおり、その中心に従者を伴った駕籠がある、轅は三角屋根の上に二箇所で取り付けられ、本体は箱形で全体は茶色に彩色されている。武士の頭領が急用でかけつけるところを描いているのであろうか。中世末期のあわただしい京都の雰囲気をうかがうことができる。

「醍醐花見図屛風」は慶長三年（一五九八）三月一五日、秀吉が主催した有名な花見の宴を描いたものである。この部分は秀吉と北政所が日傘のもとで歩む近くへ、招待された貴人の駕籠が一挺近寄っている。これは二人担ぎの三角屋根で、轅は屋根の下を通っており、本体は箱形である。

京都の景観を詳細に描いた洛中洛外図は、中世末期から数多く描かれており、各時期の歴史的考察に重要な情報を提供している。交通手段に焦点をしぼってみると、一六世紀中期までの町田本や上杉本では、輿と馬だけで駕籠は登場していない。元和五年（一六一五）ころの制作といわれる舟木本には、二三挺の駕籠が描かれている。これらは男駕籠と女駕籠に大別でき、共通点は「やや弓なりの長い轅が、屋根上の両端に金具で取り付けられている。屋根は半円状で黒っぽい渋塗り、縦長の本体で、底の隅は丸味があり、

図3　醍醐花見図屏風（文献 16）

図4　東福門院入内図屏風（文献 16）

縁は桟でとめられている」ことである。駕籠が登場する場面に注目すると、侍女一行の女駕籠は屋根に二筋の飾り桟があり、夢想窓があって黒塗りの轅で釣る高級仕様になっている。男駕籠のうちでも、武士の頭領が乗る一挺は、本体の周囲が網代編みで、底部に丸味があり、飾りの留め金具がきわ立つ高級なつくりである。多いのはこも張りで、前と側面に竹簾がある打揚式の駕籠である。

「東福門院入内図屏風」は、二代将軍秀忠の娘和子が女御として入内したときの行列図である。元和六年（一六二〇）、二条城から宮中へ向かう一行の乗り物は、牛車、輿、馬がほとんどであるが、釣輿が二挺、先頭に近い一番の長持行列の最後尾に描かれている。そのすぐ前の輿に関して、「御女中方なかえこし如此」という書き込みがある。したがって、釣輿に乗っているのは、御女中にあたる人だと考えられる。轅は屋根の下を通っており、簾を前と横にたらした装飾性の高い駕籠である。出入りは前部の簾を上げて行うようになっており、輿と同じ様式である。輿から駕籠に移行する初期の形態をうかがうことができる。

「太平記絵巻」は、海北友雪が江戸初期に描いたといわれている。後醍醐天皇の蔵人である日野俊基は、倒幕隠謀の張本人とされ、正中二年（一三二四）京都から鎌倉へ護送される。この時の情景を描いたのが本図で、民家が建ち並ぶ街道筋を駕籠で行く場面である。駕籠の造りは、重罪人を運ぶものらしくいかにも頑丈な板張りで、轅が屋根の両端の厚い木部に穴をあけて通してある珍しい構造である。本体は四角の箱形で、無双窓が側面と後部に設けられている。この話の内容は南北朝時代であるが、図絵の作成は近世初期なので、駕籠は近世の形態を表していると考えられる。

図5　太平記絵巻（文献18）

図6　花下群舞図（文献19）

「花下群舞図」は京都の祇園社や上賀茂社の社頭での町組衆による花下での風流踊りの様子が細密に描かれている。商人、御夫、女巡礼、高野聖、琵琶法師、調理人など参詣に訪れた多彩な人たちが登場している。二扇では駕籠が一挺近づいているところが描かれている。轅は直棒で、屋根の上で二箇所が金具でとめられている。屋根はやや丸味をおび、前面の簾は長く垂れているので、前から出入りする様式で、釣輿と類似している。制作年代は、人物描写、樹々の描き方、金泥による雲や銀泥での地面処理などからみて、慶長一九年（一六一四）ころと考えられており、駕籠も初期の様相をよく伝えている。

以上の七図に描かれた初期の駕籠の特徴は、轅はほとんどが直棒で、屋根の下を通して担ぐもの四、上部でとめてあるもの三となっている。屋根は切妻の三角形で、本体はほぼ立方体であり、底部は平らな箱形である。乗り降りは前部や横の簾を上げて行う様式である。全体の姿やつくりは板輿に類似している。これは板輿の下部にある二本の轅を取り去って、屋根の部分に轅を一本だけ取り付けるように改造したなごりだと考えられる。この後になると、轅は弓なりとなり、屋根の上に金具で取り付けるのが一般的になる。屋根は丸味のある半円状となり、屋根の片側の全部または一部が開閉するつくりになって、出入りの容易な打揚式になる。そして、引き戸を設ける形式に変化してくる。本体は縦長になり、底部は隅が丸味を帯びて、接合部に金具が取り付けられるなど細工や装飾がこまやかになってくる。

「家康の駕籠」と呼ばれる国指定の重要文化財が現存している。久能山東照宮御所が所蔵する「徳川家康関連資料」の中に駕籠が二挺含まれている。これは「戦場駕籠」ともいわれ、家康が関ヶ原の戦いで使用したと伝えられている。この駕籠は長方形の台を、高さ三〇センチほどの木枠で囲って足腰を保護するとともに、肘掛を付けて座りやすくしてある。使われている材料は黒渋塗木枠、外側は竹網代、内側は渋紙である。屋根はアンペラ葦のゴザで造られ、四隅は割竹で支えられている。構造材は一本の竹を二つに折り曲げたもので、この二本で乗る人の重量を支えるようになっている。この構造は四ツ手駕籠に共通するしくみで、前述した打揚式の駕籠とは基本的に異なる釣り方である。

この駕籠の四方は吹き放しで覆いはなく、背当ては桐板である。駕籠の大きさは、たて一〇一・〇

図7　家康の戦場駕籠（久能山東照宮蔵）

図8　関ヶ原の家康（アサヒグラフ『前田青邨』より）

センチ、横七四・〇センチ、高さ一〇一・〇センチと中型である。周囲をよく見渡すことができ、軽量で移動に適した実用的な駕籠で、戦場や鷹狩にはうってつけである。

もう一挺は網代駕籠である。これは屋根と側面の壁、軒板部分など全体を黒漆塗りの網代造りとし、四隅に割り竹を用いている。そして、骨組みの木部の要所には金具が打たれている。周囲の網代は枡形文編みにし、前方には明かり取りの朱塗連子の窓を設けている。戸はなく出入りの便をよくするため、屋根の両側がはね上げられる仕立てで、網代の御簾を軒下にたらすようになっている。基本構造は四ツ手駕籠と同じで、屋根の下に長柄を入れて担ぐようになっている。内部に設けられた座椅子は桐材を使い、背もたれなどに葵紋が透彫されているなど、細工は高級仕様である。大きさはたて一〇一・〇センチ、横七一・五センチ、高さ一〇五・五センチで中型に属する。なお、日光東照宮にもこれとほぼ同じで、一段とつくりのよい網代駕籠が現存している。

戦場駕籠の例として、慶長一九年（一六一四）の大坂冬の陣や翌年の夏の陣の戦況を伝える『大坂戦記』の中に、次のような記述がある。「本多佐渡守、山乗物に乗り申し計着し、渋帷子着て、団扇にて蠅を払いながら罷り通り候」とあり、外に飛んでいる蠅が山乗物に入ってくるのを団扇で払っているということで、囲いのない乗り物であったことがわかる。武将は戦場では馬とともに、展望のきく戦場駕籠を適宜利用していたといえる。この系統の駕籠は、「あんだ」の駕籠を受け継ぎ、竹、木、和紙の素材がよく吟味され、簡素であるが細工の優れた機動的な駕籠である。

以上から初期の駕籠の形態は、輿から変化したものと、「あんだ」から変化したものとの二系統があることが確認できた。輿に比べて駕籠は軽量で安全性も高く、運搬しやすいということで、次第に広まったと考えられる。図絵に登場する初期の駕籠は前者のつくりであり、「家康の駕籠」は後者に属する。安土桃山時代後期や江戸時代前期の風俗画に描かれた時代を反映する駕籠は、輿系の乗り物で装飾性を高めていくが、あんだ系の四ツ手駕籠は登場しない。庶民の駕籠が時世粧《いまようすがた》として多く描かれるようになるのは江戸時代中期まで待たねばならない。

駕籠が描かれている場所

風俗画に駕籠が描かれているところは、京都や江戸などの大きな町の道筋、寺社の境内、繁華街、街道筋、築城現場などである。舟木本の「洛中洛外図」に描かれた二三挺の駕籠が登場する場所をみると、三十三間堂、方広寺、建仁寺など大寺院近辺の道が一〇挺、祇園社境内が四挺、木工屋街、五条新町通り、祇園門前町などの人通りの多い町並みや商店が続く町筋が六挺、二条城前の道が三挺となっている。駕籠の状態は進行中がほとんどの二〇挺、待機中二挺、駕籠屋で製作中が一挺である。駕籠づくりは、町中の通りの間口の小さい店で、小人数で行われている。

特徴的な駕籠通行としては、木工屋街の小橋を渡って進む武士団の一行がある。鉄砲一〇、毛槍五、狭箱、武装した従者など三〇人ほどの一団が、中ほどの頭領の駕籠とともに急ぎ足で、どこかへ向かっている。大坂夏の陣が終わって間もないころなので、京都でも武士団の往来が頻繁であったことの反映であろう。

図9　洛中洛外図屏風（文献17）

表2　洛中洛外図屏風に描かれている
人の乗る陸上交通手段の数

交通手段 洛中洛外図	輿	牛車	馬	駕籠
町田本 (1545～31)	1	0	12	0
上杉本 (1545～49)	6	0	24	0
舟木本 (1615～16)	6	1	34	23

表3　舟木本の駕籠

状態	内訳		挺数
進行中	個別	8挺	20
	行き会い	6挺	
	一団	6挺	
	伴付	1挺	
	連なる	2挺	
待機中			2
製作中			1
計			23

また、日傘をさした供女に先導されて、吉待頭巾をつけた女官や駕籠脇の徒士に守られて、急ぎ足に進む侍女の一行。みんな笑顔なので、行楽か参詣など楽しみなところを目ざしているのであろうか。

建仁寺門前の道では、二挺の駕籠が行き会っている。左手から網代駕籠が、かけ声とともに勢いよく進んでくる。右手の駕籠は道端に寄って通過を待っ

図 10　築城図（『近世風俗図譜 11』小学館，1984）

図 11　四条河原遊楽図屛風（文献 19）

ている。狭い道なので、駕籠が行き会った場合は、身分が格下と感じ取った方が、道筋を空けて待機しているのである。参勤交代での行き会いにも通じる光景である。

「築城図」は、慶長一二年（一六〇七）駿府城の天下普請を加賀藩が担当した様子を描いたものである。繁忙をきわめる建設現場へ、陣中見舞に権門駕籠が二挺到着している。使者の武士がさし入れの品である魚や食品を行器に入れて天秤棒で担いで奥へと進んでいる。

「四条河原遊楽図屛風」は、京都の歓楽街の中心・四条河原へ繰り込む人たちが、駕籠に乗って次々に参集している。偃武の世に歌舞伎踊り、人形浄瑠璃、見世物などを楽しむ人たちが満ちて、この一帯は大いに活気付いている。歌舞伎小屋の前に勢揃いした駕籠からは、引き戸を開けて外を見まわす若宮と女房、若様風の貴公子などいろいろである。

駕籠が利用されるのは、武士の頭領や侍女、女官などの身分の高い人の移動の場合である。具体的には、陣中見舞、要人貴人の訪問、寺社の参詣、花見などの行楽、歌舞伎や見世物見物などが代表例である。

駕籠に乗る人、担ぐ人

江戸初期は駕籠に乗ることが許される人は、身分の高い特別な人に限られていた。したがって、図絵に登場する駕籠に乗っている人は、六〇歳以上の老齢武士、医者、僧侶、公家、大名や徳川一門の人たちであった。しかし、こうした規則が現実にどれほど順守されたかは、疑問が残るところである。

図絵で駕籠に乗っている人がわかるのは、内部が見えたり、行列や供の構成から推察できたりする場合である。洛中洛外図の舟木本では、供が多く高級仕様の駕籠に乗っているのは、武士の頭領、侍女などの三例と少ない。供はなく、二人の駕籠かきだけで通行しているのは一四例と断然多い。これらは前者よりは位の低い武士、女官、僧侶、医者などであろうか。また、乗馬は三四頭と駕籠の二倍近く描かれており、勇壮さを身上とする武士の伝統が表れている。

駕籠を担いでいる人はいずれも二人で、服装は背中や袖口に大きな模様の入った法被や腰切り半てんを着ている。下半身は小袴、脚絆を付けて草鞋をはいている。髪は総茶筅髷で、前しばりの鉢巻とともに、いかにも働く者の威勢のよさを感じる容姿である。

駕籠かきたちのいでたちを見ると、それぞれに特徴を出して、競っているようである。頭部にはさまざまな柄の頭巾や鉢巻、顔面にはひげをたくわえ、袖や背中に派手な模様をあしらった法被を着て、明るい表情で駕籠を担いでいる。花々や菱形を連続させた文様、蛸をあしらった意匠などが流行であった。特に、勢いよく水中を泳ぐ蛸は、健脚を象徴する模様として人気があり、江戸図屛風にも見られる。

貴人の駕籠かきの服装は、今日でいえば高級乗用車のお抱え運転手にあたり、その服装は威勢のよさといなせな風体をかもし出して、時代の先端を行く格好のよさが求められる花形職種の一つであったといえる。

一方で、「花下遊楽図」「花見図屛風」の駕籠かきたちは、所在なさそうで哀愁が漂う表情に描かれている。花見は歌舞音曲や会食の宴を交えて、終日ゆっくり楽しむのであるから、貴人を運んできた駕籠かきたちは長時間待機しなければならない。たばこを吸う者、ごちそうを食べたり酒を飲んだりする者、座り込んで居眠りをする者などさまざまである。注釈によれば、駕籠かきたちの中には半裸で上機嫌に踊っている者も描かれているということなので、待機中の駕籠かきも比較的おおらかな処遇になっていたことが読み取れる。

安土桃山時代末期から江戸時代初期の駕籠の様相について、風俗画などからみると、次のような特徴がうかがえる。

図12　花見図屏風――憩う駕籠かき（文献20）

①初期の駕籠のつくりは、轅は直棒、屋根は切妻の三角形、本体は直方体の箱形で、簾を上げて出入りする打揚式であった。その後、轅は弓なりとなり、引戸付の駕籠が登場する。

②駕籠は大都市の町筋や行楽地、寺社境内、街道筋に多く描かれており、参詣、花見、貴人宅訪問、芝居見物などで利用されている。

③乗っている人は、武士の頭領、侍女、女官など身分の高い貴人に限られている。

④駕籠かきたちは、時世粧《いまようすがた》を反映するいきな服装を身につけており、花形職種の一つであったことがうかがえる。

この後の寛永期（一六二四～四四）から元禄期（一六八八～一七〇四）にかけての文化興隆期には、上流社会の乗り物は、木工、金工、漆

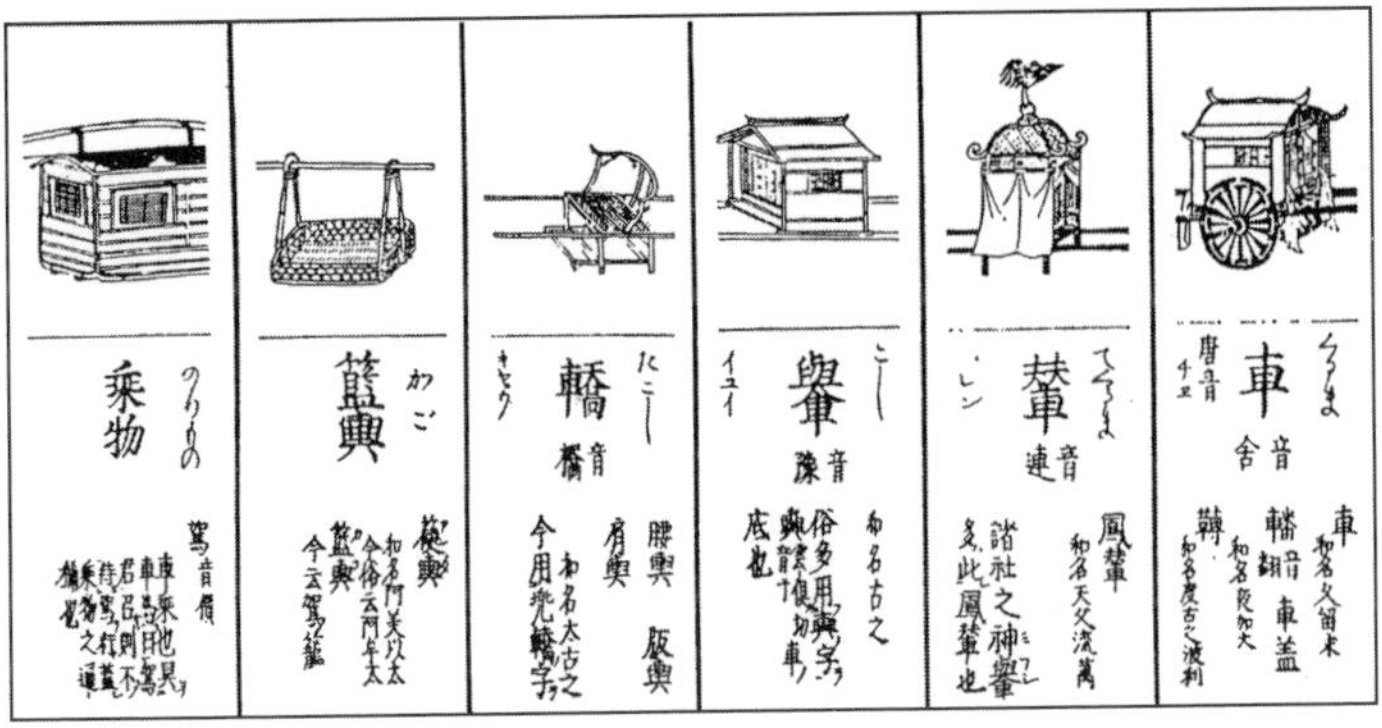

図 13　車駕類（『和漢三才図会』，文献 22）

芸などの伝統工芸の粋を集めた高雅な造りの駕籠になっていく。

江戸時代の図解百科辞典の白眉である『和漢三才図会』で、車駕籠をみると図13のように六種類があげられている。吊り下げて運ぶのは、籃輿《かご》と乗物である。籃輿は、「箯輿《あんだ》、和名は阿美以太。いまは俗に阿牟太という。籃輿、今は駕籠という」とある。「阿牟太とは編板の訓であり、竹木を編んでつくった輿を意味している。」乗り物については、「駕、音は価。車乗也。車馬を具えたものを駕という。君に召されたときは、駕を待たずに行くという。駕とは乗り物の通称である」と説明がある。江戸時代には箯輿の精巧なものを乗り物と称するようになっており、変化していることが読み取れる。

五　江戸での町駕籠の自由化

一八世紀はじめころの庶民の駕籠利用についての江戸幕府の方針は

○駕籠は老人、病人、女小児など特別許可された者以外は、一切乗ってはいけない。
○正徳二年（一七一三）には辻駕籠は焼印を押して許可された六〇〇挺に限定する。

を骨子とする制限政策であった。しかし、月々銀三分を納税すれば許可された元禄一四年（一七〇一）には、三六〇〇挺を越える駕籠が江戸市中で利用されていた。庶民の駕籠に対する需要が相当あったことがわかる。ところがその後、庶民が駕籠に乗ることはぜいたくとの理由から、再び制限される時代となった。しかし、いったん拡大した駕籠利用を急速に規制するのは、現状にそぐわない点がいくつか出て、現実には「ヤミ駕籠」が横行することになった。そこで幕府も何回にもわたって、無許可の駕籠を取り締る通達を出している。

享保五年（一七二〇）には、「近ごろ辻駕籠に簾をおろし、戸を立てている者があるのはふとどきである。戸、簾を取り払い、員数外の辻駕籠は一切使ってはいけない。追って組の者を出向させて改め、違反していれば召し捕え、吟味のうえ、当人は申すに及ばず、家主までも急度申し付ける」

享保一〇年（一七二五）には、「辻駕籠に戸を立てることは、前々から御停止なのに、近ごろは戸をこしらえるので、昨年、名主へ申し渡して止めさせるように通達した。しかし、またまたみだりに戸を立てている辻駕籠が多く見えるので、名主は各支配のところをよく吟味すること。辻駕籠の敷居、鴨居を早々に取り払うこと。自今より廻りの者を差し出して改め、もし違反する辻駕籠があれば見付け次第召し捕え、当人はもちろん、名主、家主、五人組ならびに駕籠を借りた者共に、急度曲事申し付ける」と繰り返している。しかし、実態は

○駕籠に戸を立てて、身を隠して行くあやしい者の検査
○笠や羽織などをかぶって、女に見せかける者や若い者
○病気でないのに、仮病を使って駕籠に乗る者

など、特別許可された客以外の規定違反の利用もあったようである。無印駕籠を担ぐのは、下層の日雇稼ぎの人たちがほとんどである。日庸の仕事にあぶれて生計が苦しいときなどに、辻駕籠稼ぎに出ていて、突然のお改めに出会い、手鎖になる駕籠かきたちもあった。こうしてみると、無免許の駕籠営業が黙認されていたわけではないが、人口に比べて警察にあたる取り締り方の人数は極めて少なかったことから、こうした通達が徹底されたとはいいがたい状況であった。

転機が訪れたのは、享保一一年（一七二六）一〇月一五日、江戸の年番名主たちが、相談のうえ町年寄の樽屋を通じて奉行所へ出した次の陳情書である。

町中の辻駕籠について、先年お定め遊ばされ、焼き印駕籠を下し置かれましたが、それ以後たびたびの火災で類焼し、只今では焼き印辻駕籠は、殊のほか減少しているように存じます。ご当地の下々の大勢の者は、近年稼ぎが不足していますので、無印の駕籠を所持しており、お改めに合って至極難儀をしています。辻駕籠は、只今、駕籠屋や駕籠かきが所持し、ご焼き印駕籠・無印駕籠合わせておよそ八、九百挺もあると存じます。それについて、お願いしたいのは、上記無印の分も当時持高の員数お改めで新規ご焼き印をいただきたいことです。私共は組合を置いて、

前々の御触れにある駕籠に戸を立てていないかを常々相互に吟味してまいりました。万一、不らちなことがあった場合は、組中の者に咎めを仰せつけられれば、自分たちもよく、まぎらわしいこともないと存じます。

下々の軽者どもは、日用稼ぎがないときに妻子養育のため辻駕籠稼ぎをいたしますので、辻駕籠が無数にあっては、軽き者どもは稼ぎ不足になって、困窮して難儀をします。お改めに会って、手鎖などに仰せつけられれば、極貧の者は妻子まで難儀となり、家主を頼ってみつぎを要求するので、迷惑しています。この度、ご焼き印お改め、辻駕籠の員数をお増しくだされば、下々大勢の者をお救いくださることになり、科人《とがにん》もできないと存じます。只今所持の員数を減らされれば、稼ぎが不足して、またまた無印駕籠を所持する科人もできますので、ご慈悲をもって右のとおり(焼き印駕籠)に仰せ付けてくださいますようお願いいたします。

この陳情書で年番名主たちは、極貧の者たちが生きるために辻駕籠稼ぎをして処罰されると、妻子ばかりでなく生活の面倒を家主がみなければならないから、この際、焼き印した駕籠の数を増してくださいと願い出ている。

奉行所がいくら「辻駕籠は三〇〇挺に限る」と命令しても、関係する町人たちは、罪人にされることを恐れながらも、生計のため九〇〇台近くの「ヤミ辻駕籠」を使っていたといっている。そして今ある無印駕籠を取り締りで減らせば、生計のためまた無印駕籠が出てきて、また科人が出るようになる。だから、今ある無印駕籠も御免駕籠として焼き印をし、その数を増してくれというのである。
江戸の町の安寧をはかる町奉行所も、この町人の代表からの要求をそう簡単に却下することはできなかった。この当時の町奉行の一人は、各種の名裁決で有名な大岡越前守であった。これについて検討の結果が、同年一二月六日、諏訪美濃守から年番名主が奉行所に呼び出されて、回答の触書が渡された。その内容は次のようであった。

辻駕籠は三〇〇挺に決めて焼き印してきたが、これからは焼き印しなくてよい。台数に関係なく勝手に渡世してもかまわない。また、戸を付けることは、今まで通り一切禁止する。また、今所持する駕籠に敷居や鴨居があるものは、早々に取り払うこと。今後、戸のある駕籠を見かけたら、持ち主はもちろん、駕籠屋共に吟味のうえ処罰する。

こうして、辻駕籠は自由化され、庶民も必要によって一般的に利用できる交通手段になったのである。ただし、辻駕籠の利用にあたっては、「戸を立てないこと、ござをおろさないこと、敷居、鴨居をつくらないこと、定員外の者を乗せないこと」をその後も引き続いて通達して取り締まっている。
武士が登城などの公式の場で駕籠を使える人は、従来通りの規定と資格であり、馬でなく駕籠を使用したいときは、願い出て許可を取る必要があった。旗本で身分が軽い輩、諸家の陪臣などは、その年齢と体調などの事情によって許可された。例えば、旗本や陪臣で年齢が四九歳までは、次のような乗り物断り状の誓詞を御目付へ出して許可を受けて乗らなければならない。陪臣の場合はその主人から出すことになっていた。

○乗り物断り状（例）

一筆啓上致候　私儀当年五十歳に罷成候　右の通り日本の神祇偽りにては御座なく候　これに依り乗り物御断申し上げ候　恐惶謹言

五〇歳を越えた後は、誓詞を出す必要はなく、下馬所まで公然と駕籠で行くことができた。しかし、天明五年（一七八五）以後は禁止になっている。

第2章

駕籠の種類と担ぐ人

一　乗り物と駕籠

「乗り物」の現代での意味は、「人を乗せ、ある所まで運ぶものの総称」である。しかし、江戸時代には、引き戸のある高級な造りのものを「乗り物」といい、引き戸のない簡素な造りのものを「駕籠」と呼んで区別していた。『古事類苑録』では、「製作には少異あるのみ。およそ乗物は周囲をござを以て包めり。而して、又木を以て造り、髹漆《きゅう》（黒味がかった）を施し、金銀を以て飾り、美麗を極めるもあり」とし、『江戸町方の制度』では、「もとは同一なれど、その製、緻密なるを乗物といい、粗雑なるをば、これを駕籠と呼びたるなり」とある。また、『徳川盛世録』には、「腰に籠目なきを乗物といい、籠目あるを駕という」と籠目の有無に注目している。乗り物と駕籠の区別は、戸の有無がわかり易い基準であったが、種類によっては外見や内部の造作でわずかな差のものもあり、紛らわしい場合もあった。「乗り物」か「駕籠」か、の判定の違いによって、街道での継ぎ立て人足数、関所通過時の関所手形への記載事項などで扱いに差が出るため、紛争になることもあった。

乗り物は、乗ることが許された身分とそれに応じた乗り物仕様が定められて、家格制度の表象となっていた。最高級は将軍用の乗り物で、四側を網代張りにして黒漆溜塗（下地に朱や鉄丹を塗って乾燥させ、その後木炭で磨いて艶消しして、その上に透漆や梨子地漆を塗って仕上げる）にしたものである。

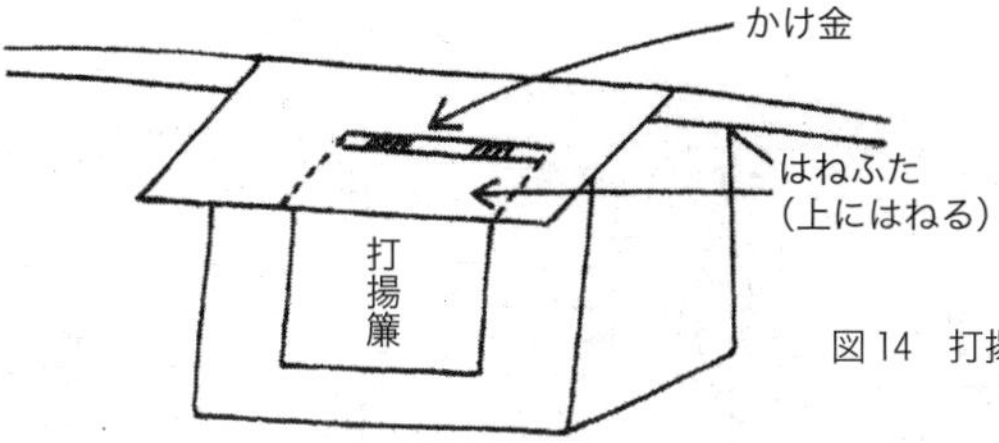

図14　打揚解説図（文献3章68）

図15　打揚乗物（文献3章68）

大名用は安永五年（一七七六）の家格による乗り物制定以後は、次の五段階になっていた。

①打揚腰網代乗物——御三家と伊達（仙台）、島津（鹿児島）、越前（福井）、萩（毛利）、岡山（池田）、浅野（広島）、上杉（米沢）、高須（美濃）など二〇家

②打揚乗物（腰網代なし）——明石、津山、糸魚川、喜連川、前橋など九家

③打揚腰網代の内、一方相用候乗物——会津、久留米藩など四家

④腰網代乗物（打揚なし）——宇和島藩

⑤引戸乗物——右記以外の家

初期の乗り物で一般的であった打揚式が上位になっている。この方式は引き戸がなく、左右の莫蓙を上に揚げて出入りした。屋根の半分が蝶番で上に揚がる造りだから、乗る人は腰を曲げずに乗ることができる。内部は肘掛け、しとね（敷物）が備え付けてある。この型では、乗り物の下部が網代になっているのが最高級である。

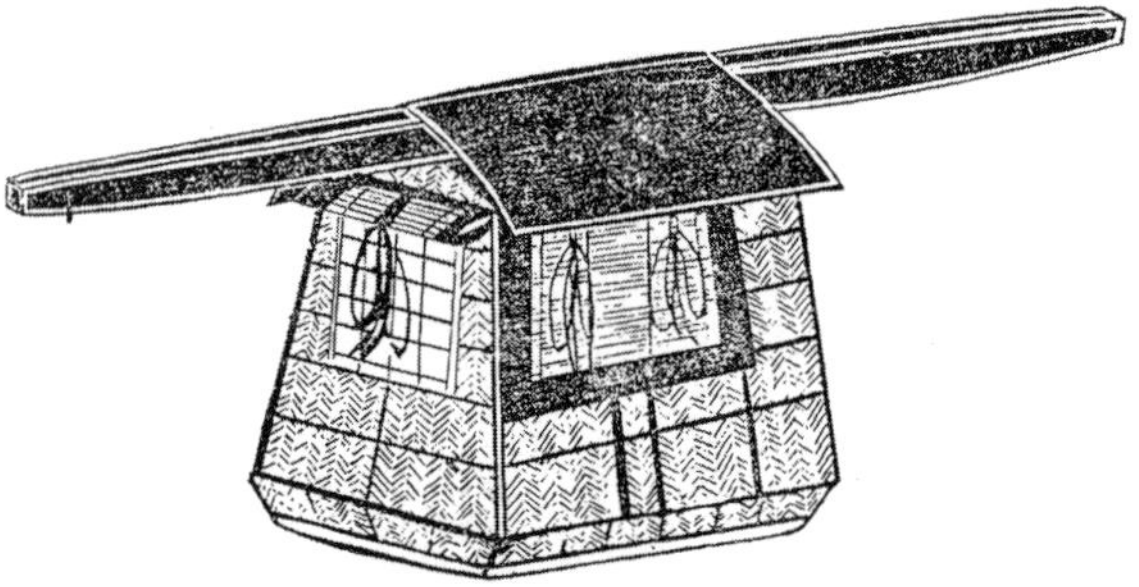

図 16　乗物（『守貞漫稿』，文献 1）

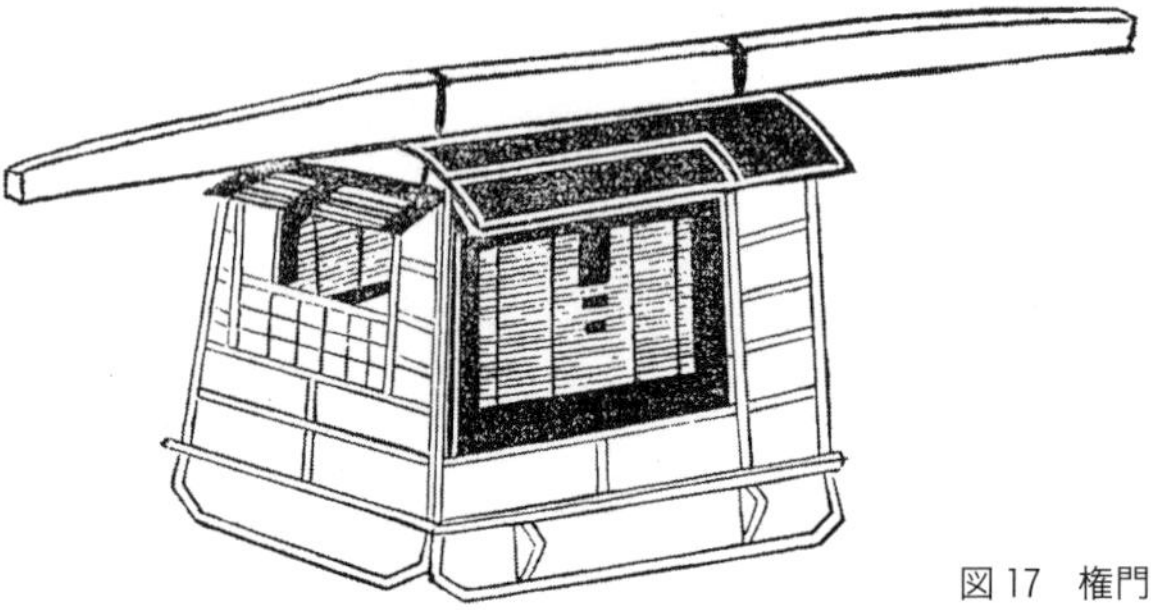

図 17　権門駕籠（文献 1）

乗り物の細部の造りや、日覆、傘、長刀、供鎗、供馬、茶弁当などの行装や構成には、各家の慣習に基づいて厳格に江戸市中での供行列が行われた。『大名家事典』には、各家の行装が記載されていて興味深い。二本松藩（福島県二本松市）外様・十万石の安永元年（一七七二）の定式供立てをみると、当主の丹羽長貴《ながよし》が四品となったので次のように取り決めている。

①乗輿は、打揚腰網代を旧格で、五節句などで使用（安永五年不可となり、のち打揚か腰網代の一方を式日に許される）

②虎皮鞍覆（乗り物のあとに引かせる乗用馬に置くもの）は、旧格

を以て装束のときかける。（安永五年不可となる）
③御茶弁は常式に持つ
④御跡乗二人、常式に召し連れ。但し、これまでは御代々御駕籠脇の御供頭平士に候ところ、本文の通り、定騎馬供に召し連れ候ゆえ、町奉行格二〇〇石席に仰せ付けられ、召し連れられ候事。
⑤御供鎗三本、御供馬二疋召し連れらる。

このように、家格と当主の位によって、供行列の行装が定まることが読み取れる。駕籠がどういう造りかとともに、行列を構成する鎗のつくりと本数、その位置、傘や長刀の種類、供馬などの全体構成によって、各家の格式を示していたのである。

また、参勤交代の道中では、一段上位の乗り物が使用されるのが慣例となっていた。この大名駕籠の担ぎ棒は先が細くやや弓なりになっていたので、「長棒駕籠」「本棒駕籠」と呼び、六人で担ぐのが普通であった。

大藩の藩邸には駕籠を収納する専用の建物が設けられていた。長州藩（毛利家）の麻布下屋敷図をみると、表御殿と御座の間に挟まれた位置に細長い「駕籠部屋」が建てられている。藩邸で常備されている「御屋敷駕籠」をおさめ、必要に応じて出庫していた。その主な種類は、藩主用の大名駕籠、秘書にあたる留守居役が使う御留守居駕籠、各種の女乗り物、大名やその室が秘密裡の用務に使う腰黒の御忍駕籠などである。これは外装がござ打ちで、日覆と屋根の間が透かしてあり、黒の太い八打紐で轅に結んである。担ぎ手は轎夫といい三人が標準である。

図 18　留守居駕籠（文献 1）

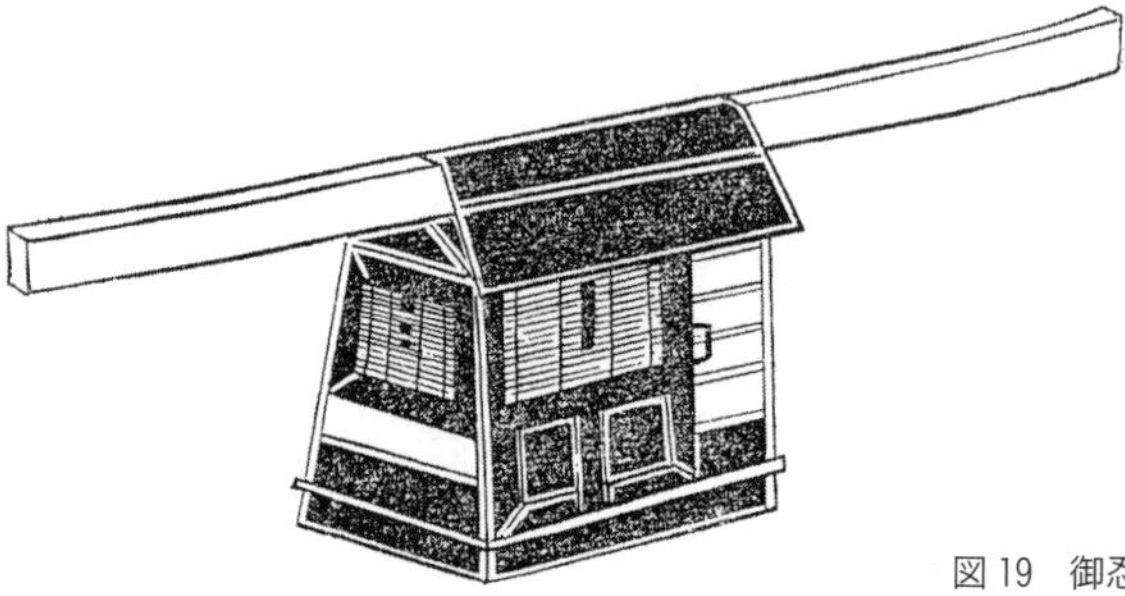

図 19　御忍駕籠（文献 1）

特別な御忍駕籠として、藩主が万一のとき、非常脱出用に密かに配備されたものが、名古屋城近くの土居下の武家屋敷に置かれていた。尾張藩主は城内の二の丸御殿で生活していた。この北の二の丸庭園には、一面に勝川石（小牧長久手の戦いで徳川家康軍に勝利を呼び込んだ縁起のよい石）が敷き詰められ、賊の侵入を察知する願いが込められていた。非常時に藩主が脱出するときは、この庭園をつききり、二の丸の一角にある塀の下をくぐる埋御門を通って、外堀へおりて舟で北側の御深井の庭にあがる。そして、高麗門を経て土居下に入って御忍駕籠に乗り、清水、勝川、定光寺に至り、それから木曽路に逃がれて行く経路が決められていた。こうしたとき、藩主を守護するのが「御土居下御側組同心」である。三の丸北面の土居と湿地帯との細長い樹林地帯に、御土居下同心の屋敷がひっそりと並んでいた。この一軒に藩主用の御忍駕籠が代々用意されていたのである。同心の俸禄は七石二人扶持ほどと少ないが、同心たちは剣術、砲術、馬術、忍び、学者、文人などいずれも一芸に秀でた者たちで、日ごろはそれぞれの職務につきながら技を磨いていたという。

藩政の要諦を伝える「円覚院様御伝十五条」の中にも、「名古屋城万一の場合は、木曾路に落ち行き、楠木正成公の故事にならってたてこもり、開運の時期を待つべし」としている。明治二年、版籍奉還の際、この御忍駕籠が尾張徳川家へ返納された。しかし、徳川家ではこの立派な駕籠が下級武士の家になぜあったか不審に思い、事の詳細を求めたということである。このことは、土居下同心の任務がいかに極秘裡に運用されていたかの証左である。

江戸の各藩邸には、駐在する留守居役や江戸屋敷在住の高禄家臣が使う御留守居駕籠がある。これは中型の権門駕籠で、担ぎ棒は桐材で轎夫は二〜三人である。大名の家臣で自家用駕籠のない者が、主人から借りる駕籠でもあり、外装はござ打ちで、押し縁は竹材であり、日覆いを使う場合はござで紺の縁取りが一般的である。

規定では駕籠に乗る資格のない武士で、病弱や目眩みなどの理由を願い出て、借用して乗る駕籠を「月次駕籠」と呼んで、五ヵ月を限度として許可されていた。

高貴な女性の乗り物は、「奥方乗り物」とも呼ばれて、次のような六段階があった。

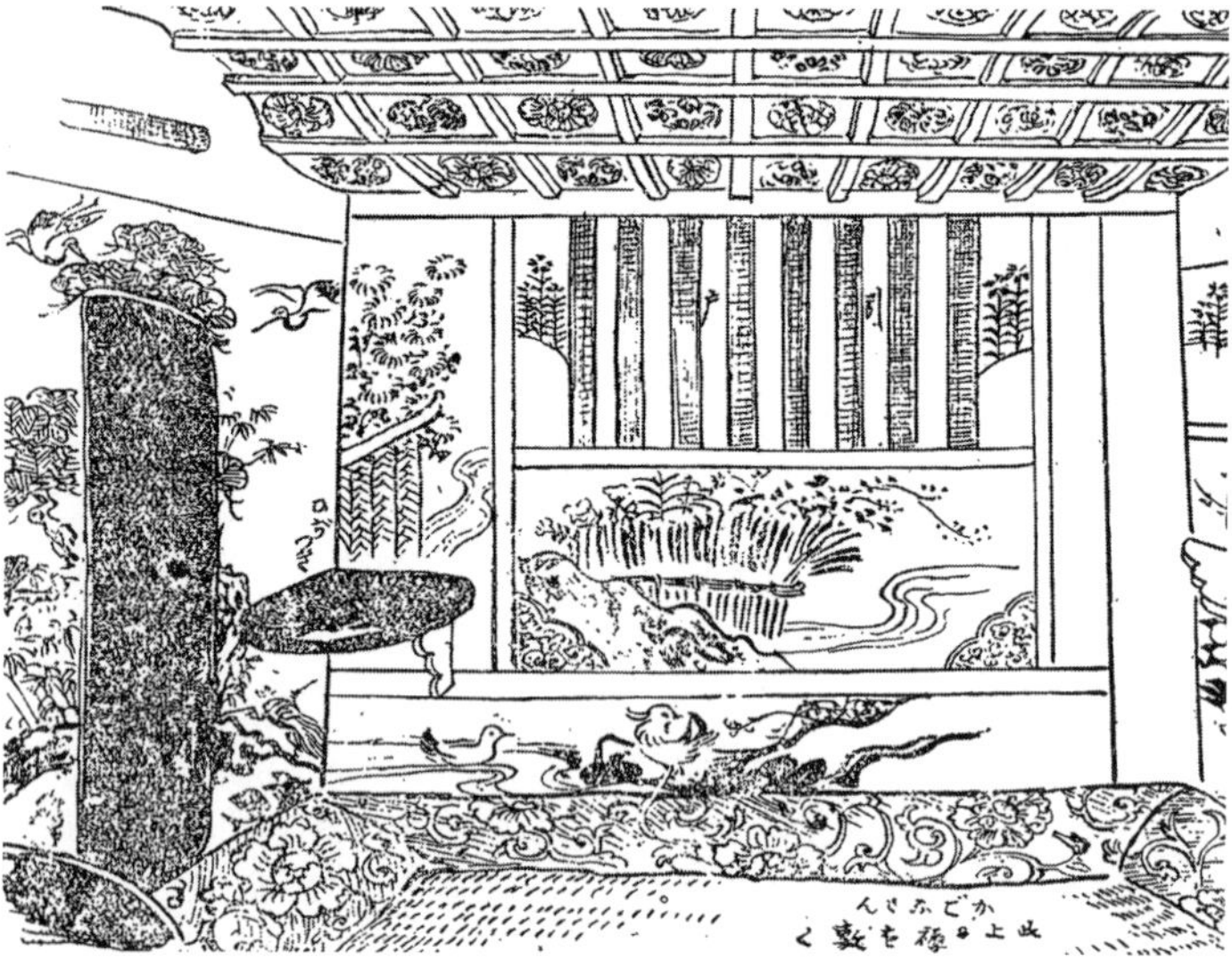

図 20　国主大名女乗り物の内部（文献 1 章 2）

①黒塗網代（総黒漆塗定紋金蒔絵入り、あるいは定紋に唐草）——御台所、姫君、御腹様、御三家御三卿御簾中、大々名御前様

②紅塗などの網代（金蒔絵定紋入り）——大名奥方、姫君

③朱塗網代——御本丸大奥女中方（老女衆、小上臈、御客応答（会釈）、御錠口

④飴色網代——大奥中臈、表使

⑤青漆塗鋲打ち——大奥御次頭、御祐筆、御錠口助、御次、尼、御広座敷頭、御三之間頭

⑥呉蓙打ち——御目見以下の御女中など

それぞれに、はなやかさが感じられる高雅な女乗り物である。また、幼児や子供との二人乗りは「相乗り駕籠」「子女駕籠」と呼んで認められていた。

①の最高級の黒塗網代乗り物について、「押縁黒に鍍金の金具を打ち、日覆は長刀袋、挟箱覆、傘袋ともに猩々《しょうじょう》非《ひ》とあでやかで、白羅紗の切付皮の定紋を打つ」とし、乗り物の上には朱の袋入り傘を傾け、傘のロクロに錦のお守袋が吊されていた。特に、御台所の乗り物は重かったので、お末が一二人、お広敷外では陸尺が二五人も掛かったという。貴人の女性は奥座敷で乗り込み、式台までは腰元が女陸尺となって運び、玄関で男陸尺に代る。そして、先様まで徒歩で付添い、そこの玄関の式台で再び女陸尺と交代して奥座敷まで運び入れたのである。このように、奥から奥まで運び入れたことから、姫君などの貴人を「箱入り娘」と呼ぶようになったといわれる。駕籠が箱であり、世間を知らないうちに目的が達成されることの欠点を揶揄《やゆ》している。

公家も家柄によって、乗り物の使用が定まっていた。朝臣である公家は輿も使った。門跡は遠出のときは四方輿、平常は塗輿であり、御摂家は板輿が常用であった。一般公卿は網代輿、高家は塗輿、宮中の女房は釣輿が一般的であった。公家の駕籠については、『街道曼陀羅』に紹介されている「網代包駕之図」によれば、次のようである。

①仙洞・上皇――総網代幸菱、栗色、金物総煮黒目無地、翠簾四方緑、花色ビロード菊紋織、内部は総木地、棒は木地 檜柾目《ひのきまさめ》白木、長さ一丈六尺六寸（五〇三・〇センチ）、山高さ一尺五分（三一・八センチ）

②門跡・聖護院宮――総網代、棒は檜柾目春慶、但し柱間三枚打黒塗、網代幸菱組黄網代、金物総銀鍍金、内部は総春慶塗、翠簾黒ビロード四方緑

③門跡・知恩院宮——総網代幸菱、栗色、棒は黒蠟《ろう》色黒塗　金物総毛目唐草毛彫紋付

④公卿・近衛家——総網代取巻薄桜色塗、外廻り総春慶塗、棒は檜柾目春慶朱塗、金物総煮黒目無地、内部は総木地、翠簾二部割溜塗黒ビロード縁

などであり、いずれも高級仕様の乗り物であった。また、併せて輿も利用していた。

大きな寺院では、駕籠が二挺以上あり、僧侶は用務によって使い分けていた。晋山式や葬儀などの公式の場合は、朱塗総網代駕籠を用い、普段使いには網代駕籠を使うのが一般的であった。また特別な格式の高い寺院では、独特の型の駕籠があり、例えば日光宮輪王寺法親王所用の乗り物は、総網代で前の下半分を大きくふくらませた珍しいものであった。

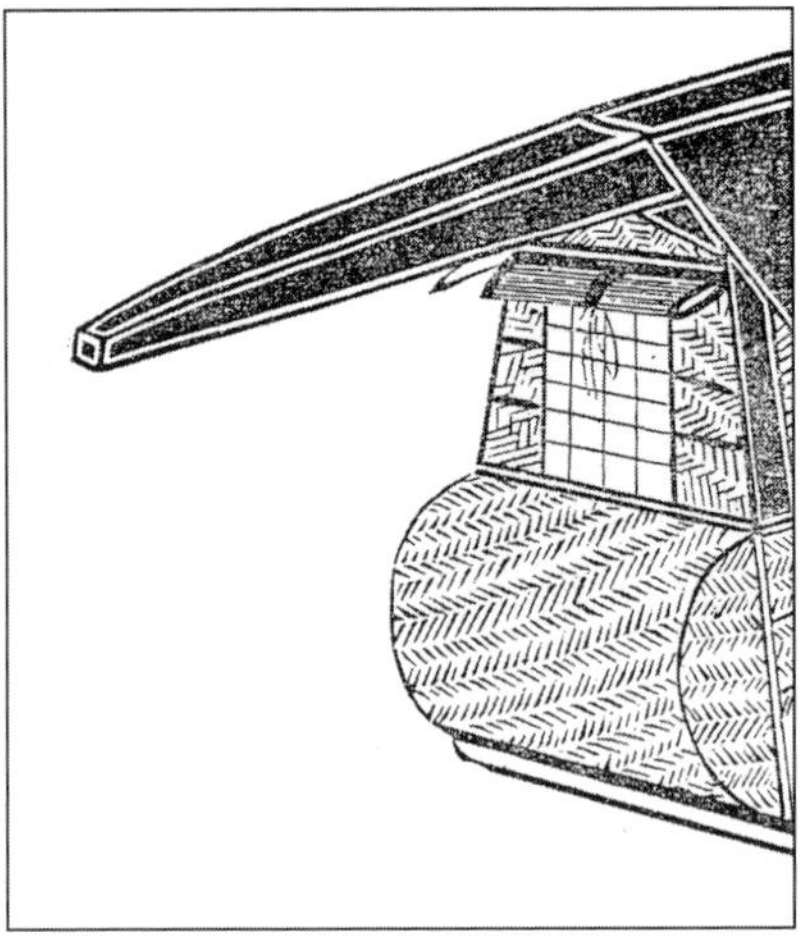

図21　輪王寺法親王所用の乗り物（文献1）

幕府や各藩のお抱え医者は修業のためもあって、主人の邸宅から八町四方の町中に居住して、武家とともに町人も診察するようになっていた。幕府の奥医者や目見医者は、供廻りを六～一〇人ほど従えて、四～八人の陸尺が担ぐ長棒駕籠で移動していた。徒医者は薬箱を持った供と歩いて往診していた。江戸医師の陸尺は、「医者六」ともいい、普通より長めの腹掛に合羽を用いる。これはその医者の苗字をた

てに連ね、一布に紋紺地浅黄色などに染めてある。急用のときは、往来を駆け抜けることも特別に認められていた。奥医者や大名の医者は、権威が高く、陸尺や供廻りの者まで弁当代として、金銭を出させることが通例となっていたので、富裕の家しか診療が受けられなかったという。

尾張国鳴海宿東方の東海道沿いの阿野村（愛知県豊明市）に、尾張藩の医者で最高位である「法橋」であった三田無忍の屋敷が現在も残っている。この家には江戸時代は駕籠が五挺あり、長屋門の棟に格納されて、用務によって使い分けられていた。名古屋城の藩主らへの往診時に、天保年間から明治初期まで使われた黒漆塗腰板の駕籠は、名古屋市博物館に寄贈されている。また、自宅には修復した権門駕籠が玄関先に吊られている。この駕籠の使用者は、三田無忍忠純（享和二年・一八〇二生～明治六年・一八七三没、七一歳）である。平成一四年に修理したとき、背もたれ板の裏側に「代金　六両弐分也　天保十三年（一八四二）寅四月新規出来　尾州大江市郎兵衛弟子利根兵衛仕立候」と記載されているのが見つかった。大江市郎兵衛は、慶長年中に清洲の町から名古屋城下の七間町に移ってきた乗物師である。尾張藩初代の徳川義直時代から代々御用も勤め、宝永四年（一七〇七）指物師支配頭に任命されている。五代目になる寛延（一七四八～五〇）は、名字がなかったが、その後、職人としての功績が認められて、大江姓が与えられたと考えられる。尾張国で一流の医者であるから、駕籠もその道の最高の仕上がりが期待できる職人に依頼されたと思われる。

江戸での町医者は、乗り物医者と徒歩医者に分かれていた。乗り物医者は、長棒駕籠に乗って供を連れて往診するもので、奥医者、御番医者、御目見医者などがあった。奥医者になると、「医者六」

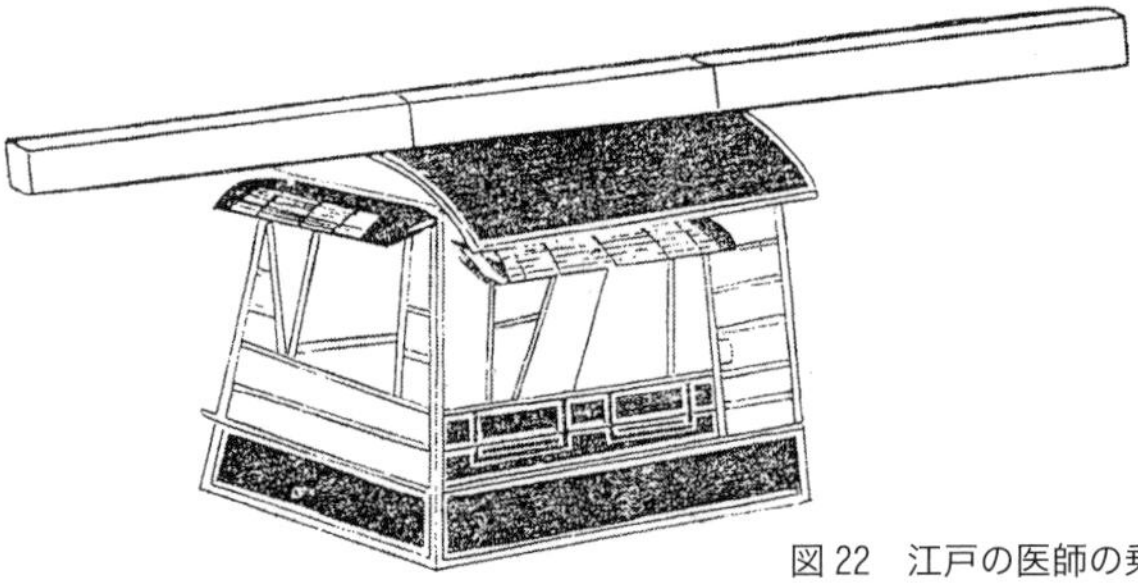

図22　江戸の医師の乗り物（文献1）

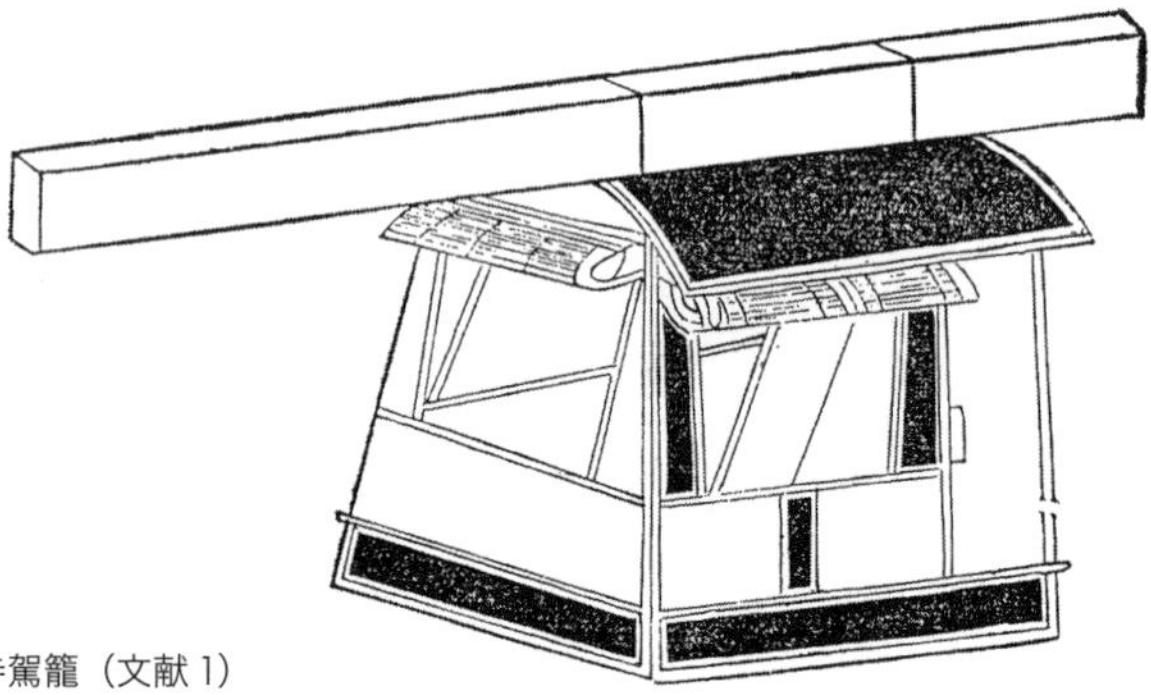

図23　法仙寺駕籠（文献1）

といわれる専属の六尺の四枚肩、八枚肩のような大型の駕籠に乗って行き、大変な権勢であった。御目見医者になることは、このうえない栄誉であった。身分制度の厳重な時代に、民間から御目見できるのは医者だけで、そのほかにはほとんどなかったといってもいいほどである。こうした栄誉を得た医者は格が上がり、各家からの往診要請が増え、繁昌につながったという。

医者の仕度料は、弘化二年（一八四五）ころ大名等は二百疋あるいは金三歩、旗本は銭三貫文から金一分二朱くらい、町家の大店では銭で四、五貫文くらい出させている。奥医師になると、供廻りは侍が二人、挟箱持、薬箱持、長柄持、草履取、それに六尺が四人、合計一〇人であった。飯時になっても食事は辞退し、仕度料に食事代、駕籠代を加算して往診代を受け取る習慣があった。大正、昭和になっても、医者の車代が病家に請求される例が残っていたのは、こうした江戸時代のしきたりの名残りといえる。

庶民用の駕籠で最上のものは、法仙（宝泉）寺駕籠である。引き戸がある箱型キャビン形式で、側面は畳表を装飾張りしてあり、木部は漆塗りで飾り金具が隅に付けてある。前方と左右の窓は竹すだれで、この上に雨よけが付く。屋根の一部が開くようになっており、乗り降りの際に頭があたらないようになっている。内部は畳敷きの上に座蒲団が敷いてあり、背もたれの板と肘かけが固定されている。担い棒は、桐材の角棒で、長さは三メートルほどであり、切棒駕籠とも呼ばれていた。総重量は約二〇キロで、山駕籠の二倍と重く、重量感がある。富家の商人、医者、儒者、小身の武士などが裃を着用して、威儀を正して利用していた。

庶民の最も多くが利用するのが四ツ手駕籠である。この基本構造は、真ん中で折り曲げた二本の竹を構造材とし、四隅に柱を立てて囲いをつくるもので、皿駕籠のつくりと同様である。四側の仕上げは、引き戸と二方に窓を設けてあるもの、茣座を垂れにしてある織（折）部駕籠、泥障《あふり》駕籠などいろいろである。乗り物と四ツ手駕籠を比較して、それぞれの特性をまとめたのが表四である。

辻で待機している辻駕籠は、垂れと前後に覆いの付いた簡素な駕籠であんぽつ、四ツ手（四ッ路、京四ツ）駕籠で戸がないことから「戸なし駕籠」とも呼ばれた。垂れは茣座でつくられ、中央に竹簾の窓がついている。窓を簾にしたのは、巻き上げを容易にするためである。前の覆いの上半分も竹簾

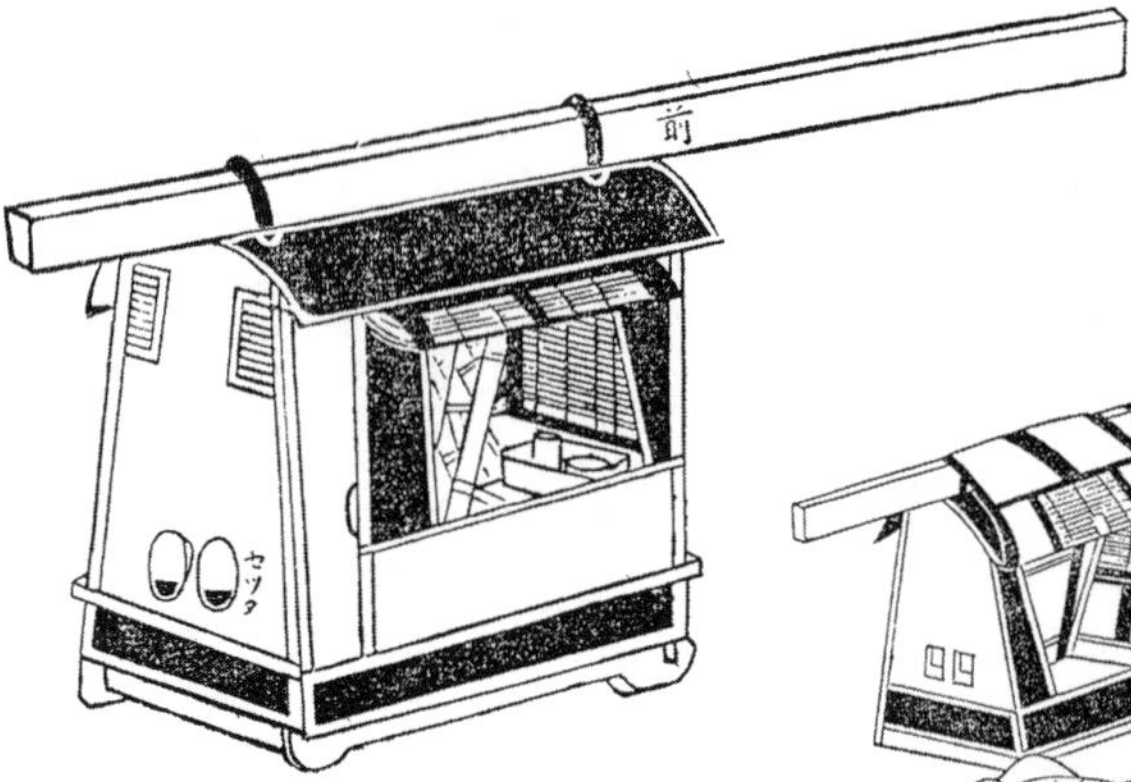

図 24　あんぽつ（文献 1）

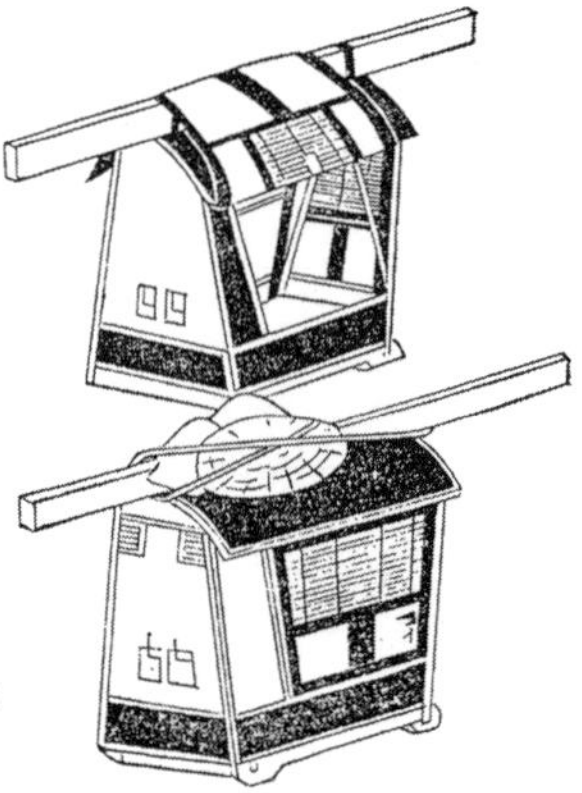

図 25　京四ツ手駕籠（文献 1）

表 4　乗り物と四ツ手駕籠の比較

項目＼種類		乗　り　物	四ツ手駕籠
材料		木，金具，布 紙，竹	竹，藤
轅		桐など	竹，松など
性能	重量	20kg 以上	10kg 程度
	耐久性	有	弱い
	製作	特注	規模生産
利用		将軍，大名 公家，医者 僧侶，姫 奥方	宿駕籠，早駕籠 戦場駕籠，辻駕籠 唐丸籠，山駕籠 病人駕籠，施行駕籠
現代の該当乗り物		自家用車 公用車 ハイヤー レンタカー	タクシー，護送車 救急車，新幹線 スポーツカー ジープ

で、前方がよく見えるようになっている。座席は長方形で、背もたれは梯形、屋根は竹製の網代編みである。担ぎ棒は丸棒で二人担ぎ、急ぐときは三〜四人に増員して交替する。垂れ付きの駕籠は、あまり顔を見せたくない役者、遊里行きの客、お忍び行きなどの人たちに好まれたが、幕府は乗っている者の顔が確認できるようにせよと再三令している。庶民

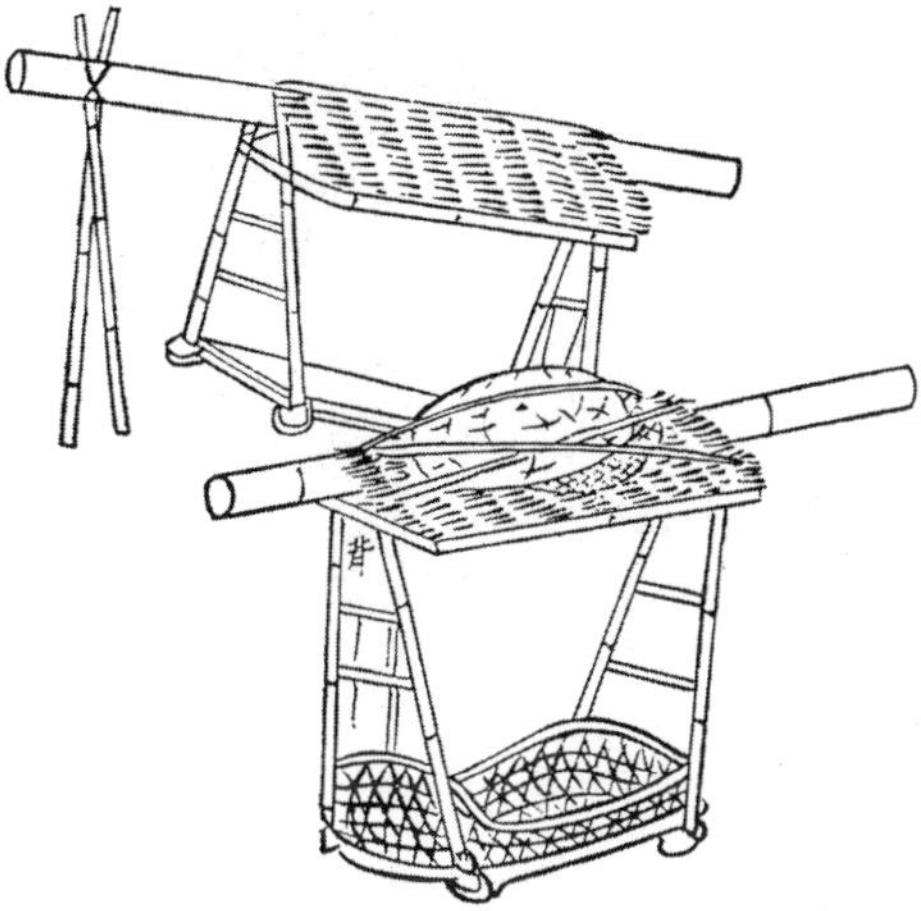

図 26　問屋駕籠（上）と宿駕籠（文献 1）

図 27　山駕籠（『モースの見た日本』小学館，1988）

が駕籠に乗るのは、賃銭も相当かかることから、年始回り、婚礼、病気などの特別な場合に限られているのが一般的であり、やはり歩きが基本であった。

　農村で駕籠がある家は、総庄屋など最上クラスに限られていた。ただ、嫁入りの場合は特別で、駕籠を注文したり、借用したりして輿入れに利用する慣行がかなり広範囲に行われていたため、現存する「嫁入り駕籠」をときどき見ることができる。

　道中での駕籠は、宿駅の

図28　駕籠橇（右）と箱橇（下）
（『旅行用心集』）

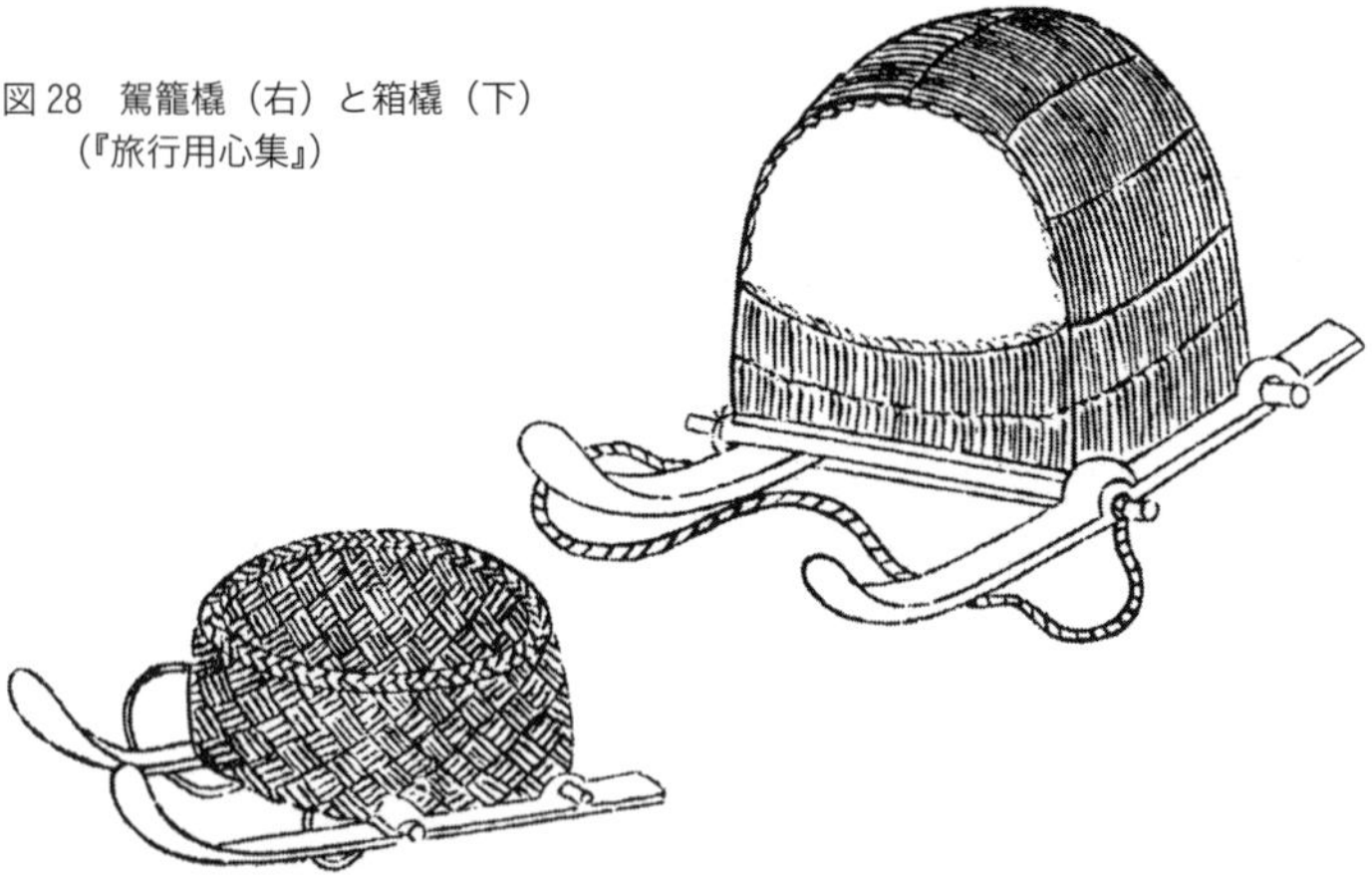

問屋が扱う宿（問屋）駕籠、箱根などの山路で多い山（巒）駕籠、雲助と相対賃銭で交渉して乗る雲駕籠などの四ツ手駕籠と旅行者の自家用駕籠がある。宿駅で常備されている駕籠は、乗駕籠と宿駕籠である。宿駕籠は垂れがなく、竹材でつくった簡素な駕籠である。一本の竹を真ん中に熱をかけて二つに折ったもの二本を、担ぎ棒に掛けてフレームとしている。これに木製の台座に竹で編んだ背もたれを取り付け、竹製網代編みの屋根を付けたもので、接合部分は籐を用いている。乗駕籠はござ垂れのあるややつくりのよい四ツ手駕籠で、二四文はずむと宿駕籠からグレードアップできたという。山駕籠は底を丸形にして座り心地と安定をよくし、軽量を優先しているため駕籠の基本構造以外の装飾品が一切ない重さ約一〇キロの実用本位のものである。丸い担い棒が前下りにやや傾斜しており、前進力をつけるのに効果的なつくりで、スピードを重視する早駕籠には最適である。

駕籠の原初的な形態をうかがわせる皿駕籠が、『都名所図会』に登場している。竹で編んだ丸型底の四ツ手駕籠の系統で、屋根も付いている。母親と赤子が「愛宕参りの竹皿輿」を借りて、参詣に出かけるところである。庶民が気軽にたのめる駕籠として人気があったのであろうか。また、「金比羅駕籠」「吉野駕籠」など地名を使って、地域の代表的な駕籠を呼んでいるところもあった。

雪国では、駕籠橇がいろいろ見られる。駕籠を畳表で包み、橇の上に取り付けたもので、内部には手道具、刀掛けもあり、普通の駕籠と変わりはない。雪の上を貴人や医者が曳かれていたという。

二　駕籠のつくりと製作

乗り物師・駕籠師

駕籠は木工、金工、漆工など多くの技術を総合して完成しているが、本体は木と竹が中心である。だから、乗り物師・駕籠師は指物師二九職の一つに位置付けられている。江戸職人百姿図で駕籠製造職を見ると、もろ肌脱いで、背に刺青のある血気盛んな二人の職人の仕事ぶりが描かれている。一人はかんなで長柄を削り、もう一人は竹で四ツ手駕籠の骨格を組んでいる。長い一本の竹の真中を熱で折り曲げて、長柄にかけて構造材とし、藤づるで底板に結びつけるのである。そして、横に細い竹を六本わたして支えにしている。仕事場の隅には、駕籠の材料である材木、竹、莫蓙などがたくさん置かれている。右手には、完成した法仙寺駕籠が並べられており、注文によっていろいろな駕籠をつくっていたことがうかがえる。駕籠をつくっている店は、外からみると小ぢんまりしている。

『今様職人尽百人一首』の乗り物師の和歌は、源兼昌の「淡路島通ふ千鳥の鳴く声に幾夜寝ざめぬ須磨の関守」を次のようにもじっている。

網代駕籠　囲う莫蓙打ち　張る鋲の　幾重蒔絵の　置きし乗り物

図 29　駕籠製造職（文献 29）

網代駕籠は、竹や檜を薄く削ったものを編み上げた高級仕様の駕籠である。部分的に莫蓙を張り、鋲金物を桟や要所に打ち、蒔絵を描き、漆を何回も塗って仕上げるという、手間をかけた駕籠造りを賛美した歌になっている。

元禄一三年（一六九〇）刊の『人倫訓蒙図彙』の乗り物師の説明には、「男女の乗物ならびに公家もちゆる処の板輿、網代輿等、是を作る。新町通下立売上ル丁、東洞院六角の下、大坂は堺筋に是を造る。又、駕籠揺用ゆる駕籠は、大仏伏見海道に是を造る」とあり、京都、大坂の特定の地域で駕籠とともに輿がつくられていたことがわかる。

職人たちは同業者で組合をつくって、規約を定めて代表を選出し、官に対しても役割を果たす仕組みがつくられている。尾張藩から指物師への「職法申渡覚」によれば、「営業を始めるには、官から鑑札を受けること、指物師は組合へ金一分を納めること、名古屋町中の職人は一年に六日宛御役をつとめること、弟子が年季明けになって新店を出すときは、前もって御役札を申請すること、不浄になった乗り物と知りながら乗物師のところで用いることは停止すること」など一五項目に基づいて、指物師頭が統括している。

仕様と大きさ

駕籠は原則として一人乗りであるが、造りや大きさはさまざまである。愛知県下に現存する駕籠の底板の大きさを計測すると、大型は縦一〇八センチ以上横七四センチ以上、中型は縦九二～一〇七センチ横六八～七三センチ、小型が縦九一センチ以下横六七センチ以下のように、およそ三つに分けられる。大型は大名駕籠、姫君用乗り物、高僧用朱塗総網代駕籠などで、四～六人で担ぐ高級仕様の駕籠である。中型は権門駕籠、僧侶用網代駕籠、医者用腰黒駕籠、嫁入り駕籠、庄屋駕籠、乗駕籠、四ツ手駕籠などと種類が多い。小型は宿駕籠、山駕籠、辻駕籠で総重量が一〇キロほどの軽いものがほ

表5　現存する駕籠の大きさ別挺数（縦横の単位：cm）

縦＼横	93	80	78	76	74	72	70	68	66	64	62	60	58	56	54	52	50	計
114		○	○		○○													4
112																		
110							○											1
108	○	○○	○○	○				○○										8
106				○	○○○	○○○	○○											9
104		○			○	○○	○											5
102					○○													2
100		○	○		○○	○○○	○	○○○								○		12
98			○	○														2
96		○			○	○	○	○	○○	○○○								10
94							○○	○										3
92				○○				○○										4
90							○		○		○							3
88								○○○	○		○				○			6
86								○	○	○	○	○						5
84								○	○○									3
82									○									1
80																		
78																		
76																		
74																		
72																		
70												○					○	2
計	1	6	5	5	11	9	9	14	8	4	3	2			1	1	1	80

とんどである。

江戸幕府は延宝九年（一六八一）に、町駕籠の注文仕様を一七項目にわたって定め、これ以外の駕籠の製作を禁止したことがある。これを見ると、底板の大きさは縦三尺三寸五分（一〇一・五センチ）横二尺四寸（七二・七センチ）と中型で、垂れと前後に覆いが付いたものであった。垂れは近江表の茣座が指定され、竹簾の窓（四五センチ×二七センチ）が設けられている。これを棒長壱丈（三〇三センチ）の丸太で担ぐ駕籠であった。これはいかにも江戸時代らしい規制政策であるが、風俗画などを見ると、駕籠の形態はかなり多様なので、この駕籠注文の規定がどれだけ順守されたかは疑問である。

図30　伊東家の女乗り物（文献9, 10）

修復・保存処理

現存する駕籠のなかには、破損が大きいけれどもそのまま収蔵庫などに保管されている場合が相当ある。修復に高額の費用がかかるため、手つかずのうちにいたみが増している事例も多い。寺院では本堂改築の折りなどに、駕籠修理の予算を組んで修復が完了して、本堂に吊られている例もよくある。駕籠の修理は漆芸、木工、金工など総合的な技術を必要とするので、こうした日本の伝統工芸を伝えているところしか対応できない。尾張地域（愛知県）では、仏壇を製造している一部の業者で修理を引き受けるところがある。専門的には文化財の修復を手がける技能者のいる作業所や工房、文化財研究所が高級仕様の修復に当たっている。修復の終わった駕籠を見ると、あまりにもピカピカしていて違和感のあるもの、修理されたばかりなのにそれとは感じないほど調和が漂うものなど、さまざまな仕上がりである。

元興寺文化財研究所では、平成一〇年～一二年にかけて宮崎県日南市所有の「女乗り物」二挺の保存処理を行っている。この資料（文献9・10）によると、このうち、飫肥《おび》藩（宮崎県日南市）の藩主であった伊東家の女乗り物の本体の法量は、長さ一三二五ミリ、幅九〇〇ミリ、高さ一〇一〇ミリの大きさで、縦の長い中型で、家紋を散らした桐唐草蒔絵の華麗な乗り物である。担ぎ棒は長さ四七七〇ミリ、幅七五ミリ、高さ（最大）六二ミリで六人担ぎである。

外装は木地に麻布を貼り、厚めの膠下地を施し、その上に黒漆を塗って、蒔絵を施している。この絵は定紋の「九曜」（中央に大きな星を置き、周囲に小さな星を配した紋）と替え紋の「庵に木瓜」はやや盛り上げられ、この間に桐と唐草が描かれている。そして、角などの要所に飾り金具が付けられている。

内装は紙本彩色で、間似合紙に金箔を押して、膠絵が描かれている。図柄は側面に牡丹と菊、側面下部におしどり、背面に松、鶴、亀と吉兆のおめでたいものが並んでいる。なお、前面は破損のため不明である。格子にはなでしこ、天井にはさまざまな花が描かれている。また、背もたれと肘掛けには、同じ緞子が使用されていた。

保存処理前は劣化が著しく、漆膜や装飾画の剝離・亀裂・破損、漆膜や下地層の粉状劣化、麻布の剝離、飾り金具や付属品の破損・欠損、担ぎ棒の和紙の破損などが確認されている。こうした状態からたてられた保存処理の方針は、①現状を維持すること、②現在観察される下地層や基底材が処理後も観察できる状況で保存処理し、漆膜の欠損箇所の復元は行わないこと、③処理材料は可逆性のあるものを使用することとされた。保存処理は漆膜、飾り金具、装飾画、付属品の四区分で行われた。

漆膜の保存処理は漆ではなく、可逆性の観点から膠やアクリル樹脂を用いて行われた。漆膜、麻布、和紙の剝落箇所は膠で接着、漆膜の亀裂と破損箇所の断面は、アクリルエマルジョンに木粉を混ぜた充塡材をつめ、漆膜が粉状劣化しているところにはアクリル樹脂を塗布している。

内装の紙本彩色は、養生のため剝落止めをしたあと、本体から取りはずし、裏紙を除去した後、膠を用いて彩色の剝落止めの処置を施している。また、本紙の欠落部分には、間似合紙を補塡して裏打ちを行い、浮き貼りを施した本体に戻している。

格子窓の紗は新調し、背もたれと肘掛けの破損は和紙での裏打ちを施している。飾り金具はアクリル樹脂の塗布による防錆処理を行っている。また、破損したもののうち、形状が推定できるところは復元して取り付けている。このようにして、質感のある華麗な女乗り物の保存処理が見事に仕上げられたのである。

乗り物師の項で例示した三田家の権門駕籠の修復過程に立ち会ったことがある。担当したのは岐阜市長良の箪笥博物館長の馬淵弘美氏で、正倉院御物の複製を依頼されるほどの日本の伝統工芸の技術の持ち主である。駕籠の屋根は下地に和紙を貼り、黒漆を何回となく塗り重ねて、厚みをつくってから磨いてつやを出している。雨よけの覆いは、和紙に柿渋を塗って防水し、外装の茣座は備後畳の古いものを探してきて、これを裏返して張るなどして、もとの状態をできるだけ損なわないように、十分時間をかけて仕上げられた。こうした修復の過程を観察すると、駕籠の構造やどのような細工や技術がほどこされているかを現物に即して具体的に知ることができて、興味深いものである。

三　駕籠を担ぐ人たち

御駕籠之者・陸尺

将軍や大名の乗り物を担ぐ人を、舁夫《かきふ》、駕籠かき、人夫などとはいわず「御陸尺」といった。陸は六のことであるので、「ロクシャク」と読む。担ぎ手をなぜ六尺というかについて、田村栄太郎の「陸尺」（『町人文化百科論集』）によると、力者《りきしゃ》が転化したという労働説、乗り物の棒は一丈二尺でこれを二人で担ぐと六尺ずつになるという丈夫説、六尺の大男が担ぐのをよしとする身長説などを紹介している。鎌倉時代の『古今著聞集』には、「高名の早足の力者」とあり、『源平盛衰記』には「御力法師」「青法師」が出てくる。力者は元来剃髪して、力業を勤める者をいい、寺院の雑務に服していた者が始めのようで、漸次、御所、門跡、武家にも及んだと考えられる。力者は色の青い服装を用いたことから、青法師とも呼んだのである。輿を運ぶ輿丁は、脚力を意味する呼び方であり、力者は輿を担ぐが、もっと広い範囲の力仕事をしていた労働者としての伝統がある。

江戸時代の六尺給米は、力者の意味の給米支給であり、このうちから舁天に適した者を選んで六尺としたので、力者が六尺へ転化したという理由と見られている。六尺給米は高百石に米二升ずつを村から納めさせていた。これは以前、藩邸などの台所で使う中間や人夫を村々から差し出させていた名残である。しかし、中には諸事不馴れで用に堪えない者や百姓も農繁期の多忙などの事情のため、不便を感じる点が多かったので、元禄七年（一六九四）に六尺の人数を見積って、その給米扶持を御料高に換算して、労役を米による代納制にして、定額を納めさせるようにしたものである。

六尺に関係する幕府の職名には、坊主支配の雑役夫の中に、表六尺、奥六尺と御駕籠者がある。江戸で、同じ職の者たちがひとかたまりになって住んでいるところが組屋敷である。将軍家の乗り物を「御駕籠」と呼んでいたので、将軍の駕籠を担ぐ人たちが住んでいる地区を「御駕籠町」と通称していた。御駕籠者組屋敷は、元和二年（一六一六）に本郷湯島（現三組町）につくられた。さらに、寛文三年（一六六三）、屋敷のない御駕籠者に本所四ツ目の家紋が追加された。また、元禄一〇年（一六九七）には、巣鴨に組屋敷を拝領し、御駕籠者五一人が居住することになった。この町は東西約七〇間南北一〇〇間ほどであった。

明和三年（一七六六）の大火で、湯島の組屋敷は春本町に、四ツ目のものは谷中七面前の代り地に移った。その後、巣鴨に集約されて駕籠町になった。次いで、寛政二年（一七九〇）、新たに四谷鮫ヶ橋に御駕籠頭一人、御駕籠者一六人の組屋敷を賜って幕末に及んでいる。御駕籠町は明治二年に巣鴨駕籠町と改め、のちに小石川駕籠町となり、現在は文京区駕籠町となっている。

御駕籠之者は若年寄支配下の役職で、将軍及び世子の乗輿を専属に担当するのである。家康のころは御駕籠頭一人、御駕籠者三一人であったが、その後増えて、御駕籠頭三人、輿夫一五〇人となった。これを三組に分けて、各組に頭と世話役各一人をおいて統率させている。これとは別に西之丸にもおいた。

享保七年（一七二二）での禄高は御駕籠頭は高六〇俵（一俵三斗五升入り）、台所前廊下の下方席であり、御譜代で御長屋門の右に詰所が設けられていた。御駕籠者は二〇俵二人扶持で、御譜代席である。また、新規お抱えの場合は、一五俵二人扶持と少くなっていた。

将軍が出行のときは、御駕籠台に御駕籠が置かれ、御駕籠之者は御縁の下に後ろ向きに蹲踞して待機する。御側が御駕籠の戸を開けると、まず、将軍の刀を御小姓が御駕籠の中に入れる。老中が御駕籠の屋根を上げる「お打ち上げ」を行って将軍が御駕籠に入る。そして、戸を閉めて「御駕籠」というと、御駕籠之者が駕籠棒に肩を入れて出立するのである。この人数は二〇人で、遠方の場合は同数の交代要員が付くことになる。

御駕籠之者は、背丈が高いところで揃い、器量もよいことが望まれた。この職は世襲制であるので罷免されることはない。しかし、背が低い者は同僚に代わって勤めてもらうことになって、特別手当や衣装の支給などの特典は受けられなくなってしまう。だから、養子を選ぶ場合は、背丈の高い者を第一条件にしたという。大名の陸尺も背が低いと、駕籠に乗っている人が貧相に見えるということで背の高いほど給金を多く払っていた例もある。明け六ツ（午前六時）から一二時間の日当は、上大座配（五尺八寸～六尺）銀一〇匁位に対して、平人陸尺（五尺五寸五分以下）は銀二匁五分位と四分の一であったという。

将軍の近くで仕事をすることになる御駕籠之者は、御駕籠辺りのことについては、あらゆることが極秘事項で、親子兄弟はもちろん縁者にも何ひとつ話すことはできなかった。将軍外出のときは、その都度、黒太綿の表に茶色の裏付の半てんが下賜されたという。

江戸藩邸の各大名の陸尺は、国元出身の者を使うことを原則とする。一部の藩では、江戸で雇った一季契約や臨時雇いの者が多かった。江戸に浮浪している人足は、さまざまな事情で江戸へ出て来て、社会の低層での暮らしを余儀なくされている場合も多いので、採用にあたっては藩の担当役頭と駕籠脇徒士が立ち合って、藩主近くで勤めるにふさわしい人材を慎重に選んで契約したという。

駕籠を担ぐときの制服は法被で、布地は将軍、三家、三卿、喜連川家は黒絹の羽織を着て、脇差を身につける慣習であった。これ以外は木綿の法被で、同系色の帯を締め、乗輿の資格がある家は紋付にするが、そのほかは無紋である。大名陸尺の法被の紋柄は「武鑑」に記載してあり、江戸城登城の行列を見物するときのポイントのひとつになっていた。

駕籠を担ぐ標準的な人数は、老中一〇人、大名八人、大目付や寺社奉行は六人、町奉行四人、五〇歳以下の祐筆、組頭などの小身の武士は町駕籠を利用するので、二～三人担ぎであった。

文久三年（一八六三）の将軍家茂の上洛に際しての同行名簿のうちで、駕籠関係の役職をみると、次のようであり、御上洛のお供には、「木銭一日一人に付一七文宛下され候」とある。

・御駕籠之者頭　人足二人　馬一疋
・御駕籠之者一同　小人二三人と馬二〇匹
・奥六尺一同　小人三人　馬一疋
・表六尺一同　小人三人　馬一疋
・御賄六尺一同　人足七人　馬三疋
・御駕籠師　人足一人　馬一疋

駕籠の担ぎ手、この者たちを総括する頭、駕籠の管理担当の者など六種があることは興味深い。

宿駅人足、駕籠かき、雲助

江戸時代に交通量の最も多かった東海道の宿場には、一〇〇人一〇〇疋が常備されて、人や荷物の継ぎ立てをしていた。宿場では間口六~八間で馬一疋馬子一人、間口三~四間で歩きの夫役を負担していた。各宿の問屋では、急な通行にも対応できる人足を確保しておくため、問屋の近くの裏手に、人足が常時寝起きできる人足部屋を設けていた。鈴鹿峠に近い関宿には四ヵ所の人足部屋があり、五間に四間半の長屋建で、土間が大部分で一部が板間になっており、ここにむしろを敷いてゴロ寝する様式であった。

人足頭は人足のキャリアを勘案して、必要人員を手配した。その際、肩に当てる手巾「やわら」を

図 31　雲助（『東海道名所図会』，文献 11）

貸し与えて、上前を二〇パーセントほどはねていた。人足の仕事にもランクがあって、最も上等なのが長持、次いで駕籠、荷物の順で格付けされており、長持を担ぐ者は一目置かれていたという。

　幕府は貞享三年（一六八六）「出所知れたる雲助は、日雇い人足に使用するも可なり」と達して、住所が一定した人足の雇用を認めると同時に、住所不定の無宿者まがいの雲助の逮捕を命じている。これは交通量の増加に対応するため、周辺農村から人馬を出す助郷制度が始まったものの、農繁期などには銭を代納して済ませたい村が増えてきて、宿人足の需要が増したためである。宿問屋では、村からの代納金から一定の手数料を取って、その残りで低賃金の人足を雇って派遣するので、問屋にとってもこの方が利益になった。また、問屋場では、ばくちが行われていた。ばくちはご法度であったが、人足を留め置くには、やむを得ぬこととして、役人も黙認していたという。
問屋人足のほか、一般の旅人相手の雲助や馬子がいた。雲助は諸国の村々から欠落した流浪の者が多く、木賃宿や寺の軒下などに泊まりながら、旅人に声を掛けて駕籠を勧め、相対賃銭で稼ぐのである。浮き雲のような個人的自由営業の「宿なし雲助」による駕籠は、「くも駕籠」「雲助駕籠」と呼ばれた。『東海道中膝栗毛』では、宿端の立場茶屋での雲助たちについて、「茶屋前にある釜戸の前に、雲助たちが体に蒲団を巻きたるもあり、渋紙を着たるもあり、あるいは寝ござ、赤合羽などを着て、寄りそって集っている」と、屯集している様子を描写している。こうした雲助たちは旅人から、法外な酒手を要求したり、山中のさびしい所でおどしたりするなど「ごまの灰」まがいの悪事で、旅の安全をおびやかす例が多発するようになった。そこで、幕府は宿取り締まり令を出して、不法行為の取り締まりと、宿に雲助を隠し置かないように次のように達している。

悪党ども申し合わせ、旅人に対し、賃銭等ねだりあるいは狼藉候につき、前々も右体の者共、その所にて召捕り申すべく触れおき候ところ、又々近年五街道共、場取り、無体の者立交り、通日雇の者より金銭ねだり候趣相聞候。甚しき致し方、その上けんかなどを仕掛け、又は泊り者、旅籠へ土足にて踏み込み、礫を打ち、灯火を消し、勘定帳面等を引き破り、あるいは夜間、山中に多人数待ち伏せ、荷物に突き当り、狼藉に及び候旨、通日雇請け負いのものより、いいたて候間、前々の触の趣相守り、右体の者は、其所にて召捕り、早々申し出るべきことこうした悪徳雲助が生じたのは、飢饉、災害、犯罪、家の事情による困窮化などとともに、停滞した農村の経済状況も影響して、都市や宿場へ流入する人々が継続した結果といえる。居住していた村から離脱することで、流入先では無宿者として負い目を持ったまま、社会の低層での生活を強いられることになる。こうした人々の受け入れ先は、日雇い、棒手振りなどの不安定な低賃金の仕事が中心である。

このような浮浪の徒をまとめたのが、人入れ稼業の元締で、人足を必要としているところへ必要な数だけ周旋するとともに、無宿無頼といわれる徒を監督する責任を負っている。社会の混乱や不安要因をうまく治めているということで、元締は都市や街道の陰の支配者ともいわれている。

江戸では承応二年（一六五三）に、日雇座が設けられ、人材派遣事業が組織的に実施されている。駕籠かきが指定業種に入れられたのは、宝永元年（一七〇四）で頭《かしら》に認められ、札役銭を毎月三〇文払うと鑑札がもらえるので、これを腰にぶら下げて駕籠を担ぐのが基本であった。

駕籠にかかわる労働形態を見ると、陸尺専業で数軒の屋敷に派遣される者、屋敷へ半季、一年雇いなどで派遣され、駕籠かきばかりでなく、水くみ、薪運び、米搗きなど幅広い仕事をこなし、町方の奉公人と同様な場合があった。

一七世紀後半での江戸風俗を記した『むかしむかし物語』のなかに、「昔は二〇〇～三〇〇石位の家の奥方母儀、息女も歩行にては出ず、遠方はもちろん近所も乗り物で行く。その乗り物かきは、日雇人足ではなく、手前の中間に脇差をささせて担がせる。もし、中間が病気のときは、親類中から中間を借りてあてていた。万一、これができなかったときは、雇い日用をたのんでいた。このときは脇差はささせなかった」とある。この様子は時代が下ると変化し、『塵塚談』には、「われら二〇歳のころ（宝暦七年・一七五七）は、並高の人にても二人宛抱え置き、一人は外出に召し連れ、一人は宅にさし置いて客の取り扱いをせしなり。近ごろは若党一人も召し抱えず、外出には中間一人を召し連れて歩き行き、若党入用の節は雇い侍として勤める衆も、間々あるようになった」のように、武家の窮乏化がすすみ、常雇いの奉公人を減らして、日雇に頼ることが増えてきたことが読み取れる。

天保一二年（一八四二）、町奉行遠山左衛門尉景元から老中水野忠邦への上申書によると、「武家方陸尺中間、駕籠かき、町飛脚渡世の者などは、いずれも諸国より出稼の者共に限り、江戸出生の者は至ってまれである」といっている。つまり、江戸の町の拡大によって、地方からの流入が増え、条件のよい働き口は従来からいる江戸ッ子が占め、新入りの地方出身者が、条件の厳しいところへはまっていたという。窮屈な武家の奉公より、気楽な町人での働き口に人気があったという。また、武家屋敷に雇われていた陸尺も、武士階級の窮乏から一家の専属は少なく、数軒のお屋敷に出入りするかけ持ちが常態となっている状況を伝えている。

『御府内備考』に、宝暦七年（一七五七）から七一年間の善行表彰の事例が一三五件記載されている。この中に、駕籠かき二人が親孝行で顕彰されている。市太郎（三九歳）は幼いときに母を失い、日雇い稼業の父に育てられ、商家に年季奉公に出たが、父が高齢になって働けなくなったので、父と同居して年季明けでもらった五両を元手に、水油売りを始めた。しかし、天明六年（一七八六）の出水で家財道具を失ってしまったために、辻駕籠かきをして父に孝養を尽くすようになる。

清三郎（二五歳）は六歳で母を失い、一六歳のとき祖母と父がともに中風になり、昼は野菜の棒手振り、夜は辻駕籠かきをしていた。損料を払って駕籠を借りて相棒と働いていた。こうしてみると、最初から駕籠かきをしていたのではなく、さまざまな事情でこの職につき、体力の続く限り働いたことが読みとれる。

雲助の姿は、版画などで描かれているように、杖を持ち、褌ひとつの裸稼業である。無宿者も多いので、甲州、信州、尾張などと生国で呼び合ったという。東海道の中で最も険しい街道が続くのは箱根で、足弱の旅人が頼りにするのが雲助である。箱根八里の山越えの駕籠賃は一両、酒手二貫文ほどで、相当の高額なので、利用できるのはこれを支払える富裕の人たちである。箱根の雲助は、「力が強い。荷造りがうまい。唄がうまい」の三つが問われるという。使われる駕籠は、急坂の続く山道でも安定する座の丸い山駕籠で、長時間担ぐ厳しい労働である。特に、重みがかかる肩には「しびね」と呼ばれるコブ、股には「よこね」ができる。また、体力が勝負であるので、栄養があり、力の出る食事を豊富にとって次に備えたという。特に、険しい道を行き交う箱根の雲助の話が『三島市史』に紹介されている。

駿府の商家の主人が大雪の中を江戸へ行く途中、駕籠の中から携帯している酒と煮しめ、焼飯を取り出して、雪中でご苦労千万じゃによって、少しまいらせようと振る舞った。雲助はありがたく頂戴して食べたが、心得ぬ気色で「旦那、これ位のものは、こちとらじゃ御馳走のうちに入りませんぜ。いや、おこっちゃいけねえ、こんなもの食べていたんじゃ今日一日働けません。精も根もなけなしになっちゃってよ。うめえものたらふく食って、酒でもぐっとやって温まるんでなけりゃ寒さはとてもしのげませんや。雲助風情でも、雲助には雲助の養生があるからねえ」という。そこへ、丁度、小田原の雲助が駕籠をかついでやってきた。「ご覧なせえ、奴ら貧しくてうめえもの食えねえとみえますだ。精も根もからきし枯れ切ってまさあ。ねえ旦那、その証拠にゃ、彼らの肘のところをごらんなせえ、雪がたまってますだえ、頭と肘んところへ雪がたまらねえっていうのが雲助の自慢でよ、そりゃあ元気なほど精が強いからね、達者な奴にかかっちゃ肘んところの雪ぐれえとけちゃいまさぁ、まずい食物じゃあ生命だけは続いても、からっきし養生の足にはならねえ」この箱根雲助の気焔に主人の面目玉をふみつぶしたという。

馬子唄は乗客には旅情を、雲助には労働の厳しさをまぎらわす効用があると考えられる。道中では追分節、木曾節など地域にちなんだ雲助節がいろいろ歌われていた。代表的な雲助節に「伊勢はなァ、ヤエヤエ、津で持つ、津はなァ、伊勢で持つ、尾張名古屋はなァ、ヤエヤエ、城でもつよウ」「アア箱根は山だよ、樹の根は木《ぼく》だよ、ヤエヤエ、殿様御貧乏で、長持ちゃ軽いよ、コチャエコチャエ、日中は昼なか、山中は山なか、おへそは真ん中」などがあり、ユーモアのある楽しい歌詞になっており、替え歌もいろいろあったようである。田中丘隅は「旅人は雨雪にも苦しまず、昼夜に限らず、駕籠の内に安座して往来できるのは、雲助がみちみちているからである」と、雲助の存在を評価している。

駕籠かきたちを観察したある外国人は、「駕籠かきは下層労働者・苦力《クーリー》階級の中では、よほど羽振りのいい連中である。もっと下位の道路人足とは、はっきりと区別されている。その理由は駕籠に乗った客に、不快な思いをさせないように、上手に駕籠を担ぐには、よほどの訓練を必要とするからである。駕籠かきは驚くべき忍耐力を発揮する。一日三〇マイル（四八キロ）ばかりを、ゆるやかなトロット（馬の速足）で、トントントンと駕籠を担いで走る。箱根のような険しい山道では一挺の駕籠に三人の駕籠かきが待機している。一人は順番に休みを取るための交替要員（肩換人足）である。いつも二人が駕籠を担ぎ、もう一人は横を走って、二人の駕籠かきのうち、疲れた方と交替するのである」と、駕籠通行を見たことのない人にもよくわかるように描写している。

図 32　からの宿駕籠を一人でかつぐ雲助（後者.『時代風俗考証事典』所収『金草鞋』二編より）

『生業事典』には、駕籠かきの訓練風景がユーモアを混じえて次のように記されている。天明七年（一七八七）の京伝「通言総籬」には、

里風「アレアレ見さっせ。田んぼの方から、三枚の早駕籠が来るが、今じぶんなぜあんなに急がせるのだろうの」

花暁「ほんに、何者だろうの。こいつはげせねえねえ」
といううちに、早駕籠は土手のきわまで来たり、また、田の方へ担ぎ戻す。
友次郎「あれ見さっせえ。担ぎ戻すぜ。ハハ、わかった。あれはたしかに駕籠をかき習うのだ」
里風「なるほど、そういえば中に変なやつが乗っている」
花暁「何になっても、習いのいることだの」
とあり、江戸ではスピードを競い、追い越すときには、「若い衆、ご苦労」と声をかけるのが礼儀だったという。また、上方では鉢に水を一杯に入れてけいこをし、静かに行くことをめざしたという。
田中の駕籠かきの金と辰は、又を乗せて駕籠のけいこを終えたところで、
又「ヤレヤレ、駕籠の内で、おらあ亀の尾（尾骨）が痛かった」
辰「どうでも亀井戸だけに、亀とひねるやっサ」
金「又は乗りざまが悪い。ビクビクとして、担げるものじゃぁねぇ」
又「よしてくれろ。この五月から、おらあ乗りづめに乗るやっサ」
と、乗る方は担ぎ方が悪いから尻が痛くなったといい、担ぐ方は乗りざまが悪いといいあって、互に相手に責任転嫁しているところがおもしろい。

駕籠の担ぎ方について具体的には、左手を肩先の上に出し、担ぎ棒に手を添える。右手に息杖を持って歩み出す。先棒と後棒では息杖の振り方が違う。先棒は前に何の傷害物もないので、斜め横へも振ることができるが、後棒は目の前に駕籠があるので、真直ぐ前にしか振れない。そして、「えいほう、えいほう」と掛声をかけて調子をとりながら進む。遅くしたいときは、「えいっ、ほいっ駕籠、えいっ、ほいっ駕籠」などと言葉をはさんで調子を落とすのである。

駕籠賃は、客と駕籠かきとの駆け引きで決まるので、いろいろの場合があってはっきりしたことはわからないが、一八〇〇年代初めころの江戸市中では、一里（約四キロ）が四〇〇文ぐらいの見当だったという。大工の日当が六〇〇文の時代だから、駕籠代は相当高いといわねばならない。現代のわれわれがタクシーに乗るより、はるかにぜいたくだったといえる。資料から、具体的な場面をみると、

・天保一〇年（一八三九）の『開巻百笑』では、本郷から市ヶ谷まで一〇〇文にまけてもらっている

・弘化四年（一八四七）英泉の『魂胆夢輔譚』には、飛鳥山より柳橋まで二朱と二〇〇文

・文政六年（一八二四）晴霞庵多代女の『江戸案内』には、市ヶ谷御門外より京橋中橋槇町まで夜駕籠三〇〇文、酒手三六文とある。また、相州保土谷新町より金沢妙見堂まで、四里を六〇〇文

・文政一〇年（一八二八）三世中村仲茂の『手前味噌』には、市ヶ谷八幡前より日本橋玄治店まで夜駕籠七〇〇文、六郷川手前から観音前まで夜駕籠五〇〇文

・慶応二年（一八六六）浅草橋見附前から神田明神下まで

表6　雲助の符牒（文献7）

八文	ばんどう	十二文	こいまた
十六文	こいしょう六	二十四文	又くゞり
卅二文	やみ二文	三十六文	やみ六
四十文	だり	四十五文	だりけん
四十八文	げん	五十六文	げんこ六
六十四文	しう六四文	七十二文	さいなん二文
八十文	ばんどう	百文	一万石
百五十文	きんご	百六十四文	かごナレバばんどうどう
二百文	じば	二百二十四文	じば又くだり
二百五十文	じば半	三百文	やみ
三百五十文	やみ半	四百文	げんご

駕籠かき「もし旦那、ご都合までまいりましょう」
杢「明神下まで急に行くのだが、いくらでやる」
駕籠かき「へい、四五〇文下さいまし」
杢「四五〇文は高いじゃないか」
駕籠かき「いえ、辻駕籠でございますから、四五〇文でまいりますが、看板をかけた店なら六〇〇文より安くはまいりませぬ」
杢「なに、乗ってもよし、乗らなくてもよしだから四〇〇文なら乗ろう」
駕籠かき「それじゃ、一朱くださいまし」
杢「よしよし、どうでもいいから早くやって下せえ」
駕籠かき「かしこまりました。棒組が一杯飲みに行きましたから、お待ちなすって下さいまし」

雲助には、表6のように彼らが使う独特の符牒があり、駕籠賃の交渉のときは、知っていると効力があったと思われる。

天保一三年（一八四三）高輪町の名主権右衛門が奉行所へ、駕籠賃と駕籠かきの振る舞いについて上申書を出している。その概略は「駕籠賃は値段書の内で少々引き下げる者もあるが、風雨の強いときには格別の増銭を取ったり、往来のこみ合っている所を、駕籠を三挺も並べて歩行するなど、がさつな駕籠かきが多い。また、辻駕籠の者で、女子あるいは田舎者などを乗せた折りは、賃銭を安く定め、途中で酒代をねだる。応じない者には不法行為を働いたり、立場茶屋や料理屋へ担ぎ込み、馴れ合いの上、酒食代に唱金銭（リベート）を上乗せさせたりという悪質な者もいるので、厳重な取り締まりと駕籠賃の引き下げ方をお願いしたい」というものである。これでみると、駕籠かきのマナーの悪さを問題にしており、女子や田舎者など弱者に対して酒手をねだったり、結託した店へつれ込んでリベートを稼ぐなどの悪質な者もいたようである。

町奉行所では百余種の諸物価を調べて、大体の価格を示している。「損料もの、駕籠賃——新吉原町壱丁目仁左衛門、天保一四年（一八四三）七月、日雇賃、藍王——桜田和泉町名主勘力ほか一名、同年一二月には日雇賃、駕籠賃——青山久保町左太郎ほか二名」というように、時折人を変えながら資料収集している。駕籠賃はおよその定めはあったが、基本は相対賃銭であり、雨降りや深夜などは割増を払うのが常態であった。また、酒手も幅があったが、およそは駕籠賃の半額くらいが一つのめどだったといわれる。

寛永三年（一八五〇）悪質な駕籠かきについて道中奉行から町奉行所へ提出された「宿場駕籠かき人足等取締筋の掛合調」がある。

近ごろ江戸周りの宿場駕籠かき、人足などがねだりごとをいたし、往来の者、難儀いたし候に付右人足ども召し捕え、吟味中のところ、高輪南町茂平店で水茶屋渡世をする金太郎と新安太郎のことについて、博徒安太郎はたびたびけんかや博奕でたたきや江戸お構いの重追放になっているが、取り締りの目を盗んで、この辺りに出没して、伜金太郎が水茶屋をしているのを利用して、品川辺りの辻駕籠かきどもにいい含めて、往来の者を水茶屋に引き込んで、客一人についていくらというように紹介料を取ったり、客や旅人を引きとめて酒食をすすめ、客が好みもしない品物を出して不当な料金を欺きとり、金のある者は幾日も引き止め、金のない者は身ぐるみはぐといった悪事を重ねているので取り締ってもらいたい。

後の経過を伝える文書によると、博徒の安太郎は江戸では逮捕されず、四国辺りへ高飛びしてしまうのである。また、南町奉行所へ見廻りの同心から提出された上申書では、南品川の梅品ほか六〇数名の駕籠かきの名前を列記して、道中駕籠の不法について次のように述べている。「往来の者どもへ無躰に駕籠をすすめ、取り決めた賃銭のほかに、過分の酒代をねだる、また、茶屋や旅籠屋などと相対しておき、棒先より勧め、茶屋では酒食代を相懸けて高く取る。さらに、駕籠をすすめても断った者へは悪口をいい、口論などを仕掛けることもある。これらの駕籠かきは、名前、住所もわからぬ無宿の者を宅へおいて合棒にしているので、最近は街道筋の駕籠かきどもの風儀はよくなく、往来の者は難儀している」「京橋より南の辻々に立っている駕籠かきは、併せて、芝口二丁目の初音屋、同町槌屋、柴井町の稲宅や飯倉町瓦屋など店持ちの者が抱える駕籠かきどもも、近来は風儀よろしからず、品川宿へ泊まりに行く者に駕籠をすすめ、兼ねて話が通してある引手茶屋へ担ぎ込み、棒鼻より何かと口実をもうけていいがかりをつけて過分の酒代を取ったり、わずかの雨天や身が重いといって増銭を要求する」と訴え、善処を願い出ている。これを受けた奉行所は、取り調べを実施し、梅吉ほか六〇数名が、家主、五人組の連署、名主、月行事の奥印で御請証文を一札入れて決着している。悪質な駕籠かきについての取り締りは、個別には迷惑行為もあったが、組織的な案件については、奉行所が乗り出していたことがわかる。

全国から参詣者が押し寄せる伊勢街道では、駕籠などの賃銭について標準額を辻々に提示して、トラブルが生じた際の目安にする対策をとっている。「参宮人が多く出るので、往来の馬、駕籠賃銭がとかく決まらないと聞くので、賃銭を定めて書付を村々へ回覧して、これを標準額として徹底するよう」往還係りの大庄屋から通達されている。覚にあるその内容は、

一、宿駕籠　壱挺　阿保より垣西迄　道法四里拾四丁　此銭六百四拾八文
一、同　　　壱挺　伊瀬地より伊賀茶屋迄　道法　壱里　平地に付　此銭百四拾八文
但し、平地に付、格別の難所なき所は、壱里　百参拾二文
　是より垣内宿迄難場峠一ツに付　百四拾八文
　山道峠御座候ニ付ては　百四拾八文

右は風雨にかかわらず取り計いいたしたく候
もっとも、夜通し対応の節は、右賃銭に五割増請け申し度く候。しかし、垣家宿までと相きめの
参りかけ、途中暮れ候えば、先に宿にて一泊いたし候に付、弐百文増請取申度候

と、距離による賃銭の違い、難所や夜通し通行での割増、夕方になって出発の宿場へ帰れない場合は宿泊銭を要求できるなど、状況に応じた具体的対応の原則が示されている。馬や駕籠賃を規制して便乗値上げを禁止するなど伊勢街道の関係者が、旅の平穏を維持する努力をしていたことがわかる。

第3章

街道での駕籠

一　駕籠継ぎ立て

人馬継ぎ立てのうちで、人が乗れる交通手段は、乗掛馬（荷物を馬の両側に付け、その上に布団を敷いて人が乗る）、三宝荒神（乗掛馬の左右に櫓を置いて三人が乗る）、軽尻（一人と荷物五貫目まで）、乗り物・駕籠などである。道中奉行から宿に達せられた文政五年（一八二二）の種類別貫目は下記のようであった。継ぎ立て賃銭は文政七年（一八二四）の東海道二川宿と吉田宿の間の一里二〇町（六・一キロ）の場合で見ると、次のようである。

○継ぎ立ての種類別貫目と賃銭

・駄荷（本馬）	四〇貫目	一一四文
・軽尻	五貫目	七一文
・乗掛	二〇貫目	一一四文
・人足（壱人持）	五貫目	五四文
・長持	三〇貫目	三二四文（六人掛）
・乗り物（壱挺）		三二四文（六人掛）
・山駕籠（壱挺）		二一六文（四人掛）

・宿駕籠（一挺）　　　　　　　　　一〇八文（二人掛）

これで見ると、駕籠の賃銭は人足代と人足数に連動していた。六人掛りの乗り物であれば、三〇貫の長持と同じ人足六人分の賃銭であり、四人掛の山駕籠は人足四人分の料金が必要であった。同じ駕籠でも造りの違いによって、人足が何人必要であるかが決まるのである。駕籠が何挺利用されたかの集計はなく、すべて人足数に含まれてしまう。標準的には前掲のようであるが、利用者と問屋との間で人足数の配置でトラブルになることがあった。道中奉行は駕籠については但し書きとして、「引戸のない泥障《あおり》の分は二人掛り、引戸と申す迄にて、あおり同様の手軽き分は見計三人掛り、乗り物同様の駕籠をあおりにいたし、手道具等多分に取り入れ候はば、なぜあおりにいたし候か相たずね、勝手を以て右躰にいたし候儀に候はば、もとは引戸駕籠に付き四人掛りの賃銭を受け取ること」を加えている。「足なし」といって、自前の駕籠の場合は、造りによって担ぎ人足が二〜六人まであるため、何人分の賃銭に相当するかの判定基準を示しているのである。一般的には上記のようであるが、急坂の続く中山道の木曾の山岳地帯では、「乗り物壱挺に人足六人と万治四年（一六六一）に仰せ付けられ候得共、山坂にて御座候故、壱挺に落合宿へ七人八人、大井宿へ八人九人にて送り候」のように、実状に即して運用されていた。

駕籠は造りが多様であり、呼称もいろいろあるので、これによる混乱があった。「長棒駕籠、本棒駕籠、角棒駕籠、切棒駕籠、打揚駕籠、山駕籠、乗駕籠、丸棒駕籠」についての道中奉行への分類の問い合わせに、「本棒は乗り物であり、長棒とともに六人掛り、角棒、切棒は引戸付の山乗り物のことなので四人掛りとし、打揚という名目はなく、これも含めてあとはすべてあおり駕籠のことであるので人足二人掛り」としている。そして、「引戸駕籠をあおりにいたし、手道具等取入れる向もあるし、引戸駕籠であっても、あおり同様の至って手軽な造りの駕籠もあるので、貫目改所の見計によって、人足数を決定する手はずになっている」と具体的に回答している。また、四ツ手駕籠については、「このきまりはないが、相対雇の宿駕籠に準じて、二人持にて然るべし」としている。

さらに付け加えて、「引戸駕籠は大小にかかわらず、これまで人足三人払にて通行してきたが、駕籠内にタバコ盆や手道具、着替衣類などを多く持ち込んだ場合は、人足を増員することも承知してきた。引戸駕籠といっても大小によって人足の増減はある」「目方が軽く、重くない品を駕籠内に持ち込むことはさしつかえないが手道具類を多く持ち込むことは認められない」と、駕籠の総重量の違いへの対処を弾力的に行ってよいことを示している。

また、「相乗駕籠、引戸駕籠は四人掛り、打揚駕籠は三人掛りでよいか」に対しては、相乗駕籠は幼児や小児が大人と二人乗りする駕籠のことである。文政一一年（一八二八）の品川宿役人は、「二、三歳位までの小児と親の合乗りでは、人足増はせず、四、五歳と見請けると人足一人を増している」と答えている。草津宿からの問い合せは、「親と一緒の七歳位までと一〇歳以下の子供同志の乗り合いでは人足を増さず、八歳以上の子と親、一〇歳以上の子供同士と見請けたときは人足一人増しているがどうか」に対し、「凡そ六歳位までと大人、一〇歳以下の子供の相乗りでは、ほかに手道具等の取り入れがなければ、人足を増すには及ばないが、これより大きい場合は、人足一人を増やすと心得ること」としている。

街道での問屋が常備している駕籠は、宿駕籠、乗駕籠が中心であった。宿駕籠は先触状によって通告される公用通行の継ぎ立てに、各宿の問屋を通して公定賃銭で出される駕籠で、底が板張りの質素な四ツ手駕籠である。武家の道中では、主人は自家用の高級仕様の駕籠に乗り、お供の者が宿駕籠を利用していた。これは一宿毎に継ぎ立てるのが原則であるので、長距離の場合は乗り継ぎが何回も必要であった。

近世の宿駅に課せられた第一の任務は、公用貨客の宿継ぎによる輸送である。先触れの例を美濃街道起宿（愛知県一宮市）での安政五年（一八五八）一二月の摂政、関白を出す五摂家のうち、最も格の高い近衛大納言の上りの場合を見ると、「近衛様帰路、来る廿二日宮（現名古屋市）御泊、廿三日清須御昼休、同日起御泊の旨、御先触参候」として、次の人馬を要請している。

一、御輿添	四人	一、御挟箱添	四人
一、御荷物持	一二人	一、御長持	三三棹
一、御輿　弐丁	八人	一、御轅　壱輛	八人
一、山乗物　五丁	廿人	一、切棒駕籠　一五丁	四五人
一、乗駕籠　六丁	一二人	一、分持	八五人
一、御挑灯持	廿三人	一、宿駕籠　廿三丁	四四人

一、本馬　　　　廿五疋
　内朱印人足　　三二人　同疋　三一疋
　御証文人足　三五〇人　同馬　一五疋
〆　人足　三八二人　　馬　四六疋

これで見ると当主の近衛公は輿を使い、輿添四人を配置している。また、轅一輛に八人を使っていることに注目したい。駕籠は、四人担ぎの山駕籠、三人担ぎの切棒駕籠、二人担ぎの乗駕籠と宿駕籠の四種類四九挺に達している。そして、継ぎ立ての具体的な方法の注意事項として、

一、先着の道中奉行からの大鑑札を以て、宿々において問屋ですべて合わせて通行すること。御家中の山乗物以下の人足は、大鑑札と引き合せて継ぎ立てすること。宿駕籠の分のおよその鑑札をあらかじめ渡しておくので、これと引き替えに人馬を差し出すこと。自分扣（自家用駕籠）の分は、自分扣の印と御鑑札を渡しておくので、これと引き替えに差し出すこと。もちろん鑑札のない者へは、どのようなことをいってきても人馬を差し出してはいけない。もし、法外の儀があれば、遠慮なくその所に留めおいて、道中奉行へ申し聞かせること。
一、道中宿々において、不法やわがままなことを申しかけ、自分だけの了簡を以て、人馬を取り、荷物を持たせ、無謂に駕籠に乗り、鳥目（金銭）にて仕切り、あるいは問屋役人へ金銭を請う

ことがあっても堅く差し出さないこと。

などを加えて、規定に合った継ぎ立てが行われるよう要請している。また、同じ安政五年（一八五八）の摂家である二条大納言の通行先触状では、輿、替輿各一挺、輿添人足四人と駕籠四種五四挺に、一二〇人がかかわっている。この通行には合わせて、人足四九八人、馬二四疋を要する大通行になっている。こうしてみると、貴族は交通手段として輿に乗り、供たちは乗り物や駕籠を使っていたことがわかる。

このような大通行になると、各宿での事前の準備も大変で、人足、馬、宿駕籠を大量に手配しなければならない。一つの宿場で不足する場合は、近くの宿場から借用して間に合わせることもあった。例えば、宝永七年（一七一〇）の中山道中津川宿では、京都所司代の下向に際して、宿駕籠が三〇挺必要であったが手当できず、大井宿、大久手宿や木曾谷の宿場から一〇挺以上借りて、木曾方面への通し駕籠に使って急場をしのいでいる。

各宿に常備されている宿駕籠の総台数ははっきりしないが、中山道和田宿では一二五挺を交代する問屋役に引き継いでいる記録がある。また、二川宿では宿駕籠は利用度が多く消耗が激しいため、江戸中期以降毎年六〇挺が新調されていることから、各宿には相当多くの駕籠が用意されていたことがわかる。

問屋場では日々の継ぎ立て数を集計して、日〆帳に記録していた。二川宿の天保一一年（一八四〇）の日〆帳には、公用通行者が利用した乗り物、引戸駕籠、乗駕籠、宿駕籠の区別、長持・両掛など荷物の種類、通行の方向、人馬数が記載してあり、交通手段の利用状況がつかめる貴重な資料である。例えば、次のような記載になっている。

一、松平肥前守様（佐賀藩主　鍋島直正）御内　田中伊兵衛殿
　下　人足三人　宿駕籠　壱挺　弐人
　　両掛　壱荷　壱人
一、尾張様御内　岡部兵助殿
　上　本馬　壱疋
　　乗駕籠　三挺　人足六人

二川宿の人馬継ぎ立ての種類は、①御朱印人馬、②御証文人馬、③御状箱御用物、④御金、⑤尾州様御用物、⑥紀州様御用物、⑦添之人馬、⑧御先触、⑨賃人馬などであり、①〜⑧は無賃扱いで⑨は本馬、軽尻、人足に区分している。天保一一年（一八四〇）四月〜一〇月の継ぎ立て件数のうち、駕籠について焦点化して集計したのが表7である。一日平均の継ぎ立て件数は、人足四一七人、馬一一四疋である。このうち、駕籠利用は、二一件五三挺で約半数の四七パーセントになっている。

駕籠の種類別では、乗り物（四人持）二〇・一パーセント、引戸駕籠（三人持）三五・九パーセント、

表７　東海道二川宿での駕籠継立状況
（天保４年４月１日～10日）

日付	継立総件数	駕籠利用件数（％）	駕籠の種類別継立数（挺）				
			乗物	引戸駕	乗駕籠	宿駕籠	計
1	33	22（67）	8	7	9	1	25
2	16	9（56）		9	5	8	22
3	25	11（44）		5	12	8	25
4	23	9（39）	12	8	2	1	23
5	23	10（43）		7	7	9	23
6	24	10（42）	2	4	6		12
7	72	29（40）	12	19	21	6	58
8	92	46（50）	56	70	34	37	197
9	70	32（46）	15	29	20	7	71
10	58	27（42）	2	33	35	6	76
計	436	205（47）	107	191	151	83	532

（「御通行人馬御継立日〆帳」二川宿本陣資料館蔵）

表８　美濃路起宿における駕籠利用者と駕籠の種類

年月	総数	駕籠利用		駕籠の種類				駕籠利用者				軽尻	
		件数	駕籠数	乗物	引戸	乗	宿	公家	社僧	武士	他	件数	馬数
安政6．9	174	84	170	0	67	60	43	5	24	139	2	79	133
10	152	82	121	1	58	37	25	6	20	94	1	61	111
11	177	76	122	6	42	49	25	2	26	94	0	82	122
12	140	50	71	3	24	22	22	2	11	58	0	56	75
安政7．1	106	44	82	3	29	29	21	3	9	69	1	52	74
2	138	54	175	4	43	83	45	2	5	168	0	70	116
3	153	84	194	1	61	85	47	2	22	170	0	67	123
合計（％）	1040	474	935（100）	18（2.0）	324（34.5）	365（39.0）	228（24.5）	22（2.4）	117（12.5）	792（24.7）	4（0.4）	469	754

（「往還人馬日〆帳」尾西市歴史民俗資料館蔵）

表9　美濃路起宿における利用者別駕籠と軽尻の継ぎ立て件数と利用率

利用者＼利用手段	両方	駕籠のみ	軽尻のみ	駕籠合計	軽尻合計
武士 (%)	146 (82.0)	226 (77.4)	276 (94.9)	372 (78.4)	422 (90.0)
社僧 (%)	26 (14.6)	58 (8.3)	14 (7.8)	84 (17.7)	40 (8.5)
公家 (%)	6 (3.4)	8 (3.2)	0 (0)	14 (3)	6 (1.3)
他 (%)	0 (0)	4 (1.6)	0 (0)	4 (0.9)	1 (0.2)
計 (%)	178 (100)	296 (100)	291 (100)	474 (100)	469 (100)

(「往還人馬日〆帳」尾西市歴史民俗資料館蔵)

表10　美濃路起宿における継ぎ立て挺数別駕籠利用者

駕籠継立数		武士	社僧	公家	他	計
1挺	件 (%)	231 (62.9)	72 (82.8)	12 (70.6)	4 (100.0)	319 (67.2)
2挺	件 (%)	80 (21.8)	12 (13.8)	3 (17.6)		95 (20.0)
3挺	件 (%)	28 (7.6)	2 (2.3)	2 (11.8)		32 (6.7)
4挺	件 (%)	9 (2.5)	1 (1.1)			10 (2.1)
5挺以上	件 (%)	19 (5.2)				19 (4.0)
計	件 (%)	367 (100.0)	87 (100.0)	17 (100.0)	4 (100.0)	475 (100.0)

(「往還人馬日〆帳」尾西市歴史民俗資料館蔵)

乗駕籠（二人持）二八・四パーセント、宿駕籠（二人持）一五・六パーセントとなっており、武士が広く使用する引戸駕籠が三分の一強で最も多い。

また、美濃街道起宿の安政六年（一八五九）から同七年にかけて七ヵ月分についての駕籠利用について、日〆帳を集計した（表9）。その結果は、公用の総継ぎ立て件数（書状触状は除く）は一〇三八件（月平均一四八件）で、そのうち駕籠利用があるのは、四七四件九三五挺で、四七・七パーセントと約半数である。一人と荷物五貫目まで乗せる軽尻は、四六九件七五四疋で、駕籠よりはやや少ないものの主要な交通手段となっている。

駕籠の利用者は武士が七八・四パーセントと断然多く、次いで社僧（社人・僧侶）一七・七パーセント、公家、庶民の順になっている。武士のうち特に回数の多いのは、彦根、大垣、尾張、越前の各藩家臣の通行で、美濃路を利用すると、江戸、京都へ便利な諸大藩である。僧侶は本山の多い京都や尾張、若狭を初め各地の寺院に分散しており、社人は伊勢と熱田が際立っている。

駕籠の種類別の多い順では、乗駕籠三九・〇パーセント、引戸駕籠三四・五パーセント、宿駕籠二四・五パーセント、乗り物二・〇パーセントである。東海道二川宿の乗り物は二〇・一パーセントと高いが、美濃街道では格の高い武士や公家の通行が少ないことがわかる。

人が乗る交通手段である駕籠と軽尻を比較すると、駕籠だけ使った件数は二九六件、軽尻のみは二九一件とほぼ同じである。利用者の内訳をみると、駕籠は武士七八・四パーセント、社僧一七・七パーセント、公家三パーセント、庶民〇・九パーセントと各階層で使われているのに対して、軽尻は武士が九〇パーセント、社僧は八・五パーセントと少ない。武士は駕籠と軽尻の両方を必要に応じて活用しており、公家、社僧は駕籠を多用しているといえる。

庶民の旅での駕籠と馬の利用状況を六例の紀行資料から見ると、駕籠が多いのは四、半々が一、馬が多い一で、どちらかというと駕籠が多くなっている。駕籠を多用するのは、高齢者、女性や体の弱い人であり、馬は若年層で卓越している。馬は高いところに乗って、周囲を見渡しながら進むので、気持ちのよいことだろうが、突然の大音に驚くなど動物特有の不安やつい居眠りして力がゆるんで滑り落ちる危険がある。これに対して駕籠は低い位置で、人が担ぐのであるから安定性は高いといえる。

料金は東海道二川宿—吉田宿間、一里二〇町（約六・一キロ）の場合、軽尻は七一文、駕籠は人足二人分として一〇八文、これに酒手を出したり、駕籠使用料を加えると駕籠の方が相当高くなるが、どちらにするかは本人の好みや天候なども影響すると考えられる。元和元年（一六一五）、大坂夏の陣の落城に際して豊臣秀頼の御母子に乗り物を進ぜるとしたら、何がふさわしいかが話題になった折りに、「いかに御運の末なりとも、右大臣御母子に面をさらし、馬にてならせられるべきや」として、逃避行には駕籠がふさわしいということで衆議一決している。これは駕籠の効用を端的に語る場面である。

公用の武士通行は駕籠の種類と挺数によって、一行の規模や構成が推測できる（表10）。継ぎ立て一件当たりの駕籠数は、一〜二挺が八七・二パーセントを占め、小規模通行が大部分であることがわかる。一挺の場合は、主人にあたる高級武士が、数人の供を従えて行く道中であり、二挺の場合はこうした武士が二人同時に通行する場合がほとんどである。

武士では五挺以上が一九件あり、藩主や家老格を中心として、これに供の武士の何人かが駕籠を使用するため、大規模な通行になっている。この日〆帳に記載されている最大規模の通行は、備前岡山藩主（三一万石）の松平内蔵頭の一行で、引戸駕籠一〇挺、乗駕籠二五挺、宿駕籠九挺の合計四四挺に人足七二人を要している。この他に軽尻四疋、本馬一六疋、長持、簞笥、分持などの荷物があり、全部で人足一七二人、馬五〇疋になっている。四、五月の参勤交代が集中する時期には、これに匹敵する大通行も相当数あったと考えられる。

公家の例では、安政六年（一八五九）一二月二三日に近衛大納言の先触れ記載があり、御朱印人足三二人、馬三一疋、御証文人足三五〇人、馬一六疋とあるが、なぜか当日の部分は白紙が数枚和紙で留めてあるだけで内容が記載されていない。内容は前述した安政五年のときとほぼ同様であったと思われる。

僧侶で格の高い場合は、杖払い二人を置いて、先導しているが、ほとんどが自前の駕籠か宿駕籠一挺に分持一人という小規模通行になっている。

薩摩の松平殿貴骸通行での天保一二年（一八四一）の起宿での宿割を泊附帳によってみると、使用する駕籠の種類と供の構成の関係を考察することができる。四人担ぎの乗り物や引戸駕籠を含む上級藩士の旅宿は、荷駄、槍など五種一〇荷、長持ち、具足、長柄各一荷で、一三人が同宿している。中級藩士が使用する乗駕籠と一緒の場合は、両掛、槍各三荷の六人、下級藩士の使う四ツ手駕籠は、両掛、槍各一荷の四人がそれぞれ自前の駕籠を持参して宿泊している。武士の格によって、駕籠の種類と供人数、荷物の内容と量の違いは読み取れるものの、武士の禄高との関係まではわからない。

尾張藩での文久二年（一八六二）の江戸表及び国元での供行列規定では、駕籠は一〇〇〇石以上に許され、供の構成は「侍一人、乗馬（口附一人）または駕籠（陸尺三人）、槍、草履取り各一人」の五〜六人となっており、陸尺が四人の駕籠は三〇〇〇石以上に規定されている。万石以上の「名古屋地廻り供之格」の供行列の標準的な場合を、『名古屋叢書三編』一〇巻からみると次のようである。

徒士　中小姓一人　草履取一人　箱　口付

御加判　鑓　陸尺二人　駕陸尺二人　長柄一人　馬　合羽籠二　押一人

徒士　中小姓一人　小使一人　箱　口付

乗馬は三〇〇石以上（物頭以上）となっており、「藩士必携」では「物頭以上の輩にても、丸棒駕籠相用いること苦しからず。物頭以下、病気等無拠輩之外、通し駕籠相用いる儀、これなきよう心得るべき事」としているので、三〇〇石でも丸棒の乗駕籠を利用できたといえる。公務での外出時に、駕籠で通行できる武士は、藩によって違いはあろうが、尾張藩では高三〇〇石以上である。尾張藩の職制で三〇〇石の職は、槍奉行、船奉行、藩校である明倫堂督学、奥医師などで、家臣団では上位五分の一以上に属する上級藩士である。

道中奉行からの正徳二年（一七一二）の通達の中に、「近年東海道筋では、宿駕籠を多く用い、御用の在番衆の家来や末々の雇いの者まで駕籠に乗り、賃銭を払わない者まであると聞くが、今後は右の族、みだりに馬や駕籠に乗せないようにすること。馳走として駕籠を出すこと堅く無用に仕るべし。病人や特別の事情があって希望する者に対してだけ、相応の賃銭を徴収して駕籠を出すこと」と達している。江戸時代中期以降は、駕籠に乗る人たちが、各層で次第に増加していることがうかがえる。

宿場での駕籠運用にかかる諸費用をみると、中山道関ヶ原宿での天保一二年（一八四一）分の場合は次のようである。

- 宿駕籠桐油、駕籠棒、蒲団損料、敷薩代……………金五両一分と銭三〇貫四二一文
- 駕籠通し人足遣銭……………………………………銭一〇貫九六二文
- 宿駕籠取繕日雇代……………………………………金一両一朱一分と九八六文
- 新規山駕籠一六挺代（一挺に付金二分）……………金八両
- 新規宿駕籠二六挺代（一挺に付金一分）……………金六両三分
- 宿駕籠桐油六〇枚（一枚に付銀一四匁三分）………金一四両二朱
- 宿駕籠桐油取繕代……………………………………金三〇両二分二朱銭一貫三二文
- 宿駕籠蒲団五ツ代仕立賃共…………………………金二両三分三朱銀六匁八分銭三三四文
- 宿駕籠新規蒲団五〇枚代……………………………金一七両三分二朱

・駕籠会所引き払い代……………………………金二両三分

この年は新政府の東征があったので、交通量が多く、山駕籠・宿駕籠の新調が行われている。駕籠会所は東征軍の円滑な通行のために特別設けられたもので、通行終了後引き払っている。駕籠による継ぎ立てに必要な物品は、駕籠仕立とその修理、駕籠棒代、駕籠の雨具である桐油、座席の敷物としての蒲団やむしろなどはどの宿場でも必要なものである。他の宿駅の資料をみるとこれ以外の項目では、駕籠留人足代、駕籠部屋年貢、蒲団損料、駕籠世話料などがある。駕籠関係諸費用の往還入用全体に占める割合はほぼ五パーセント以下であり、駕籠人足に要した費用が加えられていないので、物品や施設では定率になっている。

新規の駕籠代金は、山駕籠が金二分、宿駕籠が金一分である。金一両が一〇万円とすると、五万円と二万五〇〇〇円であり、高級な自転車に相当する乗り物であったといえよう。文久二年（一八六二）の和宮降嫁に際して、中山道関ヶ原宿では、宿駕籠一〇〇挺など駕籠関係用品を大量に新調し、合計銀一貫九七五匁を支出している。この時の単価は宿駕籠一挺銀六匁五分、同修理三匁、桐油一枚六匁、小田原提灯一ツ三匁などとなっている。この時は前代未聞の大通行であったため、どの宿場でも新規需要が多く、値段が高騰していたようである。幕末での宿駕籠一挺の価格がわかる五例の資料をみると、安いのは大久手宿の銀二匁から高くは藤川宿の金一分までであり、平均は銀七匁余になっている。

街道の宿場には、旅人の給仕をし、売春もかねる飯盛女や遊女がいたところもある。東海道の四日市宿では、寛政の改革で遊女の取り締りが厳しくなる天明七年（一七八七）までは、旅籠町から離れたいくつかの脇町で営業する「呼び屋」が各町内に二～五軒あった。客があると、飯盛女を駕籠で四日市宿から呼び寄せていた。その際、呼び屋は駕籠屋に「あゆみ銭」と呼ぶ手数料七〇文と駕籠一挺当たり一六四文の特別運賃を払い、かつ遊女を格子つきの座敷で見えるようにして、客を呼ぶ「小見世代」として、二〇日毎に一人一〇〇文ずつ駕籠屋に渡していた。駕籠屋仲間はこれらの収入で、毎月一〇人の宿人足を雇って宿場助成にあてていた。駕籠が隠密に遊女を運ぶ乗り物として、有効に機能していた事例である。

寛政以降は飯盛女の置屋と呼び屋が協力して、客があると置屋が三二文、呼び屋が一六文を伝馬方に差し出し、宿の助成にしていた。昼間の飯盛女の移動はすべて駕籠を使い、一律六四文取ったので、駕籠屋仲間はその一部を拠出して、毎月宿人足五人を雇い、宿場の助成に出していた。その後は変化があり、飯盛女も昼間でも町内を歩き、街道に面した座敷で飯盛女の大見世をして客寄せができるようにした。そして、花代を一〇〇文値上げし、置屋へ四八文、呼び屋が二四文出し、一〇日毎に伝馬方へ渡すことになった。駕籠屋には、あゆみ銭の代わりに、一日六〇〇文を渡し、これに歩役人用金から一日二〇〇文を加えて、八〇〇文にすれば従来通りの立て人足も雇えるのでこれを認めてほしいと申し入れている。収益の一部を宿の助成にすることによって、宿に関係する者がそれぞれ立ち行くように連携していることがわかる。

二　紀行や版画にみる駕籠

紀　行

庶民が記録した紀行文から、駕籠利用の実態を探ってみたい。出羽国（秋田・山形県）の周蔵は三〇歳の明和八年（一七七一）弟と俳人とともに、江戸、京都、伊勢などへ一四一日間の大旅行をしている。このうち、東海道での駕籠利用は、往きは日坂三〇文、吉田・御油五五文、庄野・亀山六〇文、鈴鹿峠八〇文の四回、帰路は鳴海・池鯉鮒七五文、大井川前六里二〇〇文（眼の調子が悪い）、一三日二丁六四文の三回で、馬も一二回とよく利用している。旅籠代が七〇〜八〇文のときに、駕籠は一里三二文ほどと相当の高額であるため、山坂や体調不良などの特別な場合の利用に限られている。

相模国（神奈川県）の農民大和進らは、文政一三年（一八三〇）三島宿から伊勢参りに出立している。馬には乗らず駕籠は帰路に二回（池鯉鮒・吉田一三二文、吉田・浜松一五〇文）だけの利用である。

河内国（大阪府）の久右ェ門は、同行三人と天保一〇年（一八四〇）江戸・日光を一〇七日かけて往復している。荷物が多いので一人は常に軽尻に乗り、駕籠は雪のとき一回だけ乗っている。「大雪に御座候故、駕籠二丁、馬一疋、一日通りの積もりにて、亀山宿うち通り庄野宿同断。四日市宿へ左五郎は乗り越し候得共、四日市宿より雪少しもなく、馬一疋にて駕籠は断り申し候」と当日の状況を

表11　主な紀行文に見る東海道での交通手段別利用回数

職業	年代	(西暦)	出発地	主目的地	駕籠	馬	車	出典
①農民	明和8	(1771)	出羽	江戸京都伊勢	7	6		寒河江市史叢書
②俳人	安永2	(1773)	名古屋	内津多治見	全			名古屋叢書
③農民	文政13	(1830)	相模	伊勢	2			湯河原町史
④農民	天保10	(1839)	河内	江戸日光	1	多		久右ェ門旅日記
⑤農民	弘化2	(1845)	武蔵	伊勢金比羅	4	1		伊勢道中資料
⑥商人	慶応2	(1866)	美濃	江戸	3	1	1	美濃市史
⑦外国人	元禄3	(1690)	長崎	江戸	6	多		江戸参府旅行

(「往還人馬日〆帳」尾西市歴史民俗資料館蔵)

記している。駕籠賃は関と四日市間七里で五一四文とほぼ二泊の宿代になっている。

武蔵国(東京都・埼玉県)の農民国三郎は二四歳の独身で、弘化二年(一八四五)伊勢・金比羅・善光寺を八七日で廻っている。駕籠は三回(梅沢・小田原三四八文、箱根・三島五〇八文、江尻・久能六〇〇文)で、相当長い距離を乗っており、馬は中山道洗馬・松本二〇〇文で使っている。

美濃国(岐阜県)の商家の若主人は、慶応二年(一八六六)同行二人で江戸へ出発している。池鯉鮒から矢作橋まで車に乗り、車代荷物共で七〇〇文を支払っている。幕末の慶応年間には車が走っていたことが確認できる。駕籠は四回(金指村・三方原、日坂・金谷宿、岡部・鞠子宿、三島・箱根宿)の山坂の多いところで利用している。

文化一四年(一八〇七)常陸国(茨城県)土浦から伊勢・善光寺参詣の旅に出た岩瀬市郎右衛門は、中山道贄川宿から本山宿にかけての山坂で、「この所では、駕籠に乗ってはいけない。賃銭は大変安いが、その代わりに、偽の熊の胆を無体に売るので、油断がならない」と記している。

図 33　佐夜中山のあめ屋前の駕籠（文献 13）

天保一二年（一八四一）の道中日記の妻籠から三留野の項に、「駕籠屋がまいり、人々にすすめること多し。もっとも駕籠賃なども安し。一里半一七二文にて乗る」とあり、中山道木曾にも駕籠稼ぎの雲助が結構いたことがわかる。

尾張国の文筆家兼画家の猿猴庵は、寛政七年（一七九五）東海道の道中を『東街便覧図略』七冊として表している。図絵が中心で東海道の景観とともに、当時の名物が数多く登場している。佐夜中山（静岡県掛川市）の本家あめ店の前で、「あめでもあがれ、あめでもあがれ」の呼び込みに答えて、ねりあめを買って、早々に駕籠に座ったまま食べている状景が描かれている。できたてのやわらかい飴は美味であり、甘味は疲れをいやしたことであろう。この説明に、「その甘きこと、世のつねの飴に勝れ、風味は軽くて、歯につくことなく、遠国に求め行くに、あんばいのかわらぬを以て、この飴の一徳とせりとぞ。惣じて道中の名物と称する品数々あれど、飲食の品にてはこれを第一の産物というべし」と高評価している。

江戸の町医者加藤曳尾庵が文化三年（一八〇六）に著した『我衣』に、駕籠利用についての興味深い内容が記されていることを、水藤安久は『庶民の乗り物』のなかで紹介している。

七月二二日　熱海に浴みせんと江戸を発ち、その夜神奈川に泊る。程ヶ谷、戸塚から駕籠を雇い、熱海までの価を遣し、一角半（一分二朱）。駕籠かきのかけ声、初雁の渡るごとく、戸塚の宿を飛び出ぬ。

八月一六日　妻かね　在所に遣わす。一三歳の三男を供に連れ、四歳の四男を一緒に駕籠に乗せ、一六日夜八ツ（午前二時）過ぎ出立。江戸より藤沢まで、駕籠賃二〆六〇〇文なり。但し、一里に付、二〇〇文のつもり由、駕夫申しき

駕籠かきの威勢のいい掛け声、駕籠賃の実例、親子での二人乗りなど場面が印象的である。また、

幕末の名優で随筆家の二世中村仲蔵の『手前味噌』では、文政一〇年（一八二七）に甲府で興行中に江戸から伯父が死亡したとの書状を受け取り、単身で江戸へ向かった。

内藤新宿へ来る。江戸へ着いてやれ嬉しやと気のゆるんだせいか、もう一歩も歩かれず（中略）。四ツ谷へかかり、四ツ（午後一〇時）を打ち、家毎に戸をしめて寂しくなる。ここには堀之内へ参詣に行くとき、四、五度乗って見知り合いの駕籠屋あり、ここから駕籠に乗って帰ろうと思い戸をたたいて「四ツを一挺やってくれ」と頼む。内にては戸を開けず、「お気の毒だが、疲れていますからいけません」と、手強く断られる。仕方なく市ヶ谷まで足を引きづってきたが、もう一寸も歩かれず、石橋の欄干へどっかりと腰を落ちつけ休みしが、いよいよつかれ出て、我を忘れて眠る。しばらくして耳元でガヤガヤいうに驚き、目をさまし見ると、牛込の方からカラ駕を担いだ辻駕がきて休んでいるゆえ、天の助けと思い、「オイオイ和泉町までやってくれるか」という。駕籠屋ようようすかし見て、「お前さんかえ」と我が身なりを見て、不審の顔にて「四ツ過ぎだから、値との相談だ」という。七〇〇文と値が決り、サア遣ろうと支度すれど、わが身なりの悪しきを見て、心に進まぬと見え、不肖不肖に駕に乗せ、提灯のあがりを直して、「もし、ろうそくがございませんから、少しばかりやってください」という。我ら一文なしゆえ、はっと思いしが心を落ちつけ、「むこうへ行って一緒にやるから、出しておいてくんな」というと、駕籠かきは「ヘイ」と生返事して杖を入れて担ぎ出す。もしやそうとは言はせぬかと、その心配大方ならず。市ヶ谷御門を入りしか心配はあっても、二、三日のつかれに直ぐ眠る。時々、冷たき風に当って目を覚まし、ようよう玄治店へ来る。「駕籠さん、その内構への内を起こしてくんな」というゆえ、駕屋は「お帰りだ。お帰りだ」という。（中略）駕屋へは酒手と駄賃をやって返す。

一刻も早く帰宅したいということで、無理をして歩き続けたが、疲れが限界になる。こうしたとき頼りなるのが駕籠である。しかし、夜も一〇時を過ぎると辻駕籠を見つけるのは、容易ではなかったことがわかる。ようやく見つけた駕籠に乗ると、疲れから直ぐ眠り、風に当たりながら、わが家に無事到着できたので、酒手をはずんだのである。

また、天保二年（一八三一）中村仲蔵は、名古屋の興行を終わり、来合わせた母と一座の役者二人と一緒に江戸へ戻る。府中（静岡県）をすぎて由井宿で止宿。ここから、母用に駕籠を江戸まで通しで頼んで、金二両の大金を投入している。「母を駕籠に乗せたれば、われら楽々と談笑をいって道中ができたり」と喜んでいる。箱根の山越えでは、自分たちも駕籠に乗っており、人気のある役者は、駕籠を利用できるゆとりがあったといえる。

嘉永三年（一八五〇）、下野国（現群馬県）伊勢崎を旅立った医師の栗原順庵は、小田原から箱根のところで、「箱根峠では、上りの者は小田原で、下りの人は三島で駕籠をとること、峠はなかなか険しいので足を痛めてしまう。おもんばかるべきである。駕籠代は小田原より湯本までが三〇〇〜四〇〇〇文、箱根から三島までが二朱二〇〇文～三〇〇文くらいである。駕籠は宿から頼むとかえって高いので、相対で掛け合うとよい。その際は後に酒代などを要求しないように取り極めること。駕籠の値段は旅人の好き次第と駕籠に乗せ、途中でけんかを仕掛けて降ろしてしまう輩がいるという。現在は大久保侯などから厳しく達せられているので、このような輩はいないが、気をつけるように」と注意をうながしている。

庶民は御定賃銭で、問屋場の人馬や駕籠を利用することはできない。駕籠に乗りたいときは、相対賃銭で頼んだり、宿はずれの立場や峠の茶屋などで行き合う雲助と交渉して駕籠賃を決めなければならない。雲助にとっては客に乗ってもらうことが先決であり、疲れがたまってきた旅人は少しでも安い賃銭で乗りたいので、旅慣れない者にとっては難儀なやり取りの瞬間となる。『東海道中膝栗毛』は、旅の日常での具体的様相が活写されているところが貴重である。駕籠が登場する場面に注目してみたい。

弥次、喜多八と雲助のやりとりをみると、

雲助「駕籠いかまいかいな。これから二里半の長丁場じゃ。安うして召さぬかい」
弥次「いや、駕籠はいらぬ」
雲助「後の親方、旦那を乗せ申して下んせ。戻りじゃ、安めに」
喜多八「旦那はお歩行がお好きだ」

雲助「そういわずと、モシ旦那、安うしてやらまいか」

雲助は酒手を見越して、先ずは安値の料金で攻勢をかけるのが、常套手段だった。藤沢宿の棒端の茶屋あたりで、駕籠かきから声をかけられて、駕籠賃が決まる様子が記されている。

雲助「駕籠よしかの。だんな、戻り駕籠だ。安く行きましょう」
弥次「駕籠はいくらだ」
雲助「三百五十」
弥次「高い高い。百五十なら　おれが担いでいかァ」
雲助「百五十にまけますべい」
弥次「まけるか。ドレドレこの草鞋をそこへつけてくだせへ」
雲助「おめえ乗るのかへ。百五十で担ぐといわしゃったじゃないか。それだから片棒のわしが担いで百五十とるのだ」
弥次「ハハハこいつはいい。ヱイそんなら二百か」
雲助「安いが行きますべい。ナア棒組。サアめしませ」

駕籠賃が合意できたので、弥次兵衛はここから駕籠に乗る道中になった。なお、駕籠賃が決まるとその上に三〇～五〇パーセントの酒手を払うのが慣例であった。

先棒「旦那はかたいぜ」
後棒「しっかりかまえていしゃさるもんで」

これは駕籠に乗った客の感じを描写しており、堅い姿勢で力が入いり、駕籠の揺れに体をまかせていないため、かき手が担ぎにくいことを述べている。駕籠の乗り方にも上手下手があり、あぐらをかいて膝を横に出し、背もたれに寄りかかってぴたりと体を付けて身動きしないのを「乗り前がいい」といって雲助にほめられたという。客がぶらつくような乗り方は雲助から小言をいわれるわけである。

このほかに、駕籠通行に関することで、具体的な状況が読み取れる場面がある。

・雨降り出しければ、古ござ一枚、駕籠の上からうちかぶせて担ぎ出す。
・喜多八が乗った駕籠脇へ順礼がやってきて、「ご道中ご繁昌の旦那、この中へたった一文めぐんでくんなさい」と執拗にせがむのを、「つくなというに、べらぼうめ、この乞食めが」とあまりにりきんで追い返そうとしたために、このはずみで駕籠の底がすっぽ抜けて、喜多八は落ちてしまった。

竹を藤づるで留めた山駕籠は、古くなると急に力を加えたことで、底が抜ける場合が時々あったのだろう。上方の滑稽本『通者茶太郎』巻一には、住吉詣の帰途、駕籠の底が抜けたので、駕籠の枠の中に立って歩いて帰った話が出ている。

喜多八はこのあと、替りの駕籠がないため、褌で駕籠をしばって修理して行くことになり、この様子を「武家の葬式」のようだと弥次兵衛がひやかしている。江戸では町人は棺のままか棺を輿に乗せて葬式に出すが、武家では内葬といって、家族や親しい者だけで葬式をした場合、遺体を入れた駕籠の戸を白い布でしばったため、これを連想したのである。

・白須賀宿のはずれから、駕籠に乗って行くと向うからきた二川宿の駕籠に行き合った。すると、二川の駕籠かきが、「客を取り替えないか。おれたちは二川へ戻った方が都合がいいんだ。」「なんぼよこす」「五十文で承知ならやろう」という掛け合いで相談がまとまって、二川へ戻る駕籠に乗りかえた。

駕籠は一宿継ぎが原則であるので、行きは仕事があっても、帰りは空で戻ることになってしまう。だから、途中で客を交換すれば、双方の駕籠かきとも自分の根拠地の宿場に戻れてとくをするため、こうした交渉がよく成立するのである。現代のタクシーも、名古屋から客を乗せて岡崎で降ろしても岡崎の客を拾うことはできない規定であるのと同様である。

二川の駕籠かきは、「旦那はしあわせじゃ。これは宿駕籠だから蒲団が敷いてあるだけ、おまえ方はかえさしゃったが、お徳というものじゃ」と交換がよかったことを吹聴して納得させている。

『旅行用心集』には、「駕籠が不用なればとて、がさつに断り、また、乗り心もなきに、なぶり回すことなど決してすべからず。これ喧嘩の元となること疑いなし。よくよく慎むべきことなり」と注意を喚起している。また、道中手控の『旅の手得帳』には、「道中にて、馬方は馬に乗れ、雲助は駕籠に乗れと申し候とも、一言ももの言わず通るべし。これより道のり何ほどあり、駄賃何ほどと申し候えども、安く乗らせて後に喧嘩など仕掛け、余計に銭取り申し候。何ほど馬方、雲助すすめ申し候とも、一言ももののいわず通るべし」と徹底して無用のかかわりを避けることをくり返し強調している。

歩く旅が基本であった江戸時代に、駕籠を利用することは、ぜいたくなことであった。だから、前述の庶民の旅程に共通することは、駕籠を気軽に多用するというよりは、天候不順、体調不良、険しい山岳地域の街道など特別の場合での限定的利用になっている。駕籠を常用の交通手段にしているのは、身分の高い藩主、姫君、奥医師、高僧など限られた人たちだけであった。

東海道五三次の版画に見る駕籠

駕籠の種類と馬

東海道五三次シリーズの版画のうち、北斎、広重など九種四七八図をみると、うち六三図に八四挺の駕籠が確認できる。種類別では武士が乗る権門駕籠などが一二挺、庶民が主に使う四ツ手駕籠が七二挺で八六パーセントと多くなっている。陸上で人間が乗る交通手段で、駕籠と競合するのは馬であるが、保永堂版では駕籠が一七図、馬一〇図（軽尻四、乗掛四、三宝荒神一、空馬一）と、駕籠のほうが多くなっている。

武士の駕籠は、大井川や酒匂川の蓮台渡し、矢作川の橋上を進む行列、関宿本陣内などで、いずれ

図 34　興津（『保永堂版　広重東海道五拾三次』岩波書店，2004）

図 35　府中（同前）

も大名行列を描いたものである。四ツ手駕籠は宿場では、茶屋や名物店の前を行く場面や休憩しているところが最も多く、田園の中を通る縄手道や山道、追分や国境、夜泣石の名所など、多様な箇所に登場している。

乗客と駕籠かきの服装

乗っている人物は見えない場合がほとんどであるが、供や周辺の様子で推測できるケースもある。岡崎宿（保永堂版）では、大名行列の一行が日本一長い矢作橋を渡っている。毛槍の後に駕籠が二挺進んでいる。前の駕籠は二人担ぎで、後の駕籠は四人担ぎの大型なので殿様が乗っているのであろうか。陸尺は笠をかぶり、揃いの茶色の法被を着ている。武士の行列は格式を重んずることから、駕籠を担ぐ人のいでたちも家格に呼応して整えられていた。

興津宿（静岡県静岡市）の図では、四ツ手駕籠からはみ出さんばかりの大きくて重い相撲取りを乗せて、興津川を徒歩渡りしている。二人で担ぐのは無理なので、後ろに横棒を取り付けて四人で運んでいる。重さで駕籠が下がると、川の水面につきそうなので、駕籠かきは顔をゆがめながら必死でがんばっている。相撲取りは駕籠が今にも水につきそうなので、心配そうに下を見つめている。すぐ後に続く乗掛馬に乗った相撲取りは、辺りの景色を眺めながらのゆとりある表情であり、対照的である。

府中の図では、垂れなしの四ツ手駕籠に乗ったまま、安倍川を蓮台に載せられて渡河しているところが描かれている。駕籠はひもで長柄と蓮台をたてに二ヵ所でしばり、横は一筋のひもを渡して、落ちる不安がないようにしてあるが、女客は不安そうに川面を見つめているのが印象的である。

図 36　夜中松明登り（丸屋清次郎版『東海道十一・五十三次箱根』）

図 37　庄野（前出『保永堂版　広重東海道五拾三次』）

箱根の険しい山道を、山駕籠が先を急いでいる。前後に二メートル近くもある大きな松明を持った案内人の導きで、街道を照らし出して進んでいる。「夜中松明登り」の小題がつけられているが、江戸時代は夜中の旅は禁止であったので、これは暗いうちの早朝の箱根路であろうか。当時の旅立ちは七ツ立ち（午前四時）で、日の出の六ツ時の二時間前が通例であった。後の松明のすぐ後を、荷物持ちの供が従っている。乗っているのは羽織を着た風格が感じられる人で、何か急用ができたのであろうか。前棒の駕籠かきだけは、上半身裸で、威勢のよさが感じられる。急坂を急ぐのであるから、汗がにじみ、山中の寒気も気にならないのであろうか。街道には丸味を帯びた平らな石が、二メートル弱の間隔で横に並べられ、雨でぬかるんでも滑らないように整備されている。

広重の名品「雨の庄野」は副題に「白雨」とある。これは夕立やにわか雨のことで、夏の季語である。急に降り出した激しい雨に、街道を行く人たちはとりあえず蓑や傘で身を守り、雨宿りのできるところまで大急ぎなのである。駕籠かきは合羽を駕籠の屋根にかけ、笠をかぶり、杖を上にあげて先を急ぐ。後棒の駕籠かきは、雨の中も上半身裸のまま担ぎ続けている。乗っている客は周囲が見えないばかりか、スピードが上がって揺れが一段と大きくなったため、吊り綱を握りしめて振り落とされることだけはないように、必死に耐えていたものと考えられる。雨の日の駕籠には、桐油紙（美濃紙を藍染めにして桐油をしみ込ませたもので、赤、黒、青、漆藍などの色があった。粗なものは仙過紙青漆染めにした）を使う。四ツ手駕籠は白紙桐油一枚で全体を覆い、権門駕籠は四ツ桐油といって、本体を四枚の桐油紙で覆って雨を防いでいた。雨の日の駕籠を描いた二図を掲げておく。

図 38　雨の日の駕籠（文献 29）

図 39　迎えの駕籠（文献 32）

図40　三島（前出『保永堂版　広重東海道五拾三次』）

このほかに、早朝に霧の深い三島大社鳥居前を行く駕籠と乗掛馬、草津宿・姥が餅の店の前を掛け抜ける裸の駕籠かきが担ぐ早駕籠、袋井の田園が広がる出茶屋横の大きな木の下で、駕籠かきがたばこを吸ったり、駕籠にもたれたりしての休憩場面、一人が空駕籠を担ぎ上げ、相方が担ぎ棒に蒲団をからげて、佐夜の中山の峠へ向かう帰り路の情景など興味深い駕籠がいくつか登場する。ここに描かれた駕籠かきたちは、頭に鉢巻やほおかぶり、紺の半てんに褌、草鞋、息杖が主流である。しかし、頭に何も付けない者が六〇パーセント強あり、脚絆をつけているのは一〇パーセントと思ったより少なく、上半身裸の駕籠かきは約三分の一となっている。

三　外国人が見た駕籠

自国との比較

「郵便車は国中どこにも見られないし、また、ほかに旅人を乗せる車輪の乗り物もない。したがって、貧しい者は徒歩で旅をし、そして、代を払える者は馬に乗って行くか、または駕籠で運ばれる」とツュンベリー（スウェーデン・医師）は、『江戸参府随行記』に安永五年（一七七六）ころの日本の街道の様相を記している。ヨーロッパのような車の乗り物が皆無であることに意外性をいだくとともに、漆塗りの立派な駕籠に感心し、「馬車の胴体の一種の如きもの」と位置付けている。

ケンペル（ドイツ・医師）は、オランダ商館長の江戸参府一行の随員として、長崎―江戸を二回往復している。この道中では駕籠を何回も利用し、詳細な観察を『江戸参府旅行日記』に残している。便利だがぜいたくな乗り物と粗末で簡素な駕籠の二種があるとし、前者はヨーロッパの「担い椅子」、後者は「担架」にあたるとしている。ロンドンで「セダン椅子」と呼ばれる椅子駕籠は、一六三四年イングランドでおこり、一八世紀半ばまで広く利用されたという。たて長の箱の中に椅子を置き、箱の両側に二本の棒を取り付けて、前後を二人で担架のように手で支え持つものである。明治初期の横浜や中国の観光地では現在も利用されているところがある。

シーボルト（ドイツ・医師、植物学者）は、「駕籠はわが国の儀式用の馬車にあたり、古いしきたり

図41　セダン椅子と呼ばれたロンドンの椅子駕籠（文献1章4）

によって許されている貴人の乗り物である」とし、駕籠が日本の主要交通手段として定着した理由として、「日本の地形が、他のどんな乗り物も不向きなため」との見解を示している。急坂や曲がりくねった細い道の多い日本の地形に合った乗り物が「駕籠」というのである。

ハリス（アメリカ合衆国・駐日公使）は、「日本の駕籠は、見たところフランスのルイ一一世時代にカーヂナル・バリューが発明したといわれる鉄檻《てつおり》のようなかっこうにつくられている。それはいたって丈が低いので、その中で直立することができない。また、たて身が短いので、全身を伸ばして横臥することもできない。腰の下に両脚を折って座ることに慣れないものには、身体の重さが全部かかとにかかってくるので、その姿勢をとることは容易に想像する以上に苦痛なものだ」ととらえている。そして、日本滞在中に公用で駕籠を利用せざるを得ない機会がくることを予測して、インドのパランキンのように、長さ六呎《フィート》半（一九八センチ）、長手棒三間（五・四メートル）もある超大型の駕籠を特注して、足を伸ばして座れるようにし、苦痛を軽減する工夫をしている。明治五年に駕籠を体験した記者は、「ほんのしばらくでも駕籠に乗った後は、自分の足が使えるようになるまで一時間もかかる。しかし、ちゃんと元に戻る」と習慣の違いを強調している。

駕籠のつくりと駕籠かき

駕籠は日本人にとっては見慣れたものなので、特別の関心はなく、描写や考察も少ない。しかし、外国人にとっては、初めて見る珍しい乗り物なので、母国の人たちにわかるように伝えようとするため、具体的な記述が多く残されていて興味深い。

ケンペルは、「駕籠といっても、身分の高い人と下々の者の間には、はっきりとした相違がある。というのは、一方は立派でぜいたくな構造で乗り物と呼ばれるが、もう一方は見た目も粗末で駕籠と呼ばれるからである。民衆はこれらの異なった条件をはっきり決めているが、物そのものは実際には何ら変わりはない。駕籠に付いている担い棒は悪く粗末で小さいが、乗り物のものは大きく立派であるばかりでなく、見かけよりずっと軽い。その柄は四枚の板でできていて、それを組み合わせて堅い角材の形にしてある。この柄の高さと長さは、幕府の法規により身分によって各人に定められている。

それゆえ人々は、その高さなどで大名とか、それ以外の身分の高い人の位を知ることができる。実際以上に思われたい者は、時には分不相応に高めに造らせるが、そういう者は冷たく扱われることが多く、使用を禁止されて恥をかかねばならないのである。

乗り物は直方体で長細い形をしていて大きいので、一人で楽々と座って休息することができる。細く割った竹できれいに編まれ、大変上品でぜいたくに漆が塗ってある。乗り物には両側に引き戸があり、小さい窓がついている。また、時には前後に窓があることもある。

駕籠はいろいろな形はなく、一段と小さい。屋根の上か下に通してある四角か丸い棒で担がれて行く。人々が旅行中、おもに山地を越えてゆくときに用いる駕籠は、大変簡素で小さく、座るところは丸くなっている」と乗り物と駕籠の二系統を区別して、利用の仕方まで詳細に記している。

ツュンベリーは、「裕福な人は乗り物で運ばれるが、乗る人の階層により、その大きさと華麗さが異なる。最低のものは小型で、足を折りたたんで座らざるを得ない。四方は開いており、小さな天井が付いていて、二人の男が運ぶ。大きく豪華なものはノリモンと呼ばれ、長方形で身分の高い役人が乗り、何人もで担ぐ。天井に取り付けられた竿を自分の肩に担ぎ、前後に並んで歩く。一般に彼等は一時間に一里進み、一日に一〇～一二里進む。また、内部は絹の上等な布およびビロードで張ってあった。底にはビロードの被布をかけた敷物がある。背および両肘は長枕に寄らせるのである。前方に小棚が一から二あって、ここに文具類や書籍類などをのせておくことができる」と、駕籠を見たことのない人にも、内部までよくわかるように叙述している。

シーボルトは、「駕籠は編み細工の漆塗りの木部からできている。運ぶことのできる小さな四角の家である。漆塗りの木製の屋根がついていて、この上に多少弓なりになった長い担ぎ棒が、金属の留め金でとめられている。屋根が上に挙げられるようになっている左側に引き戸があり、その引き戸にも向い側にも窓がある。窓には紙か絹布で張った枠がはめ込まれ、外から上品につくられた竹の簾をたらして覆うようになっている。床の上には、蒲団やゴザ、熊や虎の皮などが敷かれている。内部には種々のものが取り付けられてあるが、その中には、喫煙具、食物入れの小箱などがおさめられている」と、日本独特の乗り物について関心をもって、細いところまで観察している。

駕籠を担ぐ、駕籠かき、陸尺については、ほとんどの外国人が、その働きぶりに注目している。シーボルトは、「彼らの鍛練と忍耐と敏捷さには驚くが、反面、彼らが節制を重んずるのには賞賛に値する。荷物を担ぐ仕事には、下層階級の出身で力強い男子が選ばれる。しかし、駕籠を担ぐには相当の訓練が不可欠である。荷物の担ぎ手は宿場毎に交代するのに、通しの駕籠かきたちは数日にわたって、一〇〜一五里（約四〇〜六〇キロ）を軽やかに歩かねばならないから、強壮な胸板が必要である。彼らは普通一分間一〇〇歩の狭く規則正しい歩幅で、足早に歩く」と、人夫に比べて、駕籠かきの熟練性を強調している。友人から調査を依頼された鉱物を駕籠内へ持ち込んで、名称を調べる作業をした体験から、「旅駕籠の拍子の合った動揺に馴れさえすれば、硬い鉛筆なら大変よく書くことができた。この旅行中、私の研究室はこれで大変楽になったわけである。同時に、飛んでいく小さな研究室の中に、必要な本や機具などを備えていたので、駕籠かきは非常に腹を立てた」と、駕籠内でも相当細かい作業が可能であることを実証している。駕籠での快適な道中の決め手は、担ぎ手の歩き方のうまさにかかっている。「九州の街道では、不器用な百姓が荒い馬に乗っているようにゆすった。だから、動揺と衝撃のため船酔い心地になった。しかるに、京都から江戸の街道では、熟練した駕籠かきたちが、ゆすらずに静々と運んだので、駕籠の中で読み書きができ、眠ることもできた」と述べている。

ツュンベリーは、「駕籠かきは同じ速度と歩調を保つために、時々歌のようなものを歌う」と、エッホー、エッサなどのかけ声で調子をとりながら、同じ歩調で進むための歌やかけ声に注目している。モースは宿駕籠の通行について、「ぶら下がる丸い棒で肩に担ぎ、頑強な男が二人、威勢よく歩いて行く姿は見ていておもしろい。それぞれが自分を支えるために、長い杖を持ち歩調を合わせる。駕籠はゆらゆら揺れる。最初に疲れた方と交代するために、もう一人の男が後ろからついていく」と描写している。また、オイレンブルグ（ドイツ・公使館参事官）は、「休むときは、駕籠を下へ置かないで、天秤棒（息杖）で支える」と、二〇〜三〇分毎に休憩をとりながら進む駕籠の方式に納得している。エルギン（イギリス・使節）は、「空《から》駕籠になると、柄先に駕籠をつり下げて、交互に一人で肩に担いで行く」と、客をおろした戻り駕籠は軽いので、一人で荷物のように担いで行く仕ぐさのおもしろさを記している。

大名行列の陸尺の服装について、ツュンベリーは、「乗り物の運搬人は、主家を示す揃いの衣服を着ており、他のすべてのものにも主人の紋章がついている」と、各大名家の家紋を入れた固有のユニフォームであることに注目している。シーボルトは身分の高い人々の駕籠かきについて、「彼らはわら靴をはき、脚布を巻き、わら帽子をかぶり、黒か紺の木綿でつくった着物を着ている。腰の囲りに色のついた帯をしめ、その帯の下へ着物の裾《すそ》の後の方をはしょい込んでいる。胸元と背中と両袖に主君の定紋を付けている」と、服装について詳細に描写している。

ハリスの行列では、背中にアメリカ合衆国の紋章の入った紺衣とひだのある特別装飾のある服を着た背の高い屈強の男を陸尺にしている。日本の大名行列の様式を取り入れた江戸への参向である。

一方、質素な衣服の駕籠かきに注目したシューマン（ロシア・商人）は、「担ぎ人たちの身につけるものは、幅の狭い下帯と、背中に赤や白の大きな象形文字の書かれた紺色のもの（半てん）だけである。彼らはたいて体中に入れ墨をしている」と、その独特のスタイルを紹介している。

一本の担ぎ棒を二人から一二人までが肩に担いで人を運ぶさまざまな服装の駕籠かきたちに、深い関心を持ち、そのたくましさに感じ入っている記述が目立っている。

ハリスの江戸参向

駐日公使ハリスの『日本滞在記』と彼の片腕として活躍したヒュースケンの『日本日記』を中心に駕籠通行の実態を追ってみたい。

ハリスは安政三年（一八五六）七月、下田に上陸し、日米通商条約の調印をめざして下田奉行を通して将軍との謁見の交渉をねばり強くすすめた。そして、安政四年（一八五七）一一月、江戸へ向けて約三五〇人の行列を組んで出発した。オランダ語通詞のヒュースケンの『日本日記』から当日の様子をみると、「けさ、六時から七時にかけて、わが玉泉寺の境内は、見物人、駕籠かき、兵士、クーリー等でいっぱいになる。（中略）われわれはできるだけ長い時間、駕籠に閉じこめられないために馬に乗る」のように記している。狭い箱のような駕籠に閉じ込められるのは、極力避けたかったようで、ハリスも先ずは馬に乗り、次に特注の大型駕籠と一二人の陸尺を配置して進んだ。ヒュースケンも八人担ぎの駕籠を従えていた。その他に駕籠を利用しているのは、オダンダ語の通詞と下田副奉行である。

曲りくねった急坂が続く天城峠の難所では、馬では危険で無理なので、駕籠に乗り替えている。ヒュースケンも含めて、脚が長く苦痛をしいられる駕籠には、なるべく入りたくないというのが本音である。しかし、箱根の関所通過に当たっては、「その道は騎馬には向かないので、私はノリモンに乗って通るであろう。健康が許すとも威厳が私の徒歩を許さない。駕籠に乗るくらいなら、徒歩にしたいと思うのだが」と、プライドと本心の揺れを読み取ることができる。つまり、箱根関所では駕籠に乗ったまま通過できる人が最も格の高い人であった。

関所では乗り物はすべて厳重に検査され、旅人には関所手形の改めがある。下田の副奉行はハリスに、「日本の大名がこの関所を通るときは、駕籠の戸を開き、駕籠かきの足を停めることなしに、役人がその中をのぞきこむことが古くからの掟となっている」と伝えた。これに対してハリスは、「自分は日本の臣民ではなく、アメリカ合衆国の外交代表者であり、治外法権下におかれているから、このような検査を受ける理由はない」と突っぱねた。副奉行はこの決心を何とかひるがえそうとして、「馬で通ることにして、空の駕籠を検査させることにしてはどうか」と申し出たが、どんな形式にせよ検査そのものに反対する姿勢は変わらなかった。

すると、副奉行は、「指図を求めるために江戸へ使者を出すから、五日間程滞在してほしい」と提案したが、ハリスは、「五日はおろか、五時間も待ってはいられない。あくまで検査をするというなら下田へ引き返そう」と強堅である。苦境に立った副奉行は関所の番小屋へ行って交渉し、二時間後に戻ってきて、「一切が解決したから、駕籠のまま通ってよい」と言ってきた。

ヒュースケンはこの間の状況について、「ハリス氏はノリモンに乗ったまま門を通過し、ノリモンの扉は開かないが、私のノリモンの扉を開ける権利は保留する」ということで話がまとまったという。ところが、関所に着くと、ハリス氏の従僕タキゾーは主人のノリモンの扉を開け、そして、すぐ閉めた。ハリスは日本人が約束を破ったと思い込んで激怒した。

この行き違いはタキゾーに情報がきちんと伝わっていなかったために起きたのであった。タキゾーはヒュースケンのノリモンの扉を開くよう命ぜられていると聞き、また、関所ではあらゆる人がこの慣例に従わなければならないことを知っていた。その上、公使という身分の者は治外法権下にあることを知らなかったため、ハリス氏も規則に従うものと思ったのである。その後の日記には、関所通過の件については記述がないので、痛み分けのような結果になって時間とともにおさまったのであろうか。

さて、江戸入りの交通手段を何にするかについても、相当の迷いがあった。ハリスは駕籠については、「至って気が進まない乗り物」であるため、本心は「馬で江戸入りしたかった」し、副奉行もこれを勧めた。あまりの熱心さに、かえって疑念を深め、理由を確認したところ、わかったことは、「江戸へ駕籠で入ることができるのは、大名か最も身分の高い守《かみ》の称号を有する旗本に限られている。これより身分の低い者は、馬か徒歩によらなければならない」ということであった。そこで、ハリスが出した方針は、「日本にては上々は駕籠、下の官は馬のよし申し候へば、然らば駕籠に仕るべき」と判断して、駕籠で江戸入りすることに決定したのである。

オランダ商館長一行の江戸参向の場合も、公使待遇の館長は駕籠で江戸入りしているが、行列の宰領である長崎奉行所の付添検使は、街道では駕籠に乗ってきたが、品川宿からは身分上許されないので、馬に乗り換えている。また、京都御所の周辺では、敬意を表して駕籠からおりて徒歩で通り過ぎる慣例が厳格に実施されていたことも、シーボルトの紀行から読み取ることができる。

ハリスが老中の堀田備中守正睦邸を訪問したときは、ハリスの駕籠以外は全部屋敷の外門で止められている。そして、邸内へは、「私の駕籠かきは、外門から約一五〇ヤード（一三七メートル）手前のところで歩調を速め、門に達したときには駆足となり、門をくぐって前庭を突進し、私を迎えるために敷いてあった何枚かの新しい畳《マット》の端近くに、私の駕籠をおろした」と、到着の様子を具体的に描写している。

将軍との謁見のため江戸城を訪れた際は、「第二の濠にある大手門に達すると、信濃守と私以外の者はみな駕籠からおろされた。二人の駕籠だけ橋を渡り、門と桝形を通って奥へと進んだ。最後の橋から三〇〇ヤード（約二四七メートル）ほど手前へ差しかかったとき、信濃守も駕籠から下り、従者もみな停止した。私だけが駕籠に乗って下乗橋のたもとまで運ばれた。ここで、私は下りて、駕籠の中に携えてきた大統領の書翰をヒュースケンに持たせて、四つの門を通り過ぎて徒歩で奥の謁見所へ入った」とあり、大名並みの扱いで入城したことがわかる。

駕籠運行の観察

外国人たちは東海道の旅をしながら、多様な通行と出会っている。その中で最も多くが注目しているのは、大名行列である。行列の編成、服装、持参品などそれぞれ詳細であるが、駕籠に関する部分だけ取り出してみたい。

ケンペルは薩摩、加賀、尾張などいくつかの大藩の大名行列を観察して、共通点が多いとして次のようにまとめている。「大名の乗り物には、一六人前後の護衛兵がいて、二人が一組となっている。見るからに大柄な人物が選ばれて役を勤めている。大名の乗り物は六人ないし八人の揃いの仕着せをまとった男たちが担ぎ、交替のため常に同じ人数の者がついている。乗り物の両側には二人ないし三人の近侍がいるが、彼らは主君から何か求められたり、あるいは乗り降りされるときに、お世話したりするためにいるのである」「大名の子息が参勤交代の旅に加わる場合には、彼は父の乗り物のすぐ後について、自分の家来と一緒に行く」と、行列の構成の細かいところまでよく観察している。

図42　唐丸駕籠（アンペール，文献33）

シューマンは慶応元年（一八六四）、長州再征に江戸を出発する一四代将軍家茂の行列を、一時間ほど歩いて外国人に割り当てられた場所で見学している。ここには一〇〇人ぐらいの外国人と警備の役人が三〇人ほど集っていた。将軍の盛大な行列を間近で観察し、「馬丁が四人、黒い覆いですっぽり包まれた鞍付きの馬を四頭曳いていた。そして、美しい黒塗りのノリモン（車輪のない駕籠）。その後に、金箔で百合の花（葵）をかたどった金属の軍旗が続く。いよいよ大君が現れた。踏鉄なしでわらのサンダルをはかせた美しい栗毛の馬に乗っている。大君は二〇歳くらいに見え、堂々とした美しい顔は少し浅黒い。金糸で刺しゅうした白地の衣装をまとい、金箔がほどこされた漆塗りの帽子をかぶっていた」と記述している。出発時は馬で、道中は駕籠が中心であったことが読み取れる。

ケンペルは帰路、大磯宿の手前で紀州侯の行列本隊と出会っている。「礼儀に従って、馬から下りて、帽子をぬいで立っていると、二〇歩ばかり手前で侯は乗り物を止めさせ、戸を開いてゆっくりとわれわれの傍を進ませた。われわれも通詞を介して、手短な挨拶を述べたので、それに答えて侯も大変丁重に親しみをこめて応対してくださり、われわれの旅が無事であるようにと伝えられた」と、行き会いがなごやかなうちに行われている。しかし、身分の極めて高い一行との出会いによって、すでに休憩している宿屋を移動させられることもあった。ツュンベリーは、「随員の大勢いる行列に、小さな村しかない地点で出会うと、すでに部屋に入っている宿屋から出て、町はずれの寺院に移らざるを得なかった」と、うんざりするような事態に巻き込まれた思い出を記している。

囚人の唐丸駕籠による護送は、珍しい光景であった。アンペール（スイス・時計組合会長）は神奈川宿の茶屋で休んでいるとき、「突然、客や女中たちが、さっと驚いてどよめいた。罪人の護送をしている警官たちの一隊が、休息するために入ってきたからである。女中たちが、急いで旦那方に熱いお茶と燗をした酒を出した。竹で編んだ出口のない籠に入れた罪人を担いできた人夫は、重荷を肩から下ろした。まず、細長い手ぬぐいを伸ばして、背中にぐっしょりかいた汗をふいていた。『罪人は』と、竹の網み目からすかして見ると、体を縮め、目付きはギョロギョロし、ひげも頭髪もぼうぼうとしていた。これから江戸へ連れて行かれて牢屋に入れられ、拷問されるのである。彼の罪状は、屈辱的な駕籠に下げられた木札に、れいれいしくしたためられている」と描写している。

オイレンブルグも囚人との出会いの体験から、「身分の低い罪人は、重い足かせをされて駕籠で運ばれる。身分の高い者は乗り物が使われるが、これには横木が頑丈に打ち付けられるのである。そして、罪人は首のところまで袋にいれられて座り、外側には太い縄の網が被せてある。念には念を入れてあるが、その処置は笑止に近い。しかし、これは罪人の逃亡のみならず、自殺防止のためである。自殺が起ると、そのときの司直は、切腹して責任をとるしかないのである」と解説している。

駕籠の評価

江戸時代から明治初期にかけて来日した外国人のうち、駕籠についての評価の記載がある一〇人について、その見解をまとめると次のようである。

・便利だがぜいたく。たくさんの費用がかかる乗り物（ケンペル、一六九一）

・駕籠はゆったり座れる。足を曲げれば横にもなれる。このような部屋の中では、快適な旅ができ、長く座っていても疲れることはない。（ツュンベリー、一七七六）

・我々のうちでも比較的小さい人ならば、足を伸ばすだけの十分の広さがあるから、辛抱できるのだが、大きい者にとっては伸ばしている足を、背中と直角にした体位で幾日も背中を伸ばしていなければならないので、足がしびれ腰が抜けてしまう。駕籠は拷問台のようなものである。（シーボルト、一八二六）

・まるで荷造りするかのように、手足や体を折り曲げて乗っている。それは野獣を安全に運ぶために、檻に入れてつるして行くのとそっくりであった。狭い壁の中に手足を閉じこめて、背骨を半

図 43　日本の乗物（オールコック『大君の都』，文献 63）

ば脱臼させられるような苦しみを実際に経験したことのない人のために、一枚の絵をあげておく。（オールコック・イギリス外交官、一八五九）

・ノリモンはひどくいやなものだ。取ることのできる唯一の位置は、日本式にかかとの上に尻をのせるか、さもなければ胡坐を組むにある。（ハリス、一八五六）

・なるべくノリモンの中には、入らないですむように馬に乗った。（ヒュースケン、一八五六）

・実に窮屈な駕籠に乗って、膝を折って、あごを付けるので、見ただけでケイレンを起こしそうである。（エルギン、一八五八）

・西洋人にとっては、まったくもって乗り心地の悪いもの。腰を曲げてあぐらをかかざるを得ず、そうしたらもう身動きできなくなってしまう。（スエンソン、デンマーク・海軍士官、一八六六）

・駕籠に入れられている人の気分を味うには、背中を壁で支えて、床に座っていなければならない。しかし、ガタガタ、ギシギシと揺れる感じは、想像で引き出さねばならない。（クロワ、イギリス・地理学会特別会員、一八八一）

・あまり乗り心地のよいものではない。座るのに慣れている日本人には理想的かも知れないが、我々にとっては長い脚が邪魔になって、慣れるまでに練習を要する。（モース、アメリカ合衆国・動物学者、一八七七）

こうして見ると、駕籠の評価は全体としては悪い。一〇人中八人までが、拷問台、背骨脱臼、ケイレンなど日本人にとっては思いもよらない表現や視点から、駕籠の乗り心地のひどさを指摘している。例外はツュンベリーで、長崎―江戸の二回にわたる旅の体験から、「快適で、便利な旅ができる移動する部屋のようだ」として好評価している。あぐらをかく習慣のない西洋人にとっては、椅子式の駕籠は許容範囲であっても、尻を床にすえる乗り物は想定外の苦痛を伴う乗り物といえる。また、ケンペルは、「便利だがぜいたく」としており、人力だけで運ぶ駕籠は多額の費用を必要とすることに懸念を示している。駕籠かきの労働力が潤沢な江戸時代の日本では、駕籠が陸上交通手段の主流となって継続するが、欧米では椅子駕籠から馬車へと変化している。この実態から見ると日本の駕籠通行は外国人には特異な交通手段として写ったに違いない。

駕籠の形態や通行の様相の外面的観察に始まって、日本文明の特質にまで言及している場合もある。オールコックは、「彼らの文明は、高度の物質文明であり、すべての産業技術は蒸気の力や機械の助けによらずに到達することができる最高の完成度を見せている。ほとんど無限に得られる安価な労働力と原料が、蒸気の力や機械を補う多くの利点を得ている」と述べている。江戸時代の日本では、車を使わず人力に多くを頼っていた実態から、この見解は一つの洞察である。

四　特色ある駕籠利用

大名行列

大名行列は、参勤交代、江戸城への月並登城、各領国での領内巡覧などのおりに行われる。ここでは各藩の面子をかけた最大の行事である参勤交代道中での行列を中心に、いくつかの場合をみてみたい。参勤交代の行列は、鉄砲、弓矢、鎗などの武具、具足、雨具、長持などの諸道具を持参する軍隊である。

領国出立時の藩主は馬上で、多くの見送りの領民たちに応えながら城下の端まで行き、その後駕籠に乗るのが一般的である。長時間の駕籠は窮屈で、難行苦行になりかねないので、道中では馬、乗り換え用の駕籠や集落のない山中などでは徒歩も行って、長い道中をこなしている。藩主の駕籠周りには、警護と給仕の近習、徒士が羽織に袴の股立ち姿で護衛するのである。「細川韶手公初入部御行列図」を見ると、二四人が従っており、「御駕籠役は左右にて一〇人、内八人は御寄立、二人は御前立」とし、御祐筆、御取次、御用人、御歩頭、御姓役などの諸役が記入されている。駕籠脇は屈強の

表12　大名の乗り物

居所（現府県名）	大名家名	家録(石)	「柳営秘鑑」寛保年間(1741〜1743)	「天明御触書集成」安永5(1776)	「出雲式武鑑」慶応2(1866)
高須（岐阜）	松平(尾張)	30,000	打揚腰黒	打揚腰網代	同左
高松（香川）	松平(水戸)	120,000	引戸腰網代	打揚腰網代	同左
津山（岡山）	松平(越前)	100,000	打揚腰黒	打揚	同左
福井（福井）	松平(越前)	320,000	打揚腰黒	打揚腰網代	打揚
松江（島根）	松平(越前)	186,000	打揚腰黒	打揚腰網代	打揚
明石（兵庫）	松平(越前)	60,000	打揚腰黒	打揚	—
会津（福島）	松平(保科)	280,000	引戸腰網代	打揚腰網代	腰網代
鹿児島(鹿児島)	島津	770,000	引戸腰網代	腰網代	同左
仙台（宮城）	伊達	620,000	打揚腰黒	打揚腰網代	同左
宇和島（愛媛）	伊達	100,000	引戸	引戸腰網代	打揚腰網代
広島（広島）	浅野	426,000	引戸	打揚腰網代	打揚
萩　（山口）	毛利	369,000	打揚腰黒	打揚腰網代	同左
岡山（岡山）	池田	315,200	打揚腰黒	打揚腰網代	同左
徳島（徳島）	蜂須賀	257,900	引戸	—	打揚腰網代
米沢（山形）	上杉	150,000	打揚腰黒	打揚腰網代	同左
西条（愛媛）	松平(紀伊)	30,000	打揚腰黒	打揚腰網代	同左

（「江戸幕藩大名家事典」原書房，1992，文献68）

若者ばかりで、馬廻り役、惣若党、御目付などで固めて、その後に、駕籠脇惣槍などの軍団が続き、常時大名を厳重に警護する態勢が整えられていた。

尾張藩の元禄から享保年間の参勤交代は、七〜九日に分けての出立で、お供帳に掲載される騎馬以上の供人数は一五〇〜一九〇人程で、これにお供帳不掲載の小人、足軽、中間、職人などが約一〇〇〇人であった。したがって一行は一二〇〇人ほどとなり、これに人足が加わると二〇〇〇人を越える大行列となる。尾張国一二代藩主徳川斉荘の天保一四年（一八四三）の国侯行列の江戸出立図での駕籠は藩主だけしか描かれていないが、実際は家老などの高禄藩士や医者など一〇〇挺近くに

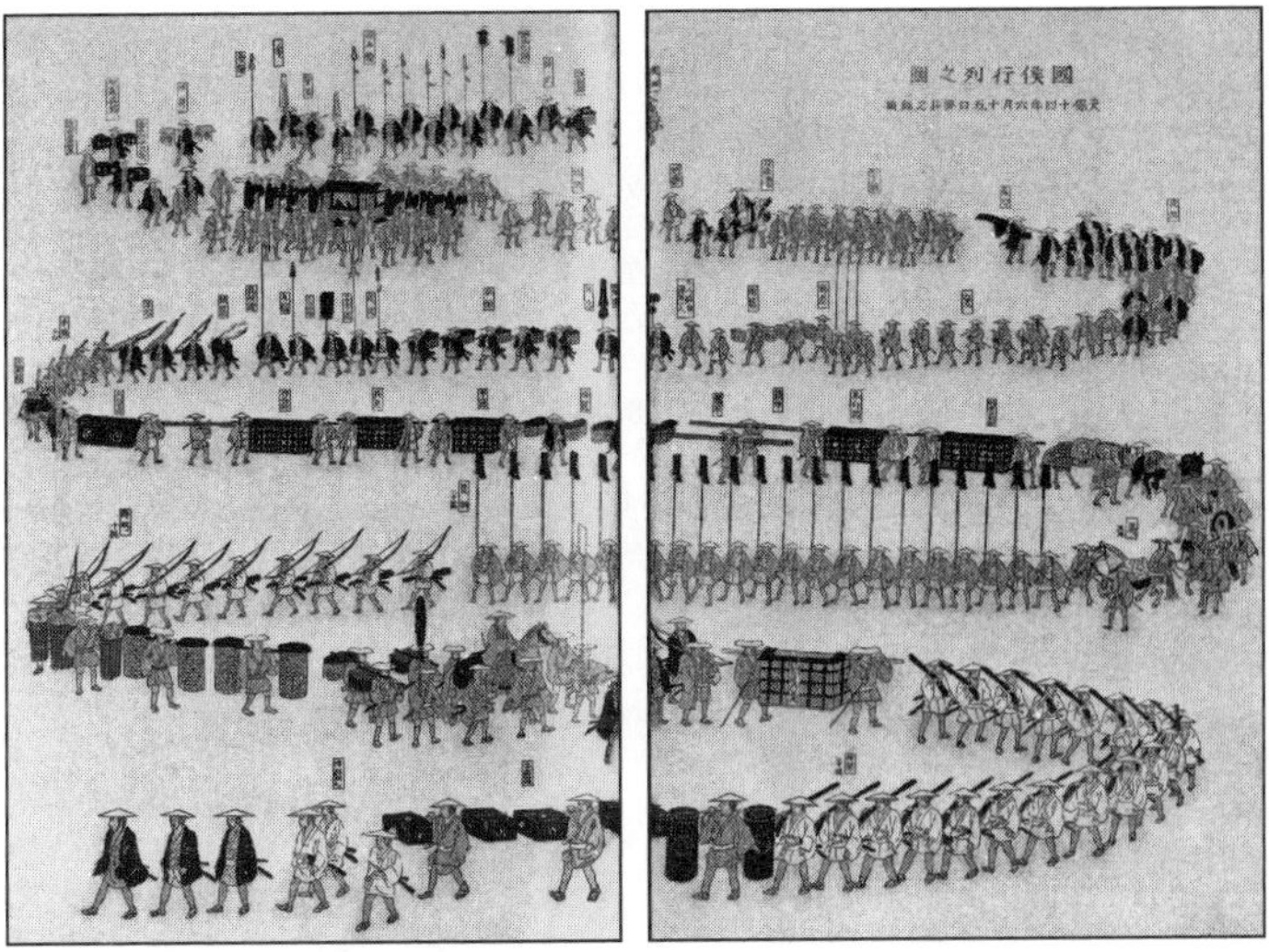

図 44　国侯行列之図（文献 18）

なったと考えられる。

　駕籠のつくりとその前後の行装、供連れの数は、大名の格式によって定められていた。駕籠の内側は、草花模様や風景が華麗な大和絵風で描かれているものが多く、長旅のなぐさめになるようになっていた。駕籠の中へ持ち込むものは、たばことその火種、方向を知る駕籠磁石、お籠時計（印籠時計）、本など大名の好みによっ

図 45　将軍家家茂公御上洛図（文献 71）

て様々である。駕籠磁石は、たて八センチ、横六センチ、厚さ一・五センチほどの直方体の中に揺れる磁針があり、東西などの方向盤の文字が逆に取り付けられており、これを上部の鏡で正常に見るようにつくられている。名古屋の徳川美術館に現存しており、尾張藩の大名行列で使われたものという。お籠時計はコンパクトな置時計で、ゼンマイの巻き上げで動き、時刻を示す駒の位置を節季毎に動かして使う割駒式文字盤で不定時法に対応していた。

駕籠を担ぐ棒は、長いほど身分が高く、担ぐ者は前後各二〜五人の陸尺である。服装は将軍、御三家、御三卿では、黒の絹羽織に脇差を差し、一般大名は肩筋に模様が入り、背中に家紋が染め抜かれた法被であった。文化武鑑には、参勤交代時の諸道具規式が掲載されており、この中に御駕陸尺脇指帯の模様も藩毎に描かれている。奥平大膳大夫・中津藩（現大分県）一〇万石の行列は、約三二〇人で、藩主の乗り物は、大名駕籠、換え乗り物、乗り換え馬の三種が用意され、道中の状況に応じて使い分けるようになっていた。駕籠を担当する関係者は、小添え棒頭陸尺一〇人、少納戸駕籠人足六人、用人駕籠人足四人など二四人であった。また、女性一〇人（老女、若年寄、女中、又者女）はいずれも通し駕籠で通行している。また、行列外に、御換乗物一挺が人足四人で運ばれている。

忠田敏男の加賀藩史料による『参勤交代道中記』によれば、宝暦二年（一七二四）九代重晴初入国での下街道上田宿（現長野県）での宿泊人数は二五一六人で、行列の内容は次のようである。

・馬——御馬二四疋、御小荷馬二疋　御家中御乗馬三六疋　乗掛馬一二三疋　軽尻三二疋
・駕籠——四ツ手駕籠一五丁、（引戸）駕籠六四丁

・荷――長持一九棹、分持一八五指　幕一六千

これらの荷物を継ぎ立てるのに、人足三〇二人、馬三九七疋を要している。道中での駕籠の利用者は、家老などの上級藩士や高齢者、医者と不寝番終了者などで、合計七九挺になっている。また、天保四年（一八三三）の紀州藩主の行列では、八七挺であり、大藩の大名行列では相当多くの駕籠が馬とともに利用されていた。なお、陸尺は手替わりや乗り替え用駕籠持参人を含めて二五人になっている。

諸大名の家臣で公式に乗り物を許される幕府通達の人数は、石高が五〜九・九万石　三人、一〇〜一五・九万石　四人、一六万石以上一〇人と限定されていた。

藩主が駕籠に乗って進んでいるときは、供の者も駕籠や馬に乗ってもよいが、藩主が徒歩の場合は全員が徒歩に切り替えねばならなかった。重い病気の者は、本隊から出て、「行列の外」へ行き、医者の次に用意してある「病人駕籠」で行くことになっていた。そして、領国の城下町や関所を通るときは、供の者は駕籠から降りる定めであった。

初期の参勤交代は、戦場を行く軍隊に準じて、徒歩や馬で行くことが中心であったが、平和が続く後期になると若い者まで駕籠の乗用を望み、懐手で駅馬を使うなど、次第にぜいたくな道中に慣れて行軍としての緊張感がうすれていく傾向が感じられる。

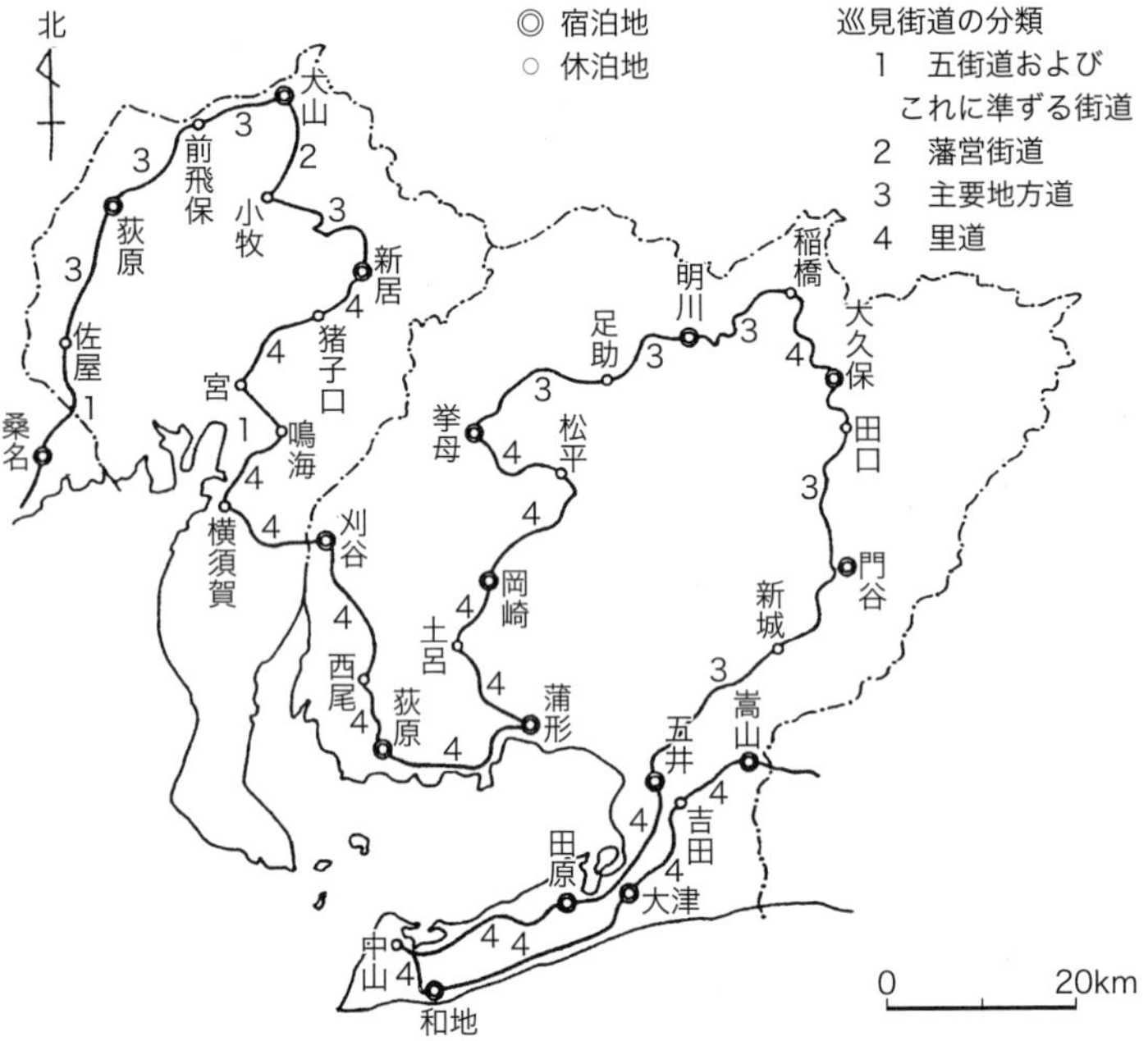

図46　尾張・三河の天保巡見使の経路（文献36）

巡見使

　巡見使制度は将軍の名代として、三人一組の旗本が巡見使として全国へ派遣され、藩政監察を実施して、新将軍との服属関係を確認する制度で、参勤交代と並ぶ江戸幕府の重要政策であった。巡見使が通る巡見道はその藩の全貌を把握するため、地域の要衝をつなぐ屈折した経路となっており、尾張国の場合は四泊五日で一巡していた。

　一二代家慶将軍が就任すると、天保九年（一八三八）全国に八組の巡見使が派遣された。東海道一一ヵ国へは土屋一左衛門（正使・御使番・二〇〇〇石）ら三名で、先触状での一行の内容は次のようであった。

・土屋一左衛門
御朱印人足八人、同馬一五人（内九疋入用、残馬六疋は人足一二人に代る）賃人足一八人、〆馬九疋　人足三八人、具足櫃二人、狭箱二人、茶弁当一人、簞笥一棹二人、長持一棹二人、両掛四人、提灯籠一人、合羽籠三人、竹馬二人、分持一人、供鎗持二人
乗り物一挺四人　供駕籠五挺一〇人
・設楽甚十郎
御朱印人足八人、同馬一五疋（内九疋入用、残馬六疋は一二人に代る）賃人足一四人、〆馬九疋、人足三四人（乗り物一挺二人、供駕籠六挺一二人、具足櫃など人足二〇人）
・水野藤次郎
御朱印人足八人、同馬一五疋（内九疋入用、残馬は六疋一二人に代る）賃人足一一人、〆馬九疋、人足三一人（乗り物一挺二人、供駕籠四挺八人、具足櫃など人足二一人）

この一行は、「御人数四〇人ずつ、御本陣三軒」であるから総勢一二〇人である。先触状によると、駕籠は先頭の御先駕籠と巡見使の駕籠が四人担ぎ、幕士の御供駕籠四～六挺は二人担ぎで、合計一八挺である。大名行列に比べると、将軍の名代役を果たすコンパクトな行列である。

同年四月一二日、尾張国下原村（愛知県春日井市）通行での案内役は、村役人（庄屋、与頭、頭百姓）である。村境の引き継ぎ場で、村名を書いた毛札を差し出すと、御駕籠脇の侍が取り次ぎ、巡見使の駕籠と歩調を合わせて歩き始めた。案内の庄屋は羽織袴、脇差、白足袋、草履の正装で、巡見使

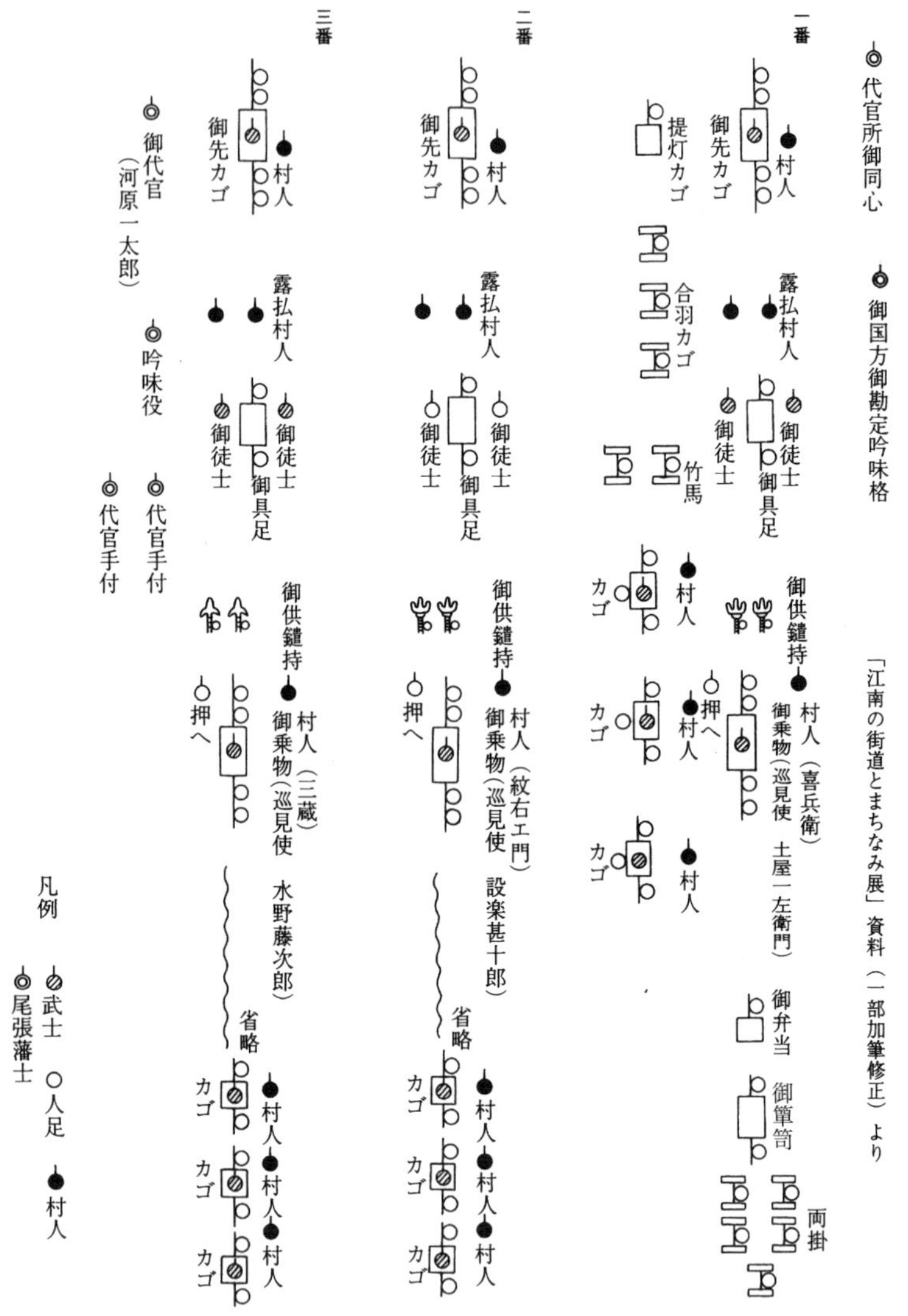

「江南の街道とまちなみ展」資料（一部加筆修正）より

図47　丹羽郡中磐若村での巡見使の一行（文献36）

の駕籠脇を進んだ。尾張藩の関係者は、巡見使の一行から一〇〇〇メートルほど離れて追尾しているので、農民に干渉することはまったくできない。だから、この日に向けて関係する村の庄屋を事前に代官所へ三回も集めて、想定質問や答え振りについて綿密な指導をしている。庄屋は村高、家数や年貢について正確に答えられるよう練習するとともに、不安がある数値は手や扇子に書いている者もあった。巡見使からの質問は

・村高はどれほどか（六四一石三斗三合）
・村内の道のりはどれほどか（三〇丁）
・寺はいくつあるか（二ヵ寺）～実際は三ヵ寺
・これは除地か（除地）
・当年の麦作のできはどうか（中出来）

など一一問であったが、格別の難問はなく、かねて予想していた項目が中心であった。これから見ると、下原村は無事通過して次の田楽村へ引き継いでいる。尾張国全体を見ても、藩を揺るがすほどの事態はなかったようである。

日光例幣使

徳川家康は元和二年（一六一六）四月に逝去し、久能山に葬られたが翌年三月、遺骨は日光に移されて日光東照宮が成立した。そして、正保四年（一六四七）からは、日光例幣使が毎年派遣されて四

月に例祭が行われるようになり、慶応三年（一八六七）まで二二一年間続けられた。こうした勅使の派遣は、時の実権者に対する朝廷の崇敬表示である。

参議の公卿の中から、三月に例幣使が任命される。そして、四月一日に京都を五〇～六〇人程の一行で出発し、中山道を通り、上野国（現群馬県）倉野宿から、日光例幣使街道に入り、四月一五日に日光入りする。同一六日に神前奉幣式で、持参した幣帛を奉納、宣命を拝読して下山する。帰途は江戸へ寄り、将軍や三家のねぎらいを受け、浅草寺に詣で、東海道から帰京する三〇日の旅程であった。一行の行列規模は一定してはいないが、慶応元年（一八六五）の例幣使中御門中将の場合は、長持一三棹、笠箱七荷などの荷と、乗物一挺、駕籠六挺、切棒駕籠七挺、宿駕籠一六挺などで人足一二三人、馬三疋を要しており、相当の規模である。

例幣使は宮中神前の供米を干飯にした色紙や前年の幣帛を細く刻んだものが、「東照宮御神体」として、病気が軽微になったり幸運を呼ぶとして、沿道や江戸で人気を呼び、庶民からも尊信された。随員の中には、主人の権威を利用して道中で横暴や狼藉に及ぶことがたびたびあり、例幣使一行の悪評が評判になった。例幣使街道木崎宿の助郷村である世良村の史稿には、「駕籠に乗ると、彼らは途中にて人足に『相談せんか、相談せんか』という。このとき何がしかの金子を出せば事なくすむが、そうでない時は、駕籠から落ちるなどして、『こら、何という無礼をいたす。このままには差し置かぬぞ』とおどして、金子を巻きあげた」と記している。

また、「ゆすり」の語源について、次のような事例が紹介されている。「駕籠に乗っている随員が駕籠をわざと揺らすので、担いでいる人足は進みにくく困ってしまう。すると、『相談せんか、相談せんか』と声がかかる。そこで、持ち合わせの金子を出すとおとなしくなる。しかし、しばらくすると、また、揺れがひどくなる」。こうしたことから、「わざと駕籠をゆすって、金子を強請すること」「おどして金品を巻き上げること」の意味で、「ゆすり」が現在も使われている。もっとたちの悪いのが、「バタリ」といって、駕籠からわざところげ落ちて、「無礼な、この始末をどうしてくれる」とすごんで金子をせしめることであった。このような不法行為が広がったことから、幕府は「不法の所業があって、酒代や銭ねだりなどがあったら、その所に留め置き、早々に奉行所へ訴え出ること」「主人の権威をもって、宿方へ非分の義を申しかけないよう、家来や雇人足までも堅く申し付けること。とくに、馬や駕籠に乗って銭をねだり、わがままを申し候類これあるにおいては、留めおいて、道中奉行所へ訴え出ること」と通達している。この対象は例幣使ばかりでなく、公家、大名、寺社などの各随員で、主人の権威をかさにきて、無賃の駕籠や酒代を要求する事例が相当多く、問題化していたことがうかがわれる。

しかし、農民や人足は後難を恐れて、訴え出ることは思いもよらぬことでもあったので、若干の金子を出して許しを得たといわれている。

諸通行のなかには、迷惑を感じる例がいろいろあったようで、「関ヶ原宿書上帳」には、次のように記されている。例年迷惑が多い通行は、日光例幣使、御茶壺道中、尾州紀州始め諸家中衆・供方衆諸役人附添の通し日雇などがあげられている。その内容は、入魂要求、酒や肴ねだり、手代り宿駕籠要求、無賃人馬の差し出し、日雇方手代り人足の要求、荷物のそこない、紛失などのいいがかり、旅籠銭の未払、人足賃の半払~無賃、座駕籠や丸棒などが重くなっており、定めの人足数では難儀なので増人足の要求、駕籠の肩替り人足要求など実に多様である。こうした事例を具体的に書き上げての度々の取り締まりにもかかわらず、宿方では迷惑していると、善処方を依頼している。

天保一三年（一八四二）の例幣使の持明院宰相が中山道倉賀野宿を通行したときは、「陸尺、手廻り、才領そのほかとも入魂を唱え、祝儀銭をねだり取り、宿駕籠を多分に差し出し、右人足取りも同断にねだり取り、宿助郷難渋仕り候」とあり、祝儀銭や無料の宿駕籠を要求されたことがわかる。宿駕籠の入魂を断ると、荷物の破損や紛失をこしらえたり、ささいなことを宿役人に訴え出たりするいやがらせを、次の二、三宿や泊まりの宿まで続けるので、これを納めるのに費用が多くかかるため、やむを得ず無賃人馬や宿駕籠を出す要求をのんでしまうのである。

このような例幣使などの一行の強要行為は偶発的ではなく、各宿駅でしばしば展開されることが慣例のようになってきた。だから、宿役人は宿駅の費用から何とか捻出して、手廻り、手代、宰領、陸尺などの供方への入魂料を準備し、心付として差し出すことが多くなった。事を起こして争うより、長いものには巻かれろ主義で対処する宿駅が多くなった。まさに、「人災」の典型のようにいわれつつも、江戸時代ではやむを得ないこととして、おさめていたといえる。

また、家康の年回忌に当たる特別な年は、神忌または日光大法会と称されて盛大な式典が催された。これは江戸時代に一三回あり、幕末では文化一二年（一八一五）の二〇〇回忌、慶応元年（一八六五）

の二五〇回忌がある。この年には京都から、堂上地下、宮、門跡の公家衆・僧侶や大名・武家の参向や特派使節が多いため、沿道の宿駅では仮本陣の設置、問屋場、人足小屋の臨時増設などの特別準備をして対応している。

文化一二年（一八一五）の場合は、勅使をはじめ二〇家近くの公卿が三月下旬から四月上旬にかけて下向した。最高の賓客は、青蓮院（天台宗三大門跡の一つ、延暦寺）、梶井宮（天台宗妙法院）、近衛右大臣で、専任の日光係や江戸係を任命して接待に特別の配慮をしている。例幣使は梅園宰相で、随員は一七五人で例年の二倍以上になっている。

青蓮院の帰路の通行規模が、東海道赤坂宿での触書から読み取ることができる。継ぎ立て人馬数は人足四六一人、馬三九疋で、荷物や交通手段の内容は、

一、長持荷物	五二棹	人足一二四人
一、壱人持荷物		人足一一五人
一、御替輿	二挺	人足　六人
一、御輿	一挺	人足　四人
一、乗物	八丁	人足　二四人
一、駕籠	三三丁	人足　六六人
一、問屋駕籠	三五丁	人足　七〇人

のようである。青蓮院は輿に乗り、予備の代輿が二挺あったことがわかる。乗り物八挺と駕籠が合計で六八挺使われており、神忌を代表する賓客にふさわしい大規模な行列である。継ぎ立て人馬のうち、人足四二七人（九三パーセント）と馬三九疋が、朱印・証文人馬で無賃であるから、宿の負担が大きな通行であった。

青木内蔵少允に仕える伊藤勇蔵の一行は、朱印・証文人馬が人足一六人、馬一疋で、内容は装束櫃長持各一棹、駄荷一疋、分持三と乗り物壱挺四人、供駕籠壱挺一人、宿駕籠二挺四人となっている。本人は乗り物、上級の供は駕籠三挺で進んでいる。小規模通行の標準的な構成をうかがうことができる。

ここにあげた部分は、神忌での通行におけるほんの一部にすぎないが、全体としては相当大規模であった。慶応元年（一八六五）の二五〇回忌での中山道大湫宿の場合は、御名代梶井宮門跡をはじめ二〇家、約三〇〇〇人近くが下向しており、継ぎ立て人馬の合計は人足一万六六五八人、馬三〇一疋となっている。この他に警衛や諸役人用に人足五九二六人、馬二三六疋を使っており、和宮降嫁に次ぐ大規模継ぎ立てであった。

お茶壺道中

徳川幕府では、禁裏及び将軍用のお茶について、御物茶司を任命して特別に態勢をとっていた。山城国（現京都府）宇治の上林氏によって調整された新茶を、毎年五月に信楽焼の茶壺に入れて献上

図 48　お茶壺道中（文献 72）

するのである。慶長ころの茶壺通行は、「茶道頭一人、茶坊主二人に徒頭一人を伴って警衛す」のように簡素であった。

三代将軍家光は寛永九年（一六三二）、諸侯が己の威勢に服従するかをためすために、茶壺行列を盛大にして、この行列を摂家、宮、門跡と対等に位置付けた。したがって、行き合った場合は、大名でも道をあけて隅に寄り、家臣は下乗しなければならなかった。また、下々の者はかぶりものをとって、土下座するように触れられていた。通行のある各宿では、茶壺を本陣に置き、不寝番を立てて丁重に扱うとともに、一行を手厚くもてなした。

延享五年（一七四九）の東海道醒ヶ井宿において、どんな運搬方法で人や茶壺を継ぎ立てたかを、大島延次郎氏の「茶壺道中」（『交通文化』二八号）からみると次のようである。

・御上り
御壺三釣　此持人足　壱釣六人懸り
御金箱　壱ケ　右同断
・御附添
御茶道　横山宗知様　御乗物一挺　此人足六人
御長持　壱棹　此人足　六人懸り
分持　七荷　壱荷二人懸り
馬　八疋
御茶道　利倉善佐様　打指駕籠　壱丁　此人足四人　分持　壱荷　此人足弐人　馬　三疋
御茶道　岸本盛徳様　打指駕籠　壱丁　此人足四人　分持　壱荷　此人足弐人　馬　三疋
・御すきや方
御宰領　弐人様　馬　弐疋　宿駕籠　二丁　此人足四人懸り　御長持　弐棹　此人足壱棹八人懸り
御宰領　五人様　馬　三疋　宿駕籠　二挺　此人足壱挺三人懸り
・御壺所
二条御番　正木藤五郎様　御乗物　壱挺　此人足二人　御長持　一棹　此人足壱棹六人懸り
分持　七荷　此人足七人　御具足　此人足壱人

表13　御茶壺道中取調帳　安政3（1856）東海道鳴海宿

	朱印		証文		当日		後払		不払		添宿役		駕籠（担ぎ人足）				挺数	茶壺	荷物	鎗など
	人足	馬	人足	馬	人足	馬	人足	馬	人足	馬	人足	馬	乗物	乗籠	山	宿				
1 御茶壺	101	12			104	13					3	1						23	5	
2 御数寄屋頭 三人宰領衆	20	8	10		159	11	36		67		54	3	1(6)	4(8)	2(4)	36(72)	43		10	3
3 茶道方		3	5		31	4	9		14		13	1	1(4)		1(2)	9(18)	11		4	
4 茶道方		3	5		31	3	8		13		15		1(4)		1(2)	8(16)	10		4	
5 二人宰領		3	4		22	4	7		9		12	1		2(6)		7(14)	9		1	
6 五人宰領		5			24	6	7		17		14	1		3(6)		7(14)	10		3	
7 大坂城番					86	6	37	5	36		27	1	1(6)		1(2)	22(44)	24			
計	121	34	24	0	457	47	104	5	156	0	138	8	4	9	5	89	107	23	27	3

（『公儀御茶壺一巻留』，文献52）

これによって、御茶壺行列の内容を具体的に知ることができる。茶壺と金箱に続いて、附添の茶道頭と警固の二条御番が続いている。それぞれの頭が乗り物で進み、長持、具足、分持を伴っている。乗り物と駕籠は合計で六挺を人足二二人で担いでいる。このほかに宿駕籠を用い、人足一四、五人ほど使ったと添え書きされているので、格の高いお供で駕籠を利用した者があったと考えられる。駕籠の種類は六人担ぎの乗り物、四人担ぎの打指（打揚）駕籠、二人担ぎの宿駕籠の三つが使われている。この時の継ぎ立て人馬の合計は添人足なども含めて、人足三五〇人、馬一五疋に達しており、朱印状の数を越えた多数の人馬を周辺の村々から徴発していたことがうかがえる。

安政三年（一八五六）の江戸への通行を、名古屋市市政資料館刊の『公儀御茶壺一巻留』によって、東海道鳴海宿の場合を見ると、一行は茶壺二三棹、茶道頭、茶坊主、徒歩頭、徒歩衆に大坂城番が付き添っている。継ぎ立て人馬は五七三人、馬四七疋で、内一一六人は杖払いや馬荷付きとして宿役で勤めている。総勢二〇〇人ほどの一行で、駕籠は一〇七挺と極めて多くなっている。駕籠の種類は四人担ぎの乗り物四挺、乗り駕籠九挺、山駕籠三挺、宿駕籠が八九挺と突出している。乗った人の氏名は記載されていないが、乗り物は茶道方三人と大坂城番で、乗り駕籠は徒歩頭、二人宰領、三人宰領などの上級者九人で、山駕籠は残りの徒歩衆など五人であろうと推定される。宿駕籠はどういう人が乗ったか記録はないが、総勢の構成から推測すると、中間、足軽などの軽輩を除いて、ほとんどの供の者が駕籠に乗っていたと考えられる。また、同じ通行の中山道大垣宿（現岐阜県）での継ぎ立て仕訳を見ると、駕籠は七八挺で、鳴海宿より一九挺少ない。違いの最も大きいのは、茶道頭横山宗知の一団のところで、宿駕籠が三六挺から一四挺に大幅に減っている。こうしてみると、上級者は通し駕籠を使ったり、待遇がほぼ同様であったが、下級者が乗る宿駕籠は、宿毎の待遇の違いによって変動があったことがわかる。

大名行列の場合、駕籠に乗れるのは、家老などの上級藩士、高齢者、医者と本陣での不寝番終了者に限られていた。総勢二〇〇〇人を越える紀州藩で八七挺、加賀藩で七九挺であり、総勢一二〇人の江戸幕府巡見使一行が一八挺ほどに留っているのと比較すると、総勢二〇〇人のお茶壺道中一行の一〇七挺は異常に多いといわざるを得ない。軽輩の者にまで、無賃ないし半賃の宿駕籠の要請があったことがうかがえる。

この時の茶道頭横山宗知と三人宰領の継ぎ立て内容を見ると、無償の朱印・証文人足数は三〇人、馬八疋である。しかし、実際に使用したのは人足一五九人、馬一一疋で、このほかに杖払、馬荷付などに鳴海宿が宿役扱いで無償提供した人足二八人を出して丁重に継ぎ立てしている。これに対して支払われたのは人足代三六人分だけであり、人足九三人馬三疋が無賃のままになっており、実に七七パーセントにもなっている。全体では朱印・証文人足一四五人馬三四疋に対して、三倍以上の四五七人四七疋を使用し、うち一〇四人五疋分を支払っている。したがって、不払いが二〇八人八疋残った。鳴海宿では工面して添人馬として五人八疋を処理したり、「賃銭請け取り奉らず分一五六人」と記録に残したりしている。大垣宿でも、「朱印人足以外の人足三〇〇人余は、おおむね無賃なりしが如し。沿道の苦痛を察すべし」と述べている。

正徳二年（一七一二）、幕府は五街道の問屋へ朱印状、証文を越えた「添人馬を出すこと堅く停止のこと」との通達をしているが、茶壺道中は例外扱いであった。しかも、無償証文分の人馬を越えた半分以上を踏み倒しての通行である。こうした実情について、東海道二川宿では、「毎度、乗駕籠を差し出すように仰せられるが、当宿は貧宿のために乗駕籠はないと、お断りしても聞き入れてもらえないので、隣の吉田宿から借用して賄うという難渋をしてきた。また、御家来様方に無賃の宿駕籠を多数差し出すようにとの仰せにも、種々の不都合を勘案し、御威光にての仰せ聞かせなので是非もなく無賃宿駕籠を差し出してきた。さらに、御茶方下々の家臣は、手代わり人足、宿駕籠を御差し添え、御番衆、末々の御方も同様の要求があって、当惑難渋している」と訴えている。こうした実情に対して、道中奉行から再三通達を出して、こうした不法行為があったら訴え出るようにうながしているる。しかし、後難やわずらわしさを恐れて、訴えは意外と少なかったようである。

江戸幕府の権威を誇示するお茶壺道中や日光例幣使などの公用通行での各種サービスの要求は、幕府への反発を内包しつつも、仕方のないこととして処理されてきた。しかし、確固たる幕藩体制が存続している時期には、御馳走人足を出し、饗応とともに進物まで献上して厚遇した上に、足の出た費用は各宿場で何とか工面して穴埋めして、宿場としての対面を保たざるを得なかったのである。

オランダ商館長の参府行列

鎖国下の日本での貿易の窓口は、長崎出島で、ここにオランダの東インド会社日本支店が設置され、長崎奉行の管理下におかれた。このオランダ商館の最大行事は、江戸への参府で、将軍への御礼言上と進物を献上することによって、臣従の意を表して交易を円滑にすることであった。寛永一〇年（一六三三）から嘉永三年（一八五〇）まで一六六回に及んでいる。当初は毎年であったが、寛政二年（一七九〇）からは四年毎に行われた。この道中記はいくつかあるが、ドイツ人医師ケンペルの『江戸参府旅行日記』が、オランダ使節の行列編制について具体的に記述しているので、これを中心にみてみたい。この一行の参府の行列は諸侯なみの格であった。

元禄四年（一六九一）の場合をみると、二月一三日に長崎を出発し、三月一三日に江戸に到着した。そして、常宿の長崎屋に投宿して、同二九日に将軍に拝謁している。帰路は四月六日に江戸を出立し、五月七日に長崎に帰るという約八五日の旅である。この時の行列図をみると、先発隊が宿舎準備の書記、料理人と炊事道具等を携えて進み、しばらく間をおいて本隊が行き、後には見送りの人たちが馬

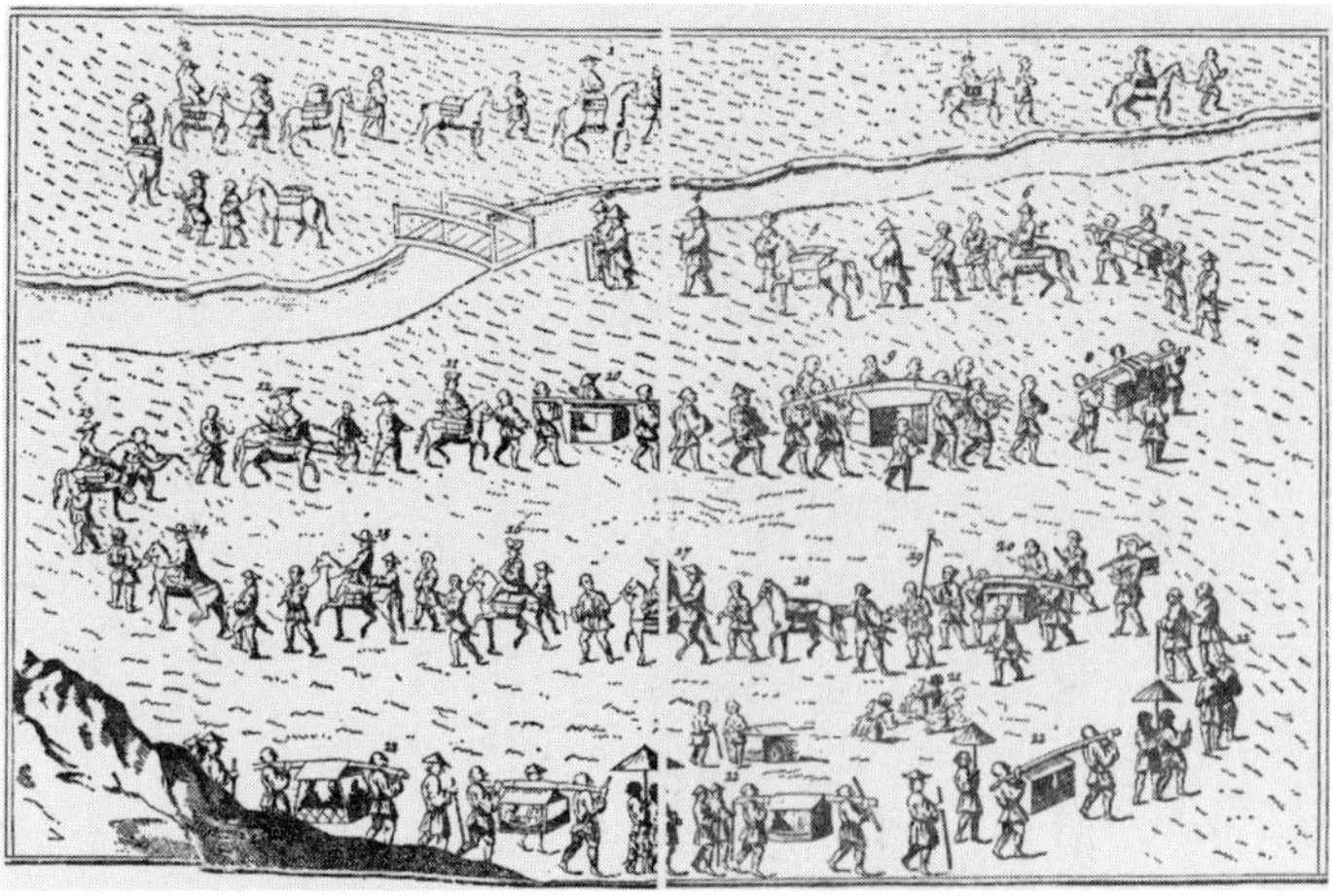

図 49　オランダ使節の行列（文献 59）

や駕籠で伴走している。

本隊の先頭は、行列の宰領、長崎奉行所の同心（馬）と助手、オランダ使節用の乗り換え馬、薬箱や箪笥などの荷物が続く。次に、主役であるオランダ商館長・公使の乗り物、日本人の大通詞が駕籠で進み、オランダ人の館員、医師のケンペルと助手、小通詞が馬で続いている。殿《しんがり》は隊長の長崎奉行所・付添検使である朝日奈定之助が乗り物で進み、前に愛馬を曳かせ、後ろに鎗持ちが従っている。総勢はオランダ人六人を含む約一〇〇人で、船を降りた大坂から江戸は一五〇人程に増えるのが慣例であった。

運送手段をみると、荷物は四〇頭の馬と人足四〇人で運び、一行は駕籠が三人（公使、大通詞、付添検使）、馬が八人（同心、与力、小通詞、医師）で、あとの徒士、従者はいずれも徒歩である。

ケンペルは馬が基本であるが、大坂や京都の町中、山岳地帯の道の険しい所や疲労が出てゆったりしたい所などでは駕籠を利用している。その主な箇所は次のようである。
・大坂、京都の重臣訪問、京都の出発
・鈴鹿峠、日坂、箱根などの山岳地帯
・藤枝宿、興津宿
江戸時代の日本を反映している特徴的な交通慣行が三つ記載されている。
・二月二九日　われわれは進物を町奉行の屋敷へ先に送り届け、駕籠で取りに行くまで預ってもらった。この屋敷は天皇の御所の向かいにあった。京都所司代の御殿の手前五〇歩の所で、駕籠から下りるよう命じられた。敬意を表して徒歩で進み、門のところにいる番人のそばを通って行くと、われわれの到着が奥に告げられた。
・三月一三日　われわれは品川宿を出発した。付添検使は乗り物で江戸に入ることは、身分上許されないので、これから先は馬に乗り換えた。
・三月二一日　大通詞は宗門改めの役人の所へ赴き、来るべき将軍謁見の時に、特に駕籠に乗ってお城へ行かせてほしいと願い出て、彼はそれを許された。
天皇の居所である御所周辺では、敬意を表して徒歩で通り過ぎる慣例が厳格に守られていたこと、東海道では品川宿より内側の江戸府内では、武家諸法度で許された特別の人しか、駕籠による通行が許されず、これ以外の武士は馬ならよかったこと、特別の事由での駕籠使用には申請が必要であったことが読み取れる。いずれにしても駕籠は、江戸時代には徒歩や馬より格の高い乗り物であり、公式通行における引戸駕籠の利用は、身分の高いごく限られた人たちだけに許されていたことがわかる。

早駕籠

遠く離れたところへ、重要な緊急情報を最も早く伝える手段は、今日では電話、インターネット、自動車など多様な方法でできるが、かつては人間や動物が頼りであった。

早馬による駅伝は、鎌倉時代には常備されており、鎌倉―京都は三～四日、博多からの蒙古襲来の状況は六～七日で鎌倉に伝えられた。しかし、江戸時代は近距離では早馬も使われたが、遠距離は人間の脚力による早駕籠が最速手段であった。しかし、これは、幕府や藩の緊急を要する公用の場合に限られていた。最も有名な例は、江戸城殿中での浅野匠頭刃傷の急報を国元の赤穂へ知らせる早駕籠である。元禄一四年（一七〇一）三月一四日午後二時ごろ、使者の馬廻役・早水藤左衛門と中小姓・萱野三平は、口上書をふところに入れて江戸を出立し、一五五里（約六二〇キロ）を不眠不休で四日半を経た一九日早朝に赤穂へ到着している。普通の旅人ならば一日一〇里（四〇キロ）が標準であり、この距離は一六日かかるところなので、この早駕籠によるリレー方式はまさに驚異的なスピードであった。これが成しとげられたのは、宿駅制が整っていて街道各宿の駅伝が順調に機能したからである。加えて、使者の死にものぐるいのがんばり、赤穂藩の思い切った経費の投入などがあったためである。

早駕籠の仕組みは、まず先触状で通過する各宿の問屋へ人足の必要数、予定日時などをあらかじめ通告する。各宿では人足を手配して問屋場で待機していて、早駕籠が到着するとすべての担ぎ人足が

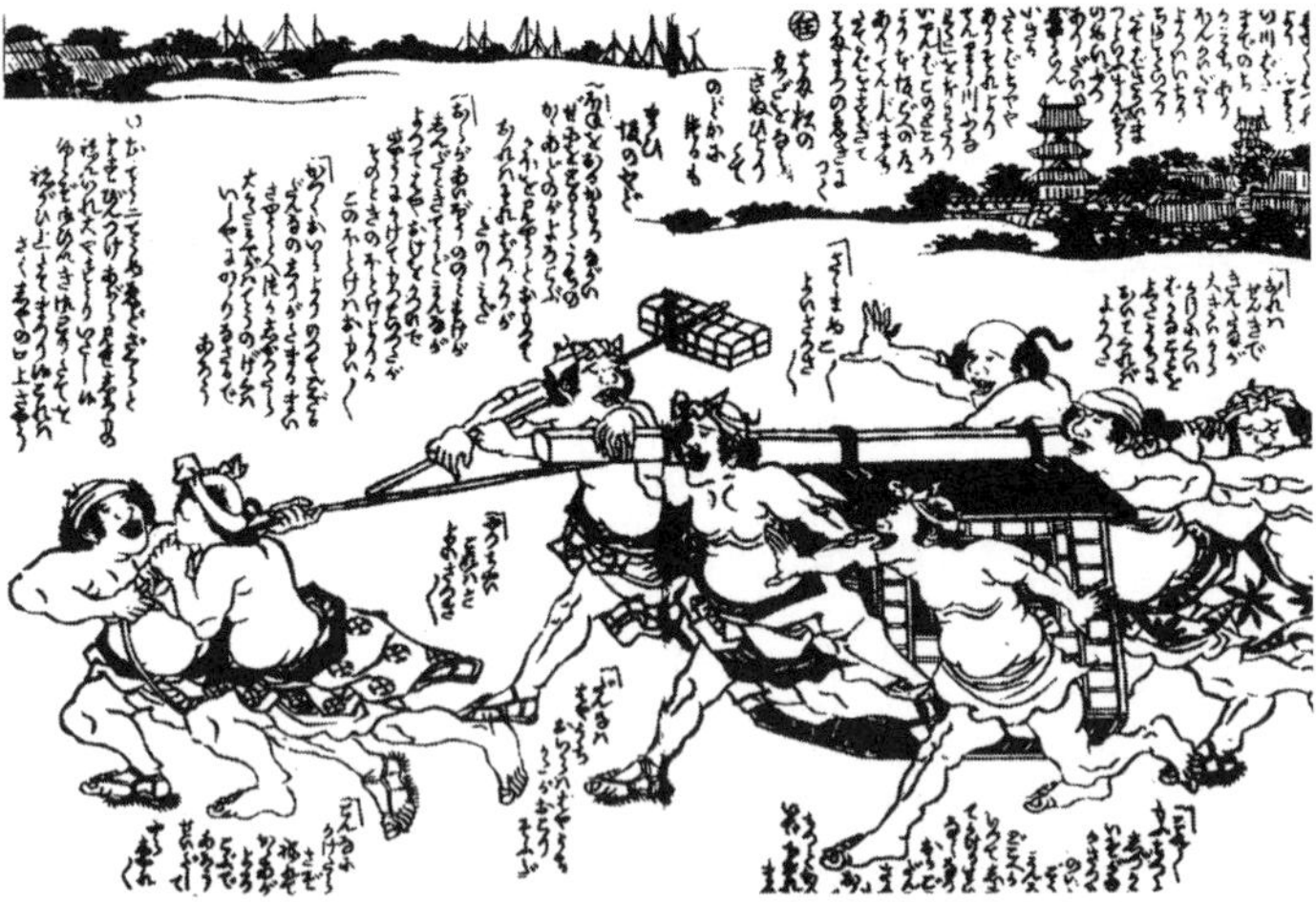

図50　早駕籠（文献13）

図51　宿場を走りぬける早駕籠（広重『五十三次続絵』の「草津」より）

交代して、次々にリレーしていくのである。

担ぐ人は勿論大変であるが、乗り手もこれに劣らず難行苦行の道中である。乗り手は交代なしで駕籠に揺られ続けるのであるから、早打扮装といわれる特別の準備をして乗るのである。頭には白木綿の鉢巻をし、胴には内臓保護のため帯状の晒木綿（一反）を巻き、駕籠には蒲団を多く敷いて体の振動を弱めるように整える。そして、舌をかまないように口に布をくわえ、出発すると天井から吊した命綱ともいわれる紐を両手でしっかり握って、中腰になりつつ振り落されないように、駕籠のリズムに合わせながら前方を見つめる。継場の問屋に着くと、まず、気付けの水を飲み、一日数回、粥を用意しておいて少量ずつ食べるのである。

文化一〇年（一八一三）発刊の『金草鞋』に早駕籠の絵図があるが、これは権門駕籠である。威勢よく担いで行く駕籠かきたちの会話がおもしろい。


「おれは疝気《せんき》（下腹や腰などが、こりいたむ病気）で、きん玉が大きいから、駆けにくい。馬鹿なことをした。置いてくればよかった」

「これこれ、もうちょっと静かに急がないか。さっきの一合（酒）がみんなどこかへ行ってしまって、駆ける精がなくなった。お駕籠の旦那様もおりて担いでくださらぬか」

「おらが相棒の飲み助けが死んだとき、みんなが寄って早桶を担いでこのように駆けて行ったが、その時の仏よりか、この仏は重い重い」

「担ぐおいらより、乗ってござる旦那の尻のほうがたまるまい。京都へ行かしゃったら、大方宮川町の外科医者にかかりなさるであろう」
「旦那は早打、おいらは早打肩（肩が急に充血して、激痛で卒倒したりする病気）が起こりそうだ」
「こんなに駆けたら、さぞ練れて、かかあが喜ぶだろう。精出してやらしゃれ、やらしゃれ」

権門駕籠は四方を板で囲んであるから、振り落される心配はないし、寝ころんでも乗れる。木で組み立て、重さは二〇キロ以上ある重い駕籠なので、比較的近距離での利用ではなかったかと考えられる。竹製の山駕籠は一〇キロと軽く、藤づるでとめてあるので、弾力性があり振動に強く、荒っぽく扱っても壊れることが少ない構造であり、まさに早駕籠に向いているといえる。

早駕籠の駕籠かきは六枚肩が標準で、四人で担ぎ、前棒に綱をつけてひっぱる者、後棒を押す者で、「よいさこらさ」「よいさっさ、よいさっさ」などの掛声をかけながら、調子をとって走るのである。箱根などの急坂が続くところでスピードを落さないためには、二～三組の交代要員が必要であるので、早駕籠は十数人が一組になったという。担ぎ手は宿毎に全員交代するが、乗り手は同一人である。夜中も提灯を先導にして走り続けるのであるから、頭はふらふらになり、意識はもうろうとなるが、眠れば振り落とされてしまうので、何としてもがんばり通すより方法はない。

司馬遼太郎は、『峠』で、越後長岡藩家老・河井継之助が、慶応四年（一八六八）東海道掛川から江戸へ五六里二〇丁（約二二六キロ）を、一〇人の駕籠かきによって担がれる早駕籠で、二日で駆け抜けた場面を次のように描写している。「駕籠のなかの体がはげしく揺れ続けている。腹には晒を巻きあげて内臓の動揺を防いでいるが、それでも胃の中のものを吐く。吐き飛ばしつつゆく。血が下がり顔は土色になり、力という力はなくなってしまうが、気力だけでひもにしがみついている。ひもによって体を持ち上げ、中腰をつづけておらねばならない」

長く揺れ続けると、胃腸や腰はガタガタになり、胃液を吐いたり、食べ物を受け付けなくなるので口に水を含むのが精一杯という。早駕籠の乗り手は人間の体力の限界を、気力で克服しながらがんばり抜くのであり、まさに半死半生、瀕死の病人にも等しい状態になるのである。

伊達藩では江戸藩邸と仙台城との間に、吉凶報告の使者が乗る早駕籠が設けられていた。この間を三昼夜で連絡していたという。吉事の時は結びつけた手槍の穂先を前にし、凶事の時は後にするのが例であった。

小田原藩の使者二人は、元治元年（一八六四）の蛤門の変に際し、早駕籠で京都へ向かっている。七月二四日夜四ツ時（午後一〇時）に江戸を出発。二五日は箱根関所の門限に間に合わなかったのでやむをえず一泊する。あとはひたすら走り続けて、二九日土山宿で夜明けをむかえ、未の刻（午後二時）に到着している。江戸と京都間は一二八里六町余（五〇三・三キロ）で、一日四〇キロ歩くと一二日余の行程である。これを半分の六日間でつっ走っており、まさに早打ちである。この間の人足代は、正徳年間の元賃銭で一人三貫二八五文である。これを元治元年ころの賃銭である六割増にすると、五貫二五六文となる。駕籠代を当時の相場で銭に換算すると、六万五四八一文である。これは人足一二・五人分になる。早駕籠が交代要員を含めて十数人というから、この経費は何とか賄える額ということができよう。この時の記録には早駕籠だけの費用として、「駕籠賃銭酒代とも壱挺に付九両三分余」とある。いずれにしても早駕籠は、費用と苦難が伴う超特急であった。

関所での乗り物と駕籠

江戸時代の関所は、政治・軍事、治安警察的施設として、延享二年（一七四五）には箱根、新居、木曾福島など五三ヵ所に設置されていた。ここを通るには、関所通行手形の携行が必要であった。この発行権者は、庶民は在所の名主、町は家主、武士の妻女は幕府の重職、各藩の留守居役、京都所司代、京都、駿河の町奉行、特定の大名などに限定されていた。

重点とされたのは、「入り鉄砲と出女」であった。正徳四年（一七一四）の女手形の記載事項では乗り物の挺数を記入することが義務付けられていた。また、女性を禅尼、尼、比丘尼、髪切、少女に区別すること、乱心、手負、囚人、首や死骸などと書いて、欠落者や犯罪に関係ある者を確認できるようになっていた。

乗り物は関所通行手形の記載事項であったが駕籠は記載する必要がなく、改めから除外されていた。このため、乗り物と駕籠の区別の不明確さに伴って、乗り物の過不足などトラブルに陥る事態が発生している。例えば、「駕籠と考えていたので、女手形発行申請の折に、申告しなかったが、関所では乗り物と判定されて、不記載を問われた」「駕籠が途中で破損したので、取り替えたものが乗り物となってしまった」などである。

享保六年（一七二一）尾張藩から家中の引越しにあたって、関所へ乗り物と駕籠の区分の問い合わせをしている。この回答では、「折部駕籠（周囲をござで覆った女駕籠）、引戸駕籠、上ヶ戸（屋根がちょうつがいでつながっていて、これを上に揚げて出入りする駕籠）等は駕籠であって、漆塗であってもござ包みでも、乗り物は改めを受けねばならぬ。また、乗り物同様の駕籠は、駕籠乗り物として証文にも書き載せ、改めも受けねばならぬ」となっている。

規定のわかりにくい駕籠乗り物について、更に照会したところ、「すべて、戸、敷居、鴨居の付いているものは乗り物である」とし、「引戸のあるものは乗り物、引戸がなく垂れのみのものや打揚げ式は駕籠」とし、区別を明確にしている。

なお、男子の乗り物は改めの対象ではなかったが、女性との相乗り確認のため、大名、諸士とも戸を開いて内部を改めるのが原則とされていた。しかし、格分やその時の状況によって黙認することもあった。

関所を通る女性に対して、その身分によって扱い方が次の三つに大別されていた。一般女性に対する「女改め」、公家、大名の姫など特に身分の高い女性は「本陣改め」、事前に老中などの幕府重職からの断り状が送られてきた場合は「改め無し」である。これに該当する例では、近衛殿姫君、有栖川宮息女、鷹司准后殿息女などがある。ただし、供の女に対しては、一般と変わらぬ改めを実施している。

女改めの手順は、関所高札にあるように、次の観点で行われた。

一、笠、頭巾をとること
一、乗り物は戸を開くこと
一、従来の女、証文と引き合わせて通すこと
一、乗り物の出女は、番所の女を差し出して改めること

女連れの一行は、番所へ女手形を提出して、発行者の印形とひかえの判鑑との照合、記載事項と本人確認の吟味を受ける。乗り物で来た女性は、番所下手の広場に並べさせ、乗り物の戸を開き、老女が一人ずつ改める。女の区別を確認し、少女以外はすべて髪を解かせ、全身をチェックする検査などが入念に行われる。この間、連れの男や乗り物人足、他の通行人を門外に出して、足軽が東西の両門を閉鎖し、終了すると開門するのである。

丸亀藩（香川県）士の娘・井上通女の天和元年（一六八一）の『東海紀行』には、行程の難渋を次のように述べている。「関所にいたりぬ。ありつる御しるし（手形）、益本（家臣）持てまいりて、かくとあない聞ゆるほど、輿をたてて待つ。こなたへとて、番所近くへ寄せたれば、そこある人々、老いたる女呼ばせて、我も従者の女も彼にあるべき由、のたまふなりと対面しぬ。髪筋などねんごろにかきやりつつ見る。むくつける女の年老いぬれど、すこやかにて、いと荒ましきが、近やかにより来

て、だみたる声にてものうちいひ、かくするもこころづきなく、いかにすることかと恐ろし。居並たる人々、老女にくわしく問ひ聞きて、御印にたがうことなしとて、益本に関通しぬる由のたまう。げにいづくもあやまりなしと思うものから、かくいかめしきあたりに立ち出でぬれば、あほ如何なる人と胸つぶれる心地するに、いと嬉しくて、人々呼ばせて過ぎぬ。峠に至りて髪あげる」と、関所での女改めの緊張した様子を具体的に描写している。

『細江町史』にある東海道から別れる本坂道（静岡県引佐郡）にある気賀関所の寛政一〇年（一七八八）の往来留には、留守居役石見様からの「輿の内改めるに及ばず」の御断書が届いたので、「改めなく御通り。その他の御女中一三人乗り物一三挺、中矢来へ乗り物を二通りに並べ、乗り物の戸を開け、関所姥が銘々改める。その間、両門は閉じる」と、関所改めの様子を伝えている。

また、徒歩や町駕籠、馬で来た女性は、番所の板縁に腰かけさせて、女改めを行うのである。一般に庶民の女は簡略で、武家の出女は厳重であったといわれるが、関所によって一律ではなかったようである。

『箱根関所物語』に、「守られぬ御大法」と題して、関所役人を悩ませた事例が紹介されている。関所を通るときは、御目見以上といって将軍と謁見できる諸大名や旗本などは、乗り物から下りなくてもよかった。しかし、「戸を開かせて通すべきこと」となっているが、戸を開かないで通過する大名が時々あった。こうしたとき、関所役人が追いかけて駕籠脇の徒士に、「御大法を守るよう」に掛け合うが、らちが行かないことが多い。宮家、公卿の姫君の御輿入れの場合も、事前の通告なく戸を開けぬ例があったという。

天保八年（一八三七）、二条左大臣が京都へ帰ったとき、駕籠の戸を開けず、御簾《みす》を揚げただけで関所を通ってしまった。これでは、「御大法立ち申さず候」と、早速関所の番士が箱根宿の本陣に出かけて、家臣の小出内蔵介と掛け合った。しかし、「二条殿には、何方にても駕籠の戸、開け候ことはこれなし」と突っぱねて出発してしまった。関所ではこのままでは引き下がれないので、小田原へ下って藩の年寄に相談したところ、「御大法、相立ち申さずては相済まず。外々勘弁の道もこれなく候」と怒り、すぐ追いかけるように命じた。翌日総勢八人で関所を出発し、三日目に浜松宿で追いつき、再び小出内蔵介に掛け合った。その回答は、「二条殿には、御関所を格別に思召されたからこそ御簾を揚げたのであって、御簾を揚げることと駕籠の戸を開けることは同じである」と、詭弁をろうして番士たちを煙にまいた。番士たちは、「御簾を揚げることと、駕籠の戸を開けることと同じである」という見解なら、御大法が立ったわけであると納得して引きあげたという。幕府の権威が背景にあるとはいえ、六〇〇石取りの関所役人によって、御大法を全階層に徹底することは、むずかしかったようである。

「旅の便利帳」（稲垣史生『時代考証事典』）に、「チップで動く関所役人」の話が出ている。関所手形のない者が、顔のきく雲助に頼み込むのである。この雲助の駕籠に乗り、関所にさしかかると、「手形はあるか」、「ございません」、「なければ、通すことはまかりならん」。このとき、雲助は素早く駕籠の向きを、反転させる。問答のすえ、関所役人は「御法度は曲げられぬ。帰れ帰れ」と押し戻す。

駕籠は逆を向いているので、通り抜けることになるのだ。もちろん、なじみの雲助からは十分の袖の下が届けられるのである。

また、関所の開いている時間は、明六ツ（午前六時）から暮六ツ（午後六時）までである。夜中は一切通さないというのが定法であった。ただし、幕府の急用のための文書があらかじめ送付されている御定の面々は例外として認められていた。

ぎりぎりであるが、どうしてもその日のうちに通りたいときは次のような奥の手があったことも紹介されている。関所に顔のきく雲助に頼むと、替りの雲助を伴って駕籠を飛ばす。そのとき、雲助の一人が駕籠の戸をはずし、それを担いで先に走るのである。そして、閉門まぎわに関所内へとび込み、一人で「ほいほい」と掛声をかけながら足踏みを続ける。構内に一人でもいれば閉門することはできず、役人も苦笑しているばかり、やがて駕籠が関所へ到着してセーフ。これもやはり袖の下がものを言っているのである。

関所の入り口附近には、十数軒の茶屋が軒を連ねており、女連れの旅人はここで手形の内見をするのが慣例になっていた。番所に入ってから手形と相違していては、調べる方も調べられる者もお互に困るので、こうした便法を「旅籠断り」と称して用いていたのである。茶屋では通行者から関所へ手引きする内容によって、世話料を受け取っていた。『手前味噌』の記述によると、年老いて歩くことがかなわない母と江戸へ向う旅で、駕籠に乗ったまま関所を通れないものかと頼んでみた。亭主は一切を飲みこんでやってくれたので、三〇〇文を礼として渡したという。

幕末の慶応三年（一八六七）七月には、「婦人通方の儀、別段の改めこれなく、すべて男子同様の振り合いを以て相通し、少女も振袖留袖勝手たるべき事」などが万石以上の諸家宛に達せられて、女改めなどが緩和されている。

大井川での駕籠・蓮台渡し

「越すに越されぬ大井川」といわれた大井川の渡河は、箱根とともに東海道最大の難所であった。伊勢湾を七里（二八キロ）行く宮の渡し、浜名湖を渡る今切渡などでは駕籠を船に乗せて運ぶのに対して、大井川は徒渡《かち》りである。川幅七二〇間（一三七五メートル）で、通常時も三〇間（五四メートル）～二四〇間（四三二メートル）と変化が大きく、常水位は二尺五寸（七五センチ）とされていた。大井川の特性について、「川水は平生濁りて、波荒く、底は石流れて渡るに悩めり」と、東海道中膝栗毛の挿絵の賛に記されている。水量が増して、水位が四尺（一二〇センチ）を越えると、馬越留め、四尺五寸で徒歩留め、五尺で公用御状箱留めとなり、これ以上は川会所の決定で「川止め」にされた。

川越の方法は、蓮台越、武家の馬越、肩車、棒渡し（相撲取り、巡礼、貧しい旅芸人、路銀に困っている人などを、長い杉丸太にすがりつかせて、両側を持ち川越人足が支えて、歩いて渡すもので報謝越しとも呼ばれた）などであった。

川越する旅人は、島田・金谷の川越所へ立ち寄って、「川札」を必要な分だけ購入して、これを川越人足に出して渡河する方式であった。代金は、その時の水位によって決定されていた。二尺五寸の常水位の場合は「六二川文」であり、水深が約一尺二分五厘（三七・九センチ）増すごとに、二文増すことになっていた。例えば、「九〇川文」の日は、水位四尺二寸五分と高く、徒歩留め寸前であるので高い料金設定となっている。旅人は常水以下であれば、川札一枚で肩車で運ばれるが、これ以上になると、「平張り」と呼ばれる

図 52　大井川の渡し（文献 2 章 11）

図 53　今切渡しの駕籠（文献 13）

補助人足が付くことになっており、費用が多くかかる仕組みになっていた。

駕籠は蓮台越で、乗ったまま渡河した。藩主や公家などの高貴な人が使用する「高蓮台」は、朱塗りの高い欄干、四方に手すりがある。駕籠の担ぎ棒を木綿で蓮台へしっかりくくりつけ、井の字型の四本の担ぎ棒に一六人の担ぎ人足がつき、前後左右に水切り人足八人をつけ、先頭に大名の定紋が入った旗を掲げて押し渡った。これは合計二五人となり、「ヨイト、ヨイト」というかけ声を出しながら、調子をとって勇ましく押し渡ったという。この編成での賃銭を試算すると、必要な川札は、蓮台使用料にあたる台札が三二枚、担ぎ人足一六人と水切り手張人足四人、旗持一人分の二一枚の合計五三枚となる。「九〇川文」であれば、四貫七七〇文という高額になる。

「御大名様方御渡川台は、その御家によりては持参、但し、御本陣へ預り置き候也」ということで、専用の蓮台を預けている大名もあった。熊本藩五四万石の細川侯の越立は、「御駕籠と一緒に御傍役が二人、大高欄の上に立つとともに、白襦袢に脇差を背にした水練の士が抜き手を切って先導する」という実に勇壮なものであったという。

尾張藩主の九代宗睦の一行が、安永八年（一七七九）三月四日島田に到着したところ、川留めの水位を越えていた。しかし、尾張藩は何としても渡りたいということで、無理をいって大井川を渡ることで交渉がまとまった。この時の費用は「九四川文」と高く、五六七四枚、内蓮台は二三二枚分を使っている。また、藩主の駕籠川越しには渡河地点やその方法に格別の配置がなされ、「御駕籠川越人足二四人、下渡立切、印立、道造りそのほかで、銭二拾四貫文」を加えて、合計五九七貫六六六文に

表 14　大井川橋通行料の比較

種　別		明治 6 年	9 年	15 年	16 年
歩行者	1 人	1 銭	8 厘	1 銭 2 厘	1 銭 8 厘
山駕籠	1 挺	2 銭	1 銭 6 厘	2 銭 4 厘	2 銭 4 厘
分持荷物	1 荷	1 銭 5 厘	1 銭	2 銭	3 銭
乗馬	1 疋	3 銭			
長持駕籠	1 挺	4 銭			
引戸駕籠	1 挺	3 銭			
差長持	1 棹	3 銭	2 銭 4 厘	4 銭	4 銭
大長持	1 棹	5 銭			
本馬	1 駄	5 銭	4 銭		
軽尻	1 疋	3 銭			
人力車	1 輛		1 銭 6 厘	1 銭 2 厘	1 銭 2 厘
荷車	1 輛		4 銭	6 銭	9 銭
空車	1 輛		8 厘		
牛馬	1 頭		1 銭 6 厘	3 銭 6 厘	5 銭 4 厘

表 15　大井川仮橋通行収入（明治 9 年 3 月 3 日～ 31 日）

通行料		単　価	収　入
歩行者	19,386 人	8 厘	155 円　8 銭 8 厘
人力車	599 輛	1 銭 6 厘	9 円 58 銭 4 厘
分持	1,022 駄	1 銭	10 銭 2 厘
本馬	302 駄	4 銭	12 円　8 銭
牛	344 疋	1 銭 6 厘	5 円 50 銭 4 厘
空馬	118 疋	1 銭 6 厘	1 円 88 銭 8 厘
山駕籠	26 挺	1 銭 6 厘	41 銭 6 厘
差物	116 棹	2 銭 4 厘	2 円 78 銭 4 厘
俵物	170 俵	1 銭	1 円 70 銭
車	112 輛	4 銭	4 円 48 銭
空車	111 輛	8 厘	88 銭 8 厘
合　計			194 円 51 銭 4 厘

（松村博『大井川に橋がなかった理由』創元社 2001，文献 69）

達している。これは一一両を五貫七三二文に換算して、一〇一両五一二文という大金になる。この時の行列人数ははっきりしないが、藩主を含む本隊であるので、通常は御供名簿に記載される高禄藩士が一〇〇余人、総勢は一〇〇〇人を越えたと考えられる。

通常では川止めになる水位のところを渡河するため、浅い所のある地点を定めて印を立て、そこへ行く取り付け道を整備し、他の一切の旅人の渡渉を立ち切って強行する特別措置がとられたのである。尾張藩では多くの関係者に、手厚く心付けを出して謝意を表している。多額の費用を支払っても押し通ろうとするのは、川止めで何日も滞在を余儀なくされるのを避けたいなどの事情があったものと考えらえる。

架橋はもちろん、船渡しも禁止され、人担による歩行渡しに限られた大井川渡河は、日本の動脈・東海道の通行障害になっていた。いろんな意味で江戸時代の街道交通の象徴的存在であったといえる。明治三年、歩行越が廃止になると、船渡しが認可となり、一三〇〇人の渡河人足の失業をはじめ、宿屋、料理屋、茶屋などの営業も一気に衰退することになった。

そして、御用物、農商の荷物とも渡賃銭は一律になった。一人前につき、銭一二四文宛と決められ、

・華族より農工商まで　一人　一人前
・長棒駕籠　一挺　四人前
・切棒駕籠　一挺　三人前
・垂駕籠　一挺　二人前

・本馬、軽尻　　　　　　　　　　一疋　三人前
・蜻蛉長持　　　　　　　　　　　一棹　五人前

と定められ、金谷方からはおよそ一四〇〇〇人前の通行があると見積られている。身分や公用私用に関係なく、均一ですっきりした料金体系に、明治の新時代が感じられる。

明治初期の暫定的方式を経て、やがて、明治六年、冬の渇水期だけの仮橋が有料で完成している。通行料は歩行者は一銭、山駕籠二銭、引戸駕籠三銭、本馬五銭であった。そして、本格的な木橋が明治九年三月三日に開通した。その後約一ヵ月の通行量と収入は、歩行者が一万九三八六人と断然多く、収入の八割を占めている。次いで、馬、人力車、牛、車である。収入は一九四円余で、人が乗る交通手段は、人力車五九九輛、山駕籠二六挺で、通行料はともに一銭六厘と同額であるが、人力車が二三倍と多く、駕籠の時代は終焉したことを示している。

輿入れ

結婚のことを今でも「輿入れ」という。これは嫁が結婚式の当日、輿に乗ったまま婿の家の中まで直接入る習俗からきている。輿が出立する前に、かつら女（山城国葛郷で祓いをする人）を招いて祓いの祝詞を言ってもらうと、縁が定まるといわれていたので、こうした儀式を終えた後、嫁は父母に暇乞いをして、座敷で輿に乗る。輿の中には天児《あまかつ》（二本の竹を束ねて胴とし、別の竹を横に組んで手とし、白絹の丸い頭をつけた人形）と這子《ほうこ》（白絹に綿をつめて、縫い合わせた人形）、雌雄一対の犬張子などを

入れるのが慣例であった。前二つは小児のお守りであり、後者は犬は安産なので、これにあやかる縁起物である。

婚礼行列がゆっくりと進み、婚家へ到着すると、最初に「貝桶渡し」の儀式が行われる。貝桶は「見合わせ」に使う蛤の殻を入れる器で、二個で一組である。蛤は他の貝に合わせても決して合わないので、貞節の象徴にされていたからである。これがすむと、初めて嫁が嫁ぎ先の敷居をまたぐことができた。次いで、「輿渡し」の儀式が両家を代表する輿渡し人と受取人との間で行われる。口上がすむと、輿を担いできた嫁側の担ぎ手から婿側へ引き継がれて、嫁は輿に乗ったまま建物の中へ担ぎ入れられる。部屋で嫁が輿から下りるとき、婿方の介添え役が迎え、嫁の手を取って奥の控えの間へ案内するとともに、結婚式での世話一切を嫁の身近で行った。

大名の奥方や姫君は結婚式のときばかりでなく、その後の外出の場合も玄関では乗降しないで、奥の部屋まで輿入れされるのが慣例となっていた。外から戻った姫君の駕籠を担いでいた男の陸尺は、玄関先で一〇人の御駕籠あげ女中に引き継がれる。五人ずつ前後に別れて担ぐが、前方の者は姫君に尻を向けては失礼になるので後ずさりしたり、広いところでは横に歩いたりした。姫君が駕籠から降りるときは、駕籠を担いだ女中やお目見え以下の者は、お目に留まらぬように早々に退くし、乗るときも駕籠の戸を閉めてから担ぐ者が呼ばれた。だから、屋敷に勤める女中たちは、奥方・姫君がどんな顔の人が知る由もないのである。屋敷の奥から箱のような駕籠で移動することから、「箱入り娘」の語源になったといわれる。

御着輿之節
品川ゟ
御同組
御広敷番
㊐御中間壱人
御輿
㊐御中間壱人
御広敷番
御緋傘

図54「福君様御道中御行列書」(林家文書,『福姫様と起宿』一宮市立尾西歴史民俗資料館, 2002)

一一代尾張藩主斉温に輿入れした近衛家・福君《さちぎみ》の道中行列は、天保七年（一八六三）一〇月六日に京都を出発し、名古屋で四泊して同二八日に、江戸市ヶ谷の尾張藩邸に到着している。行列は近衛家の関係者、尾張藩年寄・成瀬主殿頭正住ら迎えの藩士四〇〇人など総勢一〇〇〇人であった。行列図から見ると、乗り物は三二挺描かれている。先頭から上臈の女乗り物、福君の輿、御附老女・御小姓表使・女中などの女乗り物一九、医者二、年寄・用人・藩士などが一一挺である。いずれも引戸付きの乗り物と駕籠で、六人担ぎが八挺、四人が一九挺と最も多く、二人が五挺となっている。輿は六人担ぎ（御駕籠の者一八人）で、この近くに広敷御用人二人、広敷小納戸二人、御目付、御使番、小十人組が輿脇を固め、御緋傘、御輿台、御替輿、桐油箱などの乗り物関連用具が後に続いている。京都出発の際には、見送りの女中乗り物が前方に二五挺、後方に二〇挺続いて、名残を惜しんでいる。

この時使用された輿が今も徳川美術館に所蔵されている。これは菊折蒔絵乗り物と呼ばれ、全体に金粉を蒔いて梨の皮に似た輝きのある梨子地に仕上げ、ここに両家の葵紋と抱牡丹紋を配列し、この間に菊折枝の文様が金蒔絵で描かれている。良質の漆や金銀を惜しみなく使って、最高の漆工技術が細密に施され、要所に鍍金金具が打たれている。内部の側面は、金箔を張り、赤、白、黄色の菊の花と枝が極彩色で描かれ、外側のデザインとよく調和している。乗り物の担ぎ棒は長さ四四二・〇センチで六人担ぎ、本体の大きさは縦一〇五・一センチ、横七八・五センチ、高さ一〇一・八センチでそれほど大型ではない。福君の体格に合わせて設計されたものと考えられる。また、一四代藩主慶勝公の夫人・貞徳院（矩姫《かねひめ》）の牡丹唐草蒔絵乗り物も所蔵されており、いずれも特注された総蒔絵の豪華なものである。

尾張藩では婚礼調度が華美にならないようにとの配慮から、身分や格に応じた規則が江戸時代初期から始まっている。寛文九年（一六六九）の令で、乗り物の使用数については、五〇〇〇石以上三挺、二〇〇〇～四九〇〇石二挺、一九〇〇石以下一挺と定めている。一九世紀初めころに制定された「尾陽嫁娶之定」では、藩士を禄高によって、四段階に分け、婚礼調度品、衣服、祝儀品など二九項目にわたって、細かく規定している。乗り物については、「万石以上二挺、但し黒塗のし金物に過ぐるべからず。三〇〇〇～九九〇〇石、二挺、但し一挺は革包、鋲鉄具とも真鍮以下相用、一挺は蓙包たるべきこと。一〇〇〇～二〇〇〇石、垂一挺、但し蓙包、鋲鉄具とも真鍮以下たるべきこと。九九〇石以下、乗り物へ鋲打無用になすべきこと」とし、「輿送之儀、高持以上に限るべきこと」「供乗り物、万石以上三挺、三〇〇〇石以上二挺、一〇〇〇石以上一挺に限ること。但し、万石以上は乗り物の内、莚包、真鍮鉄具または青渋塗用い候儀苦しからず」と定めている。

「輿入れ」が婚礼と同義に使われるのは、駕籠に乗って嫁入りすることが、最上の乗り物であることを表している。だから、富裕の商家や農家でも、嫁入り駕籠を特注することが欠かせないようになっていった。必須の家具の一つとして、駕籠を位置付ける階層が次第に拡大したことから、現存する嫁入り駕籠が相当見られる。

和宮降嫁

和宮降嫁での中山道通行は、「前代未聞」「空前絶後」などの表現で、驚きをもって伝えらえる江戸時代最大の行列であった。孝明天皇の皇妹和宮が、公武一和の証として一四代将軍徳川家茂に嫁するための下向である。この行列は、朝廷、幕府の相互に示威的なねらいがあって、京方一万人、江戸方一万五〇〇〇人、警固の藩士や継ぎ立て人足など、一宿当たり数万人にもなる大通行となった。この一行が利用した交通手段に視点をあてて、江戸時代の街道交通の特質をさぐりたい。

和宮内親王は文久元年(一八六二)一〇月二〇日、京都の桂離宮を出発した。先駆は京都町奉行・関出雲守行篤《ゆきあつ》で、手勢を率いて騎馬で随行している。そして、北面の諸太夫一〇人がそれぞれ御駕籠脇徒士、御手廻の同勢を従えて、駕籠で進んだ。その後に、六位蔵人の駕籠、殿上人公卿六人の輿がそれぞれ同勢に囲まれて続いた。そして、和宮の乗る、牛にひかれた壮麗な唐庇青糸車はひときわ目

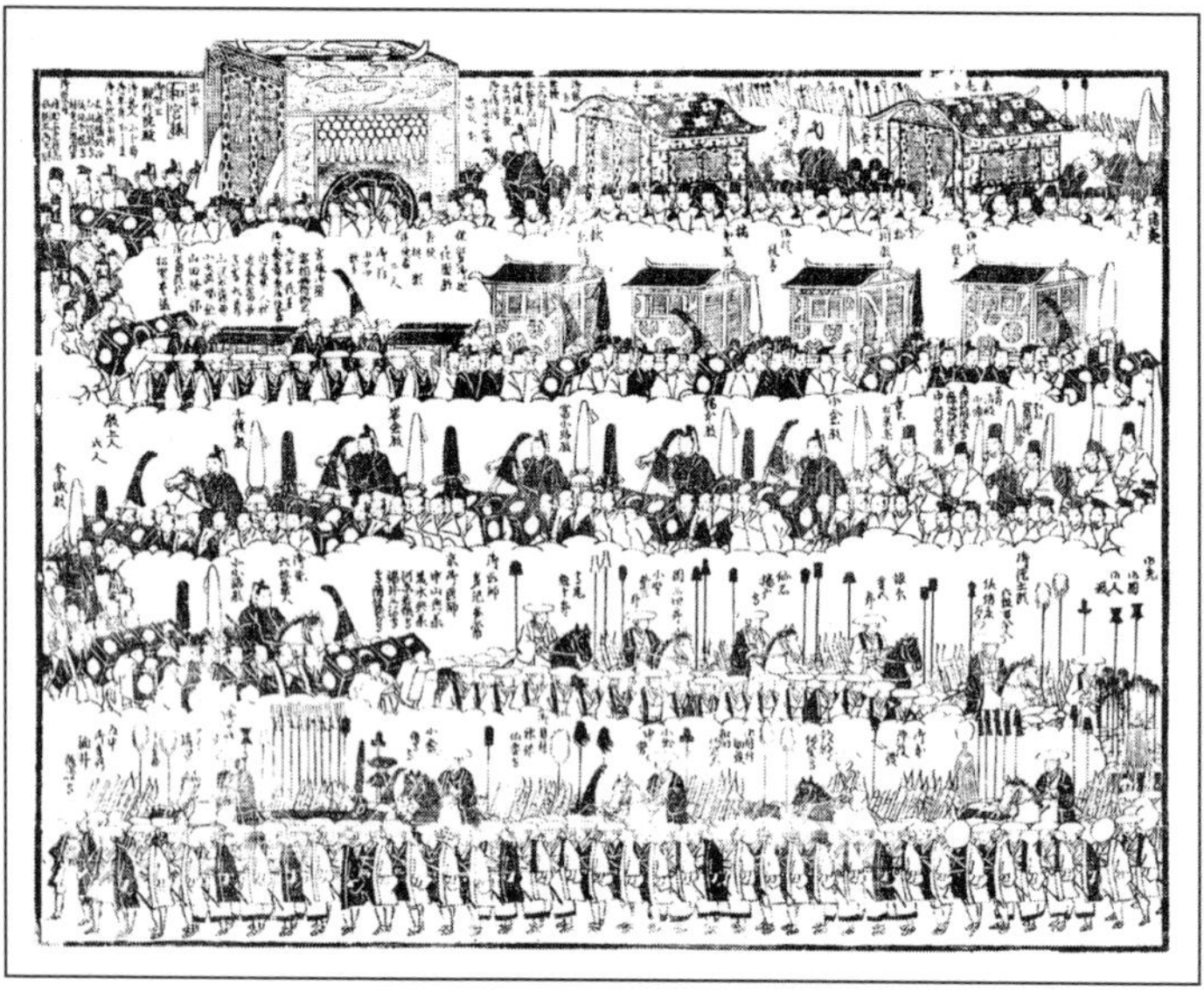

図 55　和宮下向行列（文献 73）

を引いた。前後を女房連が数多くの朱塗り鋲打駕籠に乗って扈従している。この駕籠脇には御用人、御広敷番頭、従者が冠をつけ、朱の日傘をさしてついているので、「錦繍《きんしん》をちりばめ」たようにあでやかであった。これらを江戸の講武所から選ばれた五〇人の手練者からなる特別警固隊が、警備に万全を期していた。この後には、朝廷から権大納言中山忠能始め公卿殿上人の輿、生母観行院の駕籠、江戸からの迎えの上臈花園の駕籠、宰相典侍庭田嗣子の駕籠、列外には武家伝奏広瀬中納言光成らの輿、お迎えとして上京した若年寄加納遠江守久徴らの武家が騎馬で進んでいる。そして、これらの間に歌書櫃《ひつ》、和琴櫃など数百棹の調度品が、人足に担がれて運ばれており、その華麗さに沿道の人々は目を見張ったことであろう。

京都を出た一行は、大津で二日泊って、二二日から四陣に分れて江戸へ向かった。中山道は道幅二間二尺（四メートル）に改修され、置き砂が厚さ三寸（九センチ）、幅四尺（一・二メートル）に敷かれて、江戸の清水御殿まで整備されるという特別対応であった。

この行列を迎える中山道の宿では、一〇日前に入ると準備に拍車がかかった。とくに、宿泊地に指定された宿駅は、宿舎の確保、仮小屋建設、備品調達が急務であった。大湫宿は宿内人家が八三戸、二二〇〇坪で、附近の家々も七七戸、一〇〇〇坪しかない山間の小規模な宿場である。このため、大量の仮建小屋（三三棟、三一〇〇坪）の新設が急拠進められた。

通常時の荷物継ぎ立ては、一宿継ぎが原則であったが、こうした大通行では三宿ほどが一組になって特別態勢で対応している。大湫宿は隣接する細久手宿と大井宿で組合を結成して、三宿一括して持ち通しを行っている。このための人馬として、人足二万二五〇〇人と馬二二五〇疋が当分助郷村へ高一〇〇石当たり一五人の割合で触れ当てられた。

下用品の調達も莫大な数になった。蒲団二万四〇〇〇枚、膳椀五八〇〇人前など一〇万点を越す物品、また、尾張藩領の美濃九宿の共通必要品松割木・お茶・馬飼桶など約三〇万点は一括調達して配布された。駕籠関係物品では、「乗駕籠二四〇挺（五〇挺ずつ御泊三宿へ、二〇挺ずつ御昼休三宿へ、一〇挺ずつ御小休三宿へ）、四ツ手駕籠一八七五挺（四〇〇挺ずつ御泊三宿へ、一五〇挺ずつ御昼休三宿へ、七五挺ずつ御小休三宿へ）、駕籠蒲団一八七五枚九宿へ」などが準備されている。

表16　木曽下四宿組合の継ぎ立て人足数（馬籠・妻籠・三留野・野尻）

月日	10月29日	11月1日	11月2日	11月3日	計
主な行列 人足種類	菊亭中納言等 400人	中山大納言等 400人	和宮等 4,000人	岩倉右小将侍 300人	5,100人
助郷	2,277	0	3,876	0	6,153
宿雇入等	1,027	676	3,916	1,746	7,365
尾州繰込	308	*2300	6,000	461	9,069
計	3,612	2,976	13,792	2,207	22,587
馬	100	100	421	48	669

* 内1,600上松、藪原へ　　（『南木曽町誌』資料編，文献70）

駕籠人足の掛方では、「乗物八人、丸棒（引戸駕籠）六人、垂駕籠五人、宿駕籠四人」と担当人数を定めていた。通常の三倍の人数をあてているのは、三宿一括で長距離になるので、交代要員も配慮してのことである。そして、需要の多い宿駕籠は、「一宿より一〇挺、蒲団共、赤坂宿御泊り所へ持参」と指示しており、宿泊指定されている宿駅へ集結させるようにしていた。

あわただしい直前準備の日々が過ぎて、一〇月二六日午後、大湫宿へ第一陣の公卿菊亭中納言、八条中納言等の一行が次々に到着した。二日目は中山大納言、広橋一位らと従者が無事宿舎に入った。

明けて二八日、いよいよ和宮到着の日は秋晴れの好天であった。警備の尾張藩士、宿や各地から手伝いに来ている人たちの出迎えの中を、前後を多くの供揃えに囲まれて、午後五時近くに入宿した。この日は和宮を始め勅使橋本宰相、右中将橋本実麗、生母観行院、大蔵人御所の女房衆、宰相曲侍、御局能登、御上臈、御年寄、医者などで、本隊にふさわしい大規模行列であった。そして、最後の第四日目は坊城中納言、岩倉侍従らであった。

島崎藤村の『夜明け前』では、「姫君を乗せた御輿は、軍旅の如きいでたちの面々に前後を守られながら、雨の街道を通った」とあり、全体の印象を的確に表現している。

渡辺俊典の『皇女和宮の降嫁』では、「宮の輿の前後に、宮付女房、年寄、乳人と禁中差副宰相典侍局、能登局などの女房の輿三〇挺と供奉公卿、幕府御迎役などの男輿が一〇〇挺ほどあった」と述べている。そして、その後に武家の供揃いが一〇〇〇人余続き、総勢四〇〇〇人を越して、継ぎ立て人足は一万三八一四人になったという。江戸からのお迎えの筆頭である若年寄加納遠江守と家老永井三右衛門の供行列の構成は、長柄、弓、鉄砲などの武具、挟箱、合羽籠などの諸道具が中心で、主人は駕籠と馬の両方を使用していた。

この一行が使っている人が乗る交通手段は、牛車、輿、駕籠と馬である。これを利用しているのは、牛車は和宮で京都と江戸の結婚式で使用し、大津からの道中は輿が中心であった。輿は公卿、駕籠は諸太夫、女房、馬は武家が中心であった。

望月宿（長野県佐久郡）から大津宿への探索情報では、「前日、前々日合せて乗り物一一〇挺、引戸駕籠は分らず。馬一五〇疋、長持一一〇棹、両掛類二〇〇荷。御当日、乗り物三一〇挺、引戸駕籠四〇六挺、馬二三一疋、長持三一一棹、具足一二八荷、両掛類一九一一荷」と報告している。乗り物や駕籠が相当多く使われていたことがわかる。

また、贄川宿から鵜沼宿への聞き次ぎの者の報告では、「前々日の分として、丸棒駕籠六〇挺、垂駕籠五一挺、馬五〇疋、宿駕籠二〇〇挺にて不足、これにて三〇両ばかり入用」とし、宿駕籠の増加を強調している。

関ヶ原宿で提供した宿駕籠は、前々日九四挺、前日一五四挺など合計三八七挺を使用している。お供の人たちにも相当数の駕籠が使われたことがわかる。

本山宿（長野県塩尻市）では、前々日は五公の一行ら四七〇人、荷物は長持七三棹、諸道具二六九個を一三八八人、馬三九疋で運んでいる。菊亭中納言一行一一四人の交通手段は、輿と替輿各一、乗り物八、引戸駕籠一三、垂駕籠八、宿駕籠三〇の合計六一挺で、総勢の約半数の五三パーセントが利用している。菊亭中納言は輿に乗り、上下の公家衆と上級の侍が乗り物、引戸駕籠、雑党、近習、才領、小頭などが垂駕籠、宿駕籠を使い、歩行は徒士、下部たちと考えられる。

前日では中山大納言一行が供一二二人で最も多い。輿三（御輿之衆三二人）、引戸駕籠一〇、垂駕籠七であるが、宿駕籠は使っていないので、交通手段利用率は二〇パーセントと最低である。しかし、関ヶ原宿の史料では三五挺の宿駕籠を利用しているので、欠落しているかも知れない。これを入れると四八パーセントとなり平均並みとなる。また、広橋一位は一一八人の供で、六〇挺の駕籠を使っており、五〇・八パーセントと高い。

第四日目は武家伝奏ら四卿で、総勢二四六人である。このうち、最も多いのは坊城中納言一行八五人で、輿一、乗り物三、引戸駕籠五、垂駕籠一二、宿駕籠二〇の計四一挺で、四七・六パーセントの供が利用している。

利用交通手段の内容がわかる記載がある一二卿についてみると、駕籠の利用率は一九・七パーセントから六二・五パーセントまであり、開きが大きい。多いのは五〇パーセント台で、平均は四五・六パーセントである。このように駕籠利用率に差があるのは、家柄による供の構成や慣習に違いがあるからであろうか。

駕籠は乗り物、引戸駕籠、垂駕籠、宿駕籠の四種類になっている。だれがどの駕籠に乗ったかの記述はないが、供の構成を上下之衆、侍の近習、小頭・才領、下部に分けて人数を記しているので、この順で上級の駕籠から使用したと考えられる。上級の諸太夫、武士は乗り物や引戸駕籠、下級の諸太夫、近習、小頭、才領らは垂駕籠や宿駕籠を利用したと思われる。

当日の桶川宿（埼玉県桶川市）の宿割書上から、輿と駕籠に関係する項目をみると、現在使用中のものはそれぞれの宿舎へ持ち込まれ、予備のものは替御輿置場が別に設けられて集中管理されていた。まとめての宿舎としては、御輿之者一六人、御用部屋六尺と他の二人の御用人、六尺、八瀬童（輿丁）二四人などの高貴な人たちの輿を担当する通《とお》しの人たちが、まとまって宿泊している。

中山道での和宮内親王の輿での通行の具体的記述や観察による描写の資料は極めて少ない。畏れ多いことと考え敬意を表して、詳細を記載することを遠慮したのであろうか。各宿とも和宮の輿に関する資料が乏しいため、通行の状況がはっきりしない。

皇女和宮の輿が、京都御所内の宮内庁京都事務所の御殿の一室に保管されていることが、『続・歴史のかたち』に紹介されている。木枠に春慶塗にし、装飾を廃した簡素なつくりではあるが、臙脂《えんし》が美しく気品がただよう輿である。両側の物見窓の下に、それぞれ四つの黄銅製の三つ葉葵の紋が異彩を放っている。この輿は和宮が明治二年（一八六九）に京都へ帰るときに乗ったものである。中山道での輿では、菊の御紋と葵紋が散らしてあったのであろうか。

もう一つ、和宮ゆかりの駕籠が東漸寺（千葉県長生郡一宮町）に保管され、町指定の文化財になっている。当地は和宮降嫁のとき、江戸幕府からの迎えの筆頭に指名された若年寄・加納遠江守久徴（加納藩一万三〇〇〇石の一四代藩主）の領地である。京都へのお迎えの大任を無事果たしたことに対して、和宮がその労をねぎらわれて、駕籠を含む道中で愛用した小道具類を加納家へ贈ったという。

駕籠について、千葉県の文化財専門委員や史料室主幹たちによって調査がなされた結果、

①天皇家の一六弁の菊の紋章が付いている。

②総桐でつくられていて、細いところまで材料が吟味されており、高貴な方の乗り物である。

③女性用に小さくつくられている。

の理由から、和宮の駕籠と断定された。中山道の道中で、和宮がこの駕籠を使用したという資料は今のところ確認できないが、替えの乗り物の一つとして用意されていたうちの一挺であろうか。地元に伝わるいわれでは、「公武合体に反対する尊皇攘夷の志士が、降嫁の行列を襲って和宮を奪還するというわさがしきりに流れた。そこで、中山道最後の板橋宿から、和宮は、どこにでもありそうなこの駕籠に乗り換えて隠密に江戸市中へ入った」というのである。

東漸寺では和宮の心情をいたく哀れみ、芝の増上寺と相談の上、諡名《おくりな》を一部変えて、「静寛院二品内親王好誉和順貞恭大姉尊儀」という大きな位牌をつくって、朝夕お経をあげて回向しているという。

こうしてみてくると、道中での和宮一行の利用交通手段は、天皇家と公家衆の輿、女房衆の女乗物、武家は騎馬が中心であり、身分に応じて伝統が色濃く残っている。荷物は人担が中心で、馬背が部分的に使われているが、車類はない。

厳重な警固によって、中山道の下向は順調に進み、一一月一四日最後の宿泊地板橋宿を出立して、江戸の清水邸を目ざした。途中での御詠をみると、

落ちて行く　身と知りながら　紅葉ばの　人なつかしく　こがれこそすれ

住みなれし　都路出《いで》て　今日幾日《いくひ》　急ぐもつらき　東路《あづまじ》の旅

旅衣　ぬれまさりけり　わたり行く　心も細き　木曾のかけはし

などがあり、宮の御心情を察することができる。

最終のところは、加賀藩主前田家の担当で、沿道警備に万全を期してのぞんだ。街道には箒目が立ち、一面に砂が敷かれ、侍や女房らが盛装で迎えるなか、和宮の輿が田安御門清水御殿に無事到着した。ここで、江戸で最初の悶着が起きた。

八瀬の輿丁が宮の輿を担いで、玄関を上がろうとしたところ、清水家の女中に拒否された。江戸風では、輿は髪を結い上げた女陸尺によって担がれて居間へ入って行くのが例であった。御所風と江戸風の対立が表面化したのである。輿の運び入れ方にもそれぞれの伝統文化の様式が入っていたのである。そして、外では、御所風（京風）と武家風（江戸風）のどちらで行うかの交渉が続けられた。結局、受ける側の江戸風で清水御殿へ入ることになった。この後も、大奥での生活でこの対立がさまざまな

といえる。ところで起こり、深刻な問題になっていくのである。京女と関東女の確執がこのとき火ぶたを切った

唐丸駕籠――佐渡金山の水替人足

重罪人を運ぶ特別な駕籠が、唐丸駕籠（目駕籠・鶤鶏駕籠）である。唐丸とは中国渡来の鶤鶏（シャモ）の愛称で、丈が高く精悍な姿で、闘鶏にも用いられる。唐丸駕籠は鶤鶏を飼うときに使う円筒状の籠を模してつくられたものである。これは農民や町人の重罪人を江戸の勘定奉行公事方へ運ぶのに使用され、罪の軽い場合は山駕籠が用いられた。また、武士は普通の駕籠に、青網をかぶせて檻送駕籠にして運ぶのがしきたりであった。これを網乗り物とも呼んだ。白木綿一匹を紐にして罪人の喉から両肩へまわし、そこで一つに結んで駕籠の底にある穴を通して外へ出す。引戸に錠を下して網をかけるのである。

唐丸駕籠は高さ三尺（九〇センチ余）ほどの竹製で、横に中の様子を見たり、食べ物を差し入れたりする「ごき穴」がある。下部の台は円形で、大小便の落とし穴があけられている。重罪人は、口に「くわえ竹管」をかませ、手足をしばって座らせ、背後の柱にしばり付けて、身動きできないようにしていた。

唐丸駕籠での通行があるときは、先触れの達し書きが沿道の宿場に届けられる。天保三年（一八三二）七月、美濃街道起宿の問屋に、「囚人目駕籠壱挺　右は内藤隼人正様より御召し下しの囚人、戸

田采女正様ご役人増田彦十郎様らの御差し添えにて、明二八日大垣ご出立、当宿御昼休にて、同日清洲宿宿泊」の先触れ状が届いたので、早速陣屋に報告している。

名古屋の城下町での囚人護送の例を見ると、「鶤鶏駕籠四挺、各所座あるいは無宿名前に木札あり。ほかに青網苧懸け四ツ手駕籠二挺、都合囚人六人、後に、町方吟味役二人が具足櫃と槍の次ぎに、留守居駕籠で続く」と描写されている。この一行は羽織着、長脇差しの者、十手を差した者、町方同心などおよそ一〇〇人に前後左右を取り囲まれ、本町筋を熱田へ向かった。この珍しい行列を見物しようと大勢の群衆が押し寄せたという。

図 56　唐丸駕籠　（文献 74）

このほかに、江戸の無宿人を佐渡金山の水替之人足として送り込むときにも唐丸駕籠が使われている。目駕籠の大規模通行ということで、話題になっていた。安永七年（一七七八）七月、江戸の無宿人六〇人を第一陣として送り込むため、行列を組んで運んでいる。板橋宿を出て、中山道高崎宿から北国街道に入り、三国峠を越えて越後の出雲崎に出て、ここから佐渡の小木港へ渡った。

幕府は江戸の治安を守るため、住居や職のない無宿者を召し捕えて、小伝馬町の無宿牢へ入れておき、佐渡から要請のあった人数を送致するのである。大罪を犯したわけではない無宿人たちは、囚人のような扱いで、唐丸駕籠に入れられて四〇〇キロ余、一五日間の道中を強制送致される。

島送り日程が決定すると、先触状や触書が沿道の宿駅に達せられる。この内容は、①無賃人足を出すこと、②無宿人は足かせ、手鎖、腰縄で送るので、番人を大勢つける必要はない、③無宿人の接待は握り飯、香の物、湯茶に限ることとして、宿駅の負担はそれほどでないような印象であるが、実際は大変な苦労であった。

各宿駅での主たる業務は、唐丸駕籠の運搬、宰領役人の送迎と接待、止宿中の無宿人の警護と給仕などである。第一陣のときは、越後の北国街道の関川、関山、二股の三宿協同で宿役を勤めている。人足数は二九五人で、各宿から二五人ずつ、計七五人の宿人足を出し、残りの二二〇人は郡内の助郷村に割り当てている。唐丸駕籠一挺につき、人足四人掛りで、応援要員の「突棒」一人が付くという周到さであった。関山宿で昼休みとなり、一軒に四〜五挺、一一軒に分かれて昼食が接待された。各所では番人を一挺に一人配置するとともに、給仕担当の者が無宿人に駕籠の穴から食事をさし入れた。

宿泊地で宿役人が最も気を使ったのが、夜の無宿人の監視であった。宿泊地に入ると、宰領は「無宿人預かり書」を取って、宿役人に身柄を預ける。天保八年（一八三七）の北国街道黒井宿で、無宿人一〇人を預かったときは、五挺ずつ二軒に分けて、不寝番を実に四九人立てて万全を期している。万一止宿中に逃亡が起こったら宿役人の責任になるからである。

嘉永四年（一八五一）、北国街道筋の役人の留書に、「無宿人で、泊りのとき暴れる者もあり、番人の手には及ばず、出役の手代から宰領役人へ談判し、翌朝まで縄をかけておく者もあると聞いている。当年、差し送りの無宿どもは、格別勢いがよく、宿方では不寝番人のほかに、外廻り役人も差しおき、不取り締まりの処には竹木で垣をめぐらし、厳重に固めているが、何分十数人と多い無宿のことである。中には、目籠が破れているものもあり、いかようの変事が起きるか心配である」とあり、厳重な警戒態勢をとっても、なお、不安が多いことを嘆いている。現に、目籠破りや逃亡事件はいくつか起きている。無宿人の立場になれば、「この世の地獄といわれる佐渡金山の土となるよりは、死ぬか生きるかの決死の籠破りをしよう」と考える者が出てもおかしくない状況であった。

相川の「水替人夫小屋」に着くと、小屋の親方が大なたを大上段にふりかぶって、「エーイ」と一声、気合もろとも唐丸駕籠のてっぺんを切り割ったという。いかに豪胆のあばれ者でも、肝を冷したことであろう。

水替人足は常時二〇〇人余が収容されており、二交代で二四時間、坑道内でひたすら排水をくみ出さなければならない。鉱山を機能させる基本的作業であるが、極めて過酷な労働であるため、地元の一般人による労働者が得られなくなった。このため、江戸、大坂、長崎の幕府直轄地で無宿人狩りを行って、文久元年（一八六一）までに、一八九六人が送り込まれている。文化二年（一八〇五）からは、有宿、無宿を問わず追放刑などの宣告を受けた悪質者を肩がわりさせて、佐渡送りにするようになり、刑罰的要素が多くなった。

沿道の人たちは、通行する唐丸駕籠の一行に同情的で、公定のにぎりめしや清物より優遇して、焼物、とうふ、玉子などを接待することもあったという。

一茶は生まれ故郷の信州・中山道相原宿で、「五月晴や　佐渡のお金が通るとて」と、佐渡で産出した金銀荷を満載した馬の行列が、江戸へ向っている光景を詠んでいる。一方、佐渡へ向かうのは、無宿者たちの目籠行列である。ともに、江戸幕府の政策を象徴している。

無宿者たちは、流人ではなく「島送り」と呼ばれた。流人は自由を拘束されることなく、島で暮らしたのに対し、無宿人は水替人足小屋に収容されて厳しい労役を課せられた。これは江戸の治安維持をはかるとともに、佐渡の直営鉱山では安い労働力の供給で経費節減になるので、まさに江戸幕府にとっては一石二鳥の政策である。しかし、無宿人にとっては極めて理不尽な制度である。重罪人でもないのに目籠に入れられて佐渡で強制労働を課せられるからである。全体としては、この政策は江戸の治安を保つことに意義があるとされて、これをあやしむ動きは顕在化しなかった。佐渡送りの唐丸駕籠行列は、幕府刑法の矛盾、無宿人狩りへの疑問、江戸の社会秩序保持の必要性など、江戸時代社会の特質を考えるきっかけを与えてくれる。

おかげまいりの施行駕籠

何かの予想外のことなどをきっかけにして、伊勢神宮への群参が起き、このうち四回が特別の大流行になった。特に、文政一三年（一八三〇）は、凶作続きであったのが豊作になった年で、お伊勢さ

図 57　せったい駕籠（『画誌卯之花笠』，名古屋市博物館，2001）

まの「おかげ」と感謝する人たちが押し寄せた。この年の三月ごろ、阿波国（徳島県）から始まり、六月に駿河、三河、尾張にも伝わり、東海道は大賑わいになった。旅人の中には、主人や親の許しを得ないで出立し、路銀もなく施しを受ける柄杓を持った「抜け参り」の人たちも相当あった。伊勢へつながる各沿道では、「おかげ参り」の旅人に、食べ物、草鞋、薬、乗り物などを無料でふるまった。これを「施行」といって、伊勢参りをしたのと同じ御利益があると信じられていた。初瀬街道沿いの別府村（三重県伊賀市）では、文政一三年（一八三〇）閏三月一日から八日間で、九軒の旅舎に合計八五四人が宿泊し、うち二五八人が施行扱いで、約三〇パーセントになっている。また、翌月の三月九日からの三日間で七四〇人が泊まり、うち二一〇人（二八パーセント）が施行扱いである。ほぼ三分の一が施行扱いになっていることに注目したい。

『鳳来町誌』によると、秋葉街道が通る山間部の三河大野（愛知県新城市）では、「町方に接待所出来、おかげ参り往来の旅人へ、かゆ、薬、菓子など施し、施行駕籠五挺、馬は諸家より出し、旅人の老若男女に限らず乗せ大賑申候」のようなにぎわいで、三日ほど休日にして沿道の各所で施行が行われている。

名古屋では、お札が各所で降ったことで施行が盛り上がり、接待所を設けて、わらじ、薬、歯磨き、銭、食べ物を施行するとともに、若者連中が注連縄や水引きの飾りを付けた数百挺の駕籠を出している。『画誌卯之花笠』によると、「名府はいうに及ばず、在辺までも施行駕籠を出して、おかげの助とす。駕籠ごとにさまざまな標具《だし》を飾り、つる人も風流なる出で立ちにて、板しめチリメン、木綿の美しき染色を着し、旅人をその望む所までつるなり」「施行駕籠、次第次第に流行し、一棹に五〜六人ずつは添いて、ぞめき行くさまは、さながら馬の塔に異ならず」のようであり、お祭りのような熱気が伝わってくる。また、「岐阜街道にも接待場多し、施行駕籠も数多ありて、出入りには太鼓を打ちなどする由。すべて駕籠の標具を見事にかざりしとかや。府下よりは興多しという」という状況で、伊勢への幹線ばかりでなく、山道や脇道でも施行が広く行われている。伊勢街道に面する杉坂の城下では、「人夫施行には、人足三〇人あるいは四〇人などという札を立て、五〇挺余の駕籠にて、おかげ参りの老若を先の宿まで送る。駕籠かきは角力取りの模様にて、びろうどの腹掛けに緋縮緬のふんどしをし、金砂で今柳瀬の両名を縫い、支たくは皆一様なり。駕籠の上へは、天照皇太神宮御用と板札を立てたり」。また、車の施行は、「車の上に長さ九尺、幅壱間、深さ壱尺の箱を組み、四本の柱を

図 58　宮川東岸（文献 28）

立てて屋根をつくり（中略）、数拾人を車に乗せ、車押し数十人」と車も人を乗せて施行しており、「誠に目を驚かすばかり也」と評している。

施行はかなり広域だったようで、「京都の施行のこと」では、にぎりめしせぎょう、髪結い、薬、馬、銭など多方面にわたっている。駕籠の施行については、「一組二〇、三〇ずつ、大仏辺、北野、三条、四条通り、ぎおんの辺往来す。皆高札を立て、間には毛せんのたらしきを敷き、六くかんばんさらし布に町組の紋付」で行っている。日本各地の要所でおかげ参りの熱気のもりあがりが察せられる。

こうした特別のとき以外でも、一生に一度はお伊勢参りをしたいというのが、庶民の大きな夢であった。そこで、講をつくったり、積み立て金を長い年月かけて行ったりして旅費をくめんしたのである。庶民の旅はひたすら歩く道中で、駕籠や馬に乗ることはほとんどないのが普通であった。しかし、御師に導かれた予約の伊勢参りは、一生一度にふさわしいとびっきり豪華な接待コースに乗せられるのである。赤い毛せんが敷かれた飾り駕籠が、伊勢街道の中川原まで出迎えて、荷物は馬に付けさせた。御師邸に入り、立派な部屋で絹の蒲団での宿泊、毎食の豪勢な食事と酒・土産、手代の案内で駕籠や馬で、二見浦〜内宮〜外宮などを巡る伊勢見物、神楽奉納と、この五日間は大名旅行待遇ともいえる厚遇である。このため、費用は神社への奉納も含めて、三〇〜五〇両にもなり、職人が五年余働いた金額にのぼるのである。しかし、伊勢参りは一生の思い出であり、ふる里への土産話にできる豊富な体験になったことはうけあいである。

僧侶の駕籠

愛知県下の現存する駕籠の所蔵先は、資料館等を別にすれば寺院が六三挺（四三パーセント）で最も多い。寺の本堂や庫裏の天井に駕籠が吊ってある例は、今でもよくある。江戸時代から明治にかけて、寺では葬儀をはじめ駕籠を使用する場合がよくあったので、残存率が今でも高いと考えられる。日常の法要、新住職の寺入りや晋山式、宗派や地区寺院の会合、役所や貴人の訪問、本山行きや朱印状受領など、遠国への旅などであった。

大きな寺では、二挺の駕籠が常備されている。一つは高級使用の朱塗総網代駕籠で、もう一つは普段使いのこもや板張りの網代駕籠である。住職の乗り物としては、駕籠が最も似つかわしい交通手段として明治末期をこえても一部で利用されていた。

葬儀の持ち方は、地域や家格、人物によってさまざまである。尾張の村では、島の葬式組が中心となって世話をして実施していた。葬儀日程が決まると、枕経をあげてもらうために、檀那寺へ駕籠担ぎの村人とともに出向いて、寺の駕籠を担いで住職を迎える。

図 59　新命晋山行列（『晋山式のしおり』，松翁山玉龍寺，1988）

図 60　龍宝山大徳寺門前（『新修京都叢書八巻』より，「花洛細見図」）

菩提寺まで遺骸を輿で運ぶ場合や葬儀当日も迎えの駕籠で自宅へ来てもらうなど、家柄による違いもあるが、僧侶は駕籠で移動して、葬儀に参列するのが基本である。このとき乗る駕籠は朱塗総網代で担ぐ人は四〜六人で揃いの頭巾と着物を着用することもあった。葬儀の行列には、傘や挟箱などの諸道具を配して、御縁のあった人たちが棺の輿の後に続いた。こうした華やかで大勢の葬列を組むのは、死者に対する礼を尽したはなむけによって、霊を慰める願いが込められていると考えられる。

高僧の葬列を克明に描いた「葬儀絵巻」が町指定文化財（愛知県西春日井郡豊山町）として延命寺に伝えられている。これは手書き彩色の横九メートル、縦二八メートル余の大きなもので、安政五年（一八五八）の雲生洞門大和尚入滅の葬列が、地元の画家によって詳細に描かれている。

中山道沿いの長野県塩尻の長興寺から長泉寺へ向かう葬列は、村人たちが見送るなかをゆっくりと進んでいる。朱塗総網代駕籠に乗った長興寺の住職が先導し、後ろに伴僧らが徒歩で従い、散華、龍灯がいくつも続く。御棺は真龕《しんがん》といわれるきらびやかな輿で、十数名に担がれている。その後に葬儀を中心となって取り仕切る大光院文丈が、朱も鮮やかな朱塗総網代駕籠で続いている。駕籠に乗っているのは、葬儀挙行の中心である二人の僧侶だけで、これ以外の参列者はすべて徒歩である。高級仕様の駕籠は、限られた僧侶だけに使用されたことがわかる。

病人の村継ぎ駕籠

安政六年（一八五九）の美濃街道起宿の日〆帳には、四件の病人継ぎ立ての記載がある。「無賃人足六人、上り、大坂日本橋米屋平蔵倅、病人送り駕籠」のように記されている。讃州（香川県）、飛驒（岐阜県）、大坂などの遠国各地の旅人を、無賃人足二〜六人で駕籠によってそれぞれの居住地へ継ぎ立てられている。七ヵ月のうちに四件あるのは、そんなに少ない数ではない。旅人の病気、行き倒れ、変死などは、日常的に発生することだったようで、起宿では特別の綴りを作成して処理していた。天明三年（一七八三）の「旅人病気並変死留」から具体例をみると、備前国（岡山県）の三平は、江戸表へ行く途中、腰痛がひどくなって起宿に逗留して養生につとめたが、なかなか回復しないので江戸行をあきらめ、国元へ宿継ぎ駕籠で送ってもらえるよう強く希望した。この旨を尾州の役所へ伺いを立てたところ、今しばらく養生するようにとの回答であった。しかし、一刻も早く帰国したい思いはつのるばかりで、再度役所へ頼み入ってもらったところ、「駕籠にて指し送り申し候」との許可が下りた。起宿の問屋では、こうした経過を書面に書き、「愛憐の御取り扱いを以て、滞りなく御送り下され候よう頼み奉り候」と、丁重な依頼文書にまとめて、隣りの美濃街道墨俣宿から備前国加賀戸村までの宿々の問屋宛に回覧している。こうした病人の継ぎ送りについての通達は、五街道ばかりでなく脇往還沿いの村々をはじめ、全国的に達せられていた。三河国東路村（愛知県設楽町）でも明和五年（一七六八）に、「道中病人煩いの儀仰せ渡され、村々請書」があり、山間の村でも病人送りを承知して請書を出したことがわかる。『設楽町誌』にある江戸幕府からの通達の原文をみると、

東海道、中山道、甲州道中、奥州道中右宿々旅籠屋は勿論、脇往還その他の村々にて、宿を取候

旅人煩候ハバ、その所の役人立合、医師をかけ療養を加えおき、その旨御料は御代官、私領は領主、地頭へ相届、五街道は道中奉行へも宿送りを以て注進致し、右旅人早速には病気がなおらない趣に候ハバ、その者の在所の村役人等之遣し、親類を以て年寄対談の上、その意見に任すべし、もし療養も加えず宿継、村継などにて送り出し候儀顕わにおいては、五街道は旅籠屋、問屋年寄、その余の村々は宿いたし候もの、村役人共に急度御仕置申し付けるべく候

とあり、病人は医者に見せて、丁重に扱うよう指示し、これをしないで宿から送り出した場合は罪になるとしている。さらに、「路用の貯えがないので、在所へ送り届けてほしいとの申し出があったら最寄の支配役所の指図をうけ、病人の頼みの趣を認められた場合は、次村へ駕籠で送り、それより次の村々にても病気の様子次第で腹薬を与えるなどの取計いをして在所へ返し遣わすべし」と、病人の立場に立った丁重な扱いを指示している。

病人の無賃継ぎ送りで無事帰宅できた例が、郷土の美談として『蟹江町史』に紹介されている。尾張国須成村（愛知県蟹江町）の百姓の娘みかは、明治二年善光寺まいりに単身で出発した。しかし、信濃国（長野県）高井郡中野村で病気になり、近くの家へ助けを求めたところ、村の名主が引き受けて尾張藩の役所と交渉して、病人継ぎ送りが認められた。名主は旅費支度金の一部として金一両一分を与え、「宿村通行のみぎり、この手当金にて不足の時は、そのところの村の助力を得て、当人を帰国させたいので頼み入り申し候」と依頼文書を添えている。受け継いだ村々の助力が実って、無事帰

村できたのである。

山陽道の沼村（岡山県岡山市）での「村送り」は、享和二年（一八〇二）の場合、年間三一人（月平均三人弱）で、周辺から送り込まれてきた人を含むと九四人にもなっている。これを身分別にみると、農民五三人、町職人二六人、僧侶一三人、武家、不明各一人で、大部分が庶民である。

宿継ぎでの賃銭の原則は、「病人または子細があって駕籠を望むときは、相応の賃銭を請け取ること」であった。しかし、さし迫った事情がある場合は、まずは無賃で継ぎ立てして、後日、病人がその在所で支払うことになっていた。万一、費用が出せなかったときは「宿割、村割に致すべし」としている。道中での重い病人の継ぎ送りは、自己負担を原則としつつも、慈恵的考慮による相互扶助の考え方を入れていることに注目したい。

桜田門外の変での駕籠

安政七年（一八六〇）三月三日五ツ半（午前九時）過ぎ、大老井伊直弼は約六〇名を従えて、駕籠に乗って桜田門外を出立した。この日は上巳の節句で、諸大名の総登城日になっていた。例年なら桃の節句で春めくころなのに、この日は前夜から雪が降り始め、朝になっても降り続いていた。

朝廷からの密勅を幕府に取り上げられた水戸藩の激派の一部藩士らは、井伊直弼の専横ぶりに怒り、相次いで脱藩して江戸へ参集した。そして、実行計画を練って、襲撃の役割を確認した。当日、総勢一八人は、愛宕山に集結後、それぞれ桜田門外に向かった。

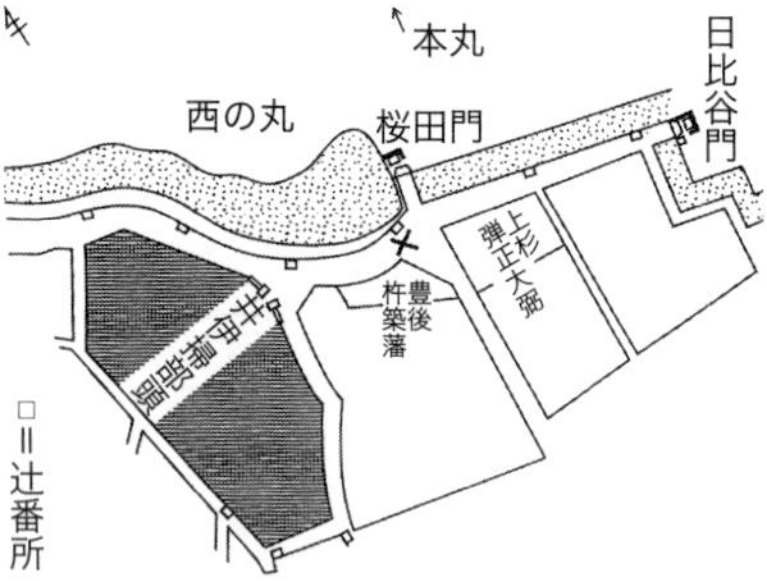

上：図 61　江戸桜田門外井伊大老暗殺現場見取図（文献 21）

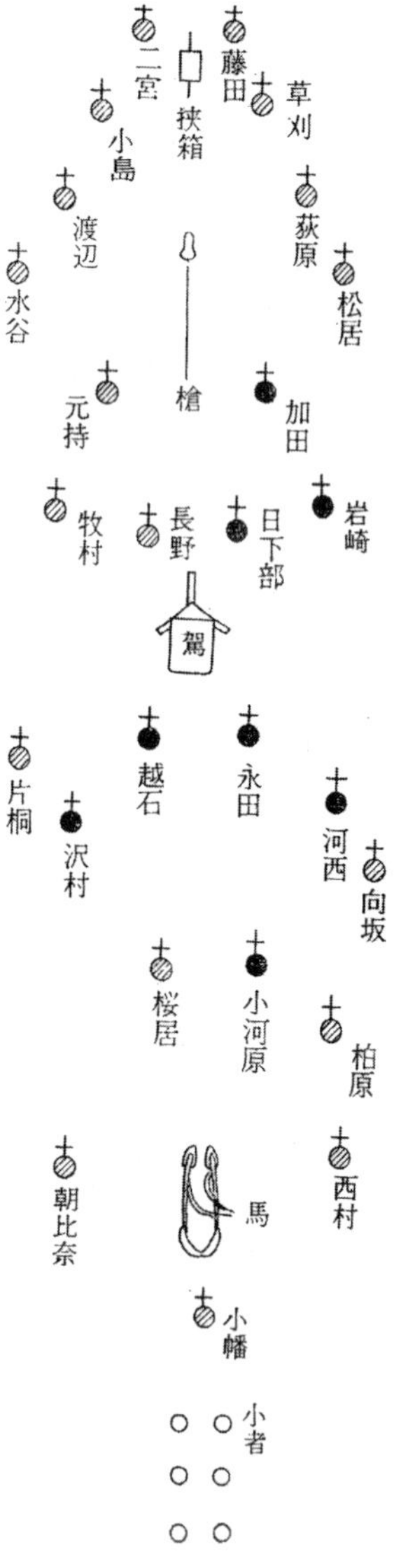

左：図 62　井伊侯の三月三日供揃図（『彦根市史』）

大老の行列が濠端を進み、豊後国（大分県）杵築《きつき》藩邸の門前を通り過ぎようとしたとき、訴状を持った者が近づいて、「捧げます、お願いの義がございます」と叫んだ。駕籠訴と見て取った供頭らが制止しようとして駆け寄った瞬間、いきなり抜刀して斬りかかった。供頭らは雨合羽と防湿用の柄袋が邪魔して刀が抜けず、ともに斬られて倒れた。そこへ、左翼隊の三人が斬り込んだ。このとき、一発の銃声が轟いた。それを合図に、道端に待機していた浪士が、直弼の行列めがけて殺到した。駕籠脇の徒士たちは前方へ

図 63　桜田門外の変（『歴史と旅』，秋田書店，1979. 12）

応戦に出たため、直弼の駕籠近くは供目付一人になってしまった。そこへ、浪士三人がかりで攻める戦いとなった。そのとき、新たな浪人が背後から供目付に迫って斬りつけた。早速、直弼の駕籠に近づいて、次々に太刀を深々と駕籠の内部へ突き刺した。駕籠の戸を開けると、直弼はうずくまって、ぐったりしている。外へ引き出して、有村が直弼の首を斬り落とした。そして、首を切先に突き刺して、高く掲げて日比谷方面へ駆け出した。わずか一八分ほどの戦いであった。

わずか一八名の小勢で、大老の首を討つことができたのは、周到な暗殺計画と気力のみなぎった機敏な行動にもよるが、降りしきる雪の影響も大きい。井伊家の供方は刀や槍を柄袋で包み、雨具をつけていたため、突然の襲撃に応戦できなかったのである。さらに、駕籠の中の直弼は、何の抵抗も示さないまま、首を斬られたのはピストルの弾丸があたっていたからである。彦根藩医の岡島玄達の検死所見では、遺体の太股から腰にかけて貫通統創があり、身動きできない状態であったとされている。合図の一発が命中していたのである。

それにしても、駕籠行列のもろさを痛感する。たてに長い行列を横から攻められたときの弱さ、木と竹でつくられている駕籠のもろさ、逃げたりよけたりできない駕籠の狭さなどである。そして、突然の襲撃に狼狽して、駕籠脇の持ち場を離れてしまい、主人の警護がおろそかになってしまった供廻り徒士の失態、当日朝の攪乱予告の「封書」への無反応・無警戒の鷹揚さ、飛び道具であるピストルの威力などがそれぞれに響いての結果であるといえよう。

第4章

地域での駕籠

一　江戸の駕籠

駕籠屋

山本一力『深川駕籠』では、駕籠かきたちが、早さを競うことを生きがいにして、江戸で活躍するさまが痛快である。

江戸の辻駕籠は店を構えて、油障子に「かご」と大きく書いて営業するが、元禄三年（一七〇〇）ころには、一日三〇〜五〇文の損料で駕籠を貸し出す「駕籠借」の営業形態も生まれた。これらが次第に拡大して、正徳三年（一七一三）には一八〇〇挺に達し、町の辻々で客を待つ駕籠かきが増えてきた。幕末の『江戸自慢』には、「たいていの町ごとに駕籠屋あり。また、町はずれの往来繁き所へは、五挺も六挺も出張りて客を待つ」というほどであった。

『人倫訓蒙図彙《じんりんきんもうずい》』の「駕籠借」の項目では、次のような描写になっている。

都鄙《とひ》の者、これをいとなむ。あてどなき時は、辻々に立ちいで、往還の貴賤に「駕籠やりましょう」というもむつかしき業也。乗せるとひとしく肩にかけるより、何ぞについて乗り手に話しかけ、ただ口なしに行けば、これを己が力にして行く也。それとは知らず、やぼなる乗り手、気さくなる男かと思いて、乗り手より調子にかかって話せば、知らぬことなふ間に合の空言《そらごと》を、出るにまかせてつもる也。さては相肩と互に話しに、昨日の乗り手は奇麗な旦那也。銭を下されたが、そのような仕合せにまだ逢わぬなどいい、または、そいつはしわいやつではなかったか、なんど乗り手に気を持たするしかけ、やがてこの方《ほう》に通っておるをも知らず。また、己が同志きり、番頭ぶり、さいなん、苦渋などいう言葉は、定めてわけこそあるらめ。分て、下品の業也。相当にすべからず。

『皇都午睡』では、江戸市中の駕籠について、「端々にまで駕籠屋多く、一町に五軒と七軒はなき所なし（中略）その余、通り筋木戸ごと、見附ごとに辻駕籠があり、あき駕籠に尻打ちかけ、往来者を見かけ次第、〝駕籠へ、駕籠へ、旦那駕籠へ〟と呼びいる。道中の雲助にはあらず、いわば裏店より出る駕籠かきなり。（中略）山の手在所通へ行くには、駕籠の便利よければ老人病人など駕籠借らんと思うとき勝手よく、また、値段は大体きまりありて、格外にむさぼることなし。町駕籠は垂駕籠のみにあらず、引戸あんぽつなどとて、大小望みの如くあり、船、駕籠これほど自由なところ他国にはあるべからず」と実態を述べ、江戸の交通の便の良さを述べている。

駕籠かきが客に酒手を出させるため、いろいろ話しかけてくるので、それに乗らぬよう注意をうながしている。

町人の駕籠利用はぜいたくということで、幕府は駕籠の制限令を繰り返してきたが効果は薄く、享保一一年（一七二六）にようやく自由化された。一九世紀初めに書かれた『世事見聞録』には、「町人の妻、妾そのほか手代など、駕籠に乗ること近来の風儀なり」と述べている。しかし、庶民は平素、駕籠をそれほど気軽に利用できるほどではなかった。神田雉町の名主・斉藤月岑の幕末の日記のなかで、駕籠を利用しているのは、妻子を連れての外出、料亭での会合・観劇などの機会である。『馬琴日記』では、年始の挨拶廻り、吹雪のひどい日の外出などであり、やはり特別の場合に限られている。

江戸の駕籠屋について、天保期の『江戸繁昌記』に、「現今駿足で名を売っているのは、第一に赤岩、第二に十の字である」と伝えている。江戸の駕籠は早さが勝負なので、手代わりを一〜二人伴って、街道筋を飛ばして評判になったのが、この二つの店であった。遠方への通し駕籠も行っており、まさに現代のタクシーである。これ以外での文久年間の主な駕籠屋は、芝口の初音屋、浅草の伊勢屋、江戸勤、吉原の平松、大木戸の高砂屋などであり、これらの出店が町中、盛り場、大木戸、宿場（品川、新宿、千住、板橋）にあった。駕籠の棒先につるす提灯は、赤字で「岩」と書いたのが赤岩、初音屋は抱き茗荷に横木瓜が商標であった。駕籠かきは息杖を持ち、「どんぶり」と呼ぶ腹掛けと褌姿。上は駕籠屋の印を染め抜いた紺の半てんに、三尺帯、紺股引に草鞋ばきの服装である。それぞれの店の駕籠かきは、プライドをもって競い合っていた。

町内の駕籠屋で多いのは、二、三挺の駕籠が置いてある店で、一五、六人の駕籠かきが詰めているところは中規模である。前述の大店は、各藩邸や旗本屋敷、裕福の町人、医者などの常連の得意先を多く抱えて手広く営業していた。駕籠の種類も四ツ手駕籠ばかりでなく、法仙寺駕籠、女駕籠、医

図 64　中橋（文献 9）

図 65　四谷大木戸（文献 9）

者駕籠などを多彩にそろえて、幅広い需要に答えていた。また、武家屋敷に臨時雇いの陸尺や中間を供給する口入れ屋を兼業しているところもあり、相当多くの駕籠かきを待機させていた。

『正法事録』に、寛延元年（一七四八）、江戸の駕籠屋が陸尺を請け負っている武家、医者などの名前を書き上げて報告させている。そして、陸尺にがさつな振る舞いがあった場合は、この請負人を町奉行所へ呼び出して、これを慎むべく指導する旨を通達している。陸尺を常時雇っておけない規模の武家では、こうした人材派遣のような雇用関係を利用するところが増加してきたことをうかがわせる。

江戸名所図会に見る駕籠

天保五年（一八三七）と同七年に、斉藤幸雄ら三代によって、江戸名所図会七巻二〇冊が刊行さ

図 66　正月参賀の登城（文献 3 章 2）

れた。この中に描かれている駕籠は、九六図一六三挺ほどと多く、その種類別挺数は引戸駕籠三一挺、四ツ手駕籠一三二挺で垂れ付きがほとんどである。描かれている場所は、寺社四一、町の通り八、店前七、橋畔六、宿駅四などで、名所として描かれている寺社の景観のなかに、最も多く登場している。乗っている人が分かるのは、武士が一二と多く、幕府が置かれた江戸城下であることをあらわしている。また、女性が乗っている駕籠は七挺あり、このうち子供と一緒の二人乗りが四例描かれている。

駕籠かきの服装は、大名行列や高禄武士の一行では、家紋入りの揃いの法被に、笠をかぶり、股引をつけて草鞋をはいている。特に、大名の定例登城（毎月一日、一五日と五節句）の行列、各藩主の供行列、奥女中の参詣など、武家に関係する駕籠通行が目立つのが江戸の特色である。

大名の登城日には、家格にふさわしい供揃で、各屋敷から行列を組んで出発する。大手門前の下馬札の立っている所で、主人などは駕籠や馬から下り、行列をといて供を待機させ、限られた徒士だけで城下へ進む、大手門前広場では、帰りの主人を待つ家臣は供待所（御三家、大老、老中、若年寄の供だけの利用）や下敷きを敷いて座って待つので、総登城日は大変な混乱であった。

ただし、乗輿の資格のある者は下乗札の所をそのまま進んで、下乗橋まで行くことができた。また、御三家、日光門主は、大手門、中之門をくぐって、中雀門まで駕籠のまま行けることになっていた。こうした行列では、直角に曲がり、斜めに寄せ切らない慣例であった。

備前国岡山藩（三一万五〇〇〇石）浅野侯登城の場合は、霞ヶ関の屋敷を朝出発し、五ツ時（八時）に登城して四ツ時（一〇時）の謁見に備えている。乗り物は四人担ぎ（手代り四人）の打揚網代駕籠で、簾を巻き上げて進んだ。浅野侯は大名なので、下乗橋まで行って駕籠から下りる。この時、草履取りは、竹の皮で編んだ草履を「投げ草履」で、駕籠の戸前にぴたりと揃えるのである（雨天時は下駄）。ここからは、先箱、供頭、傘、草履取りの四人を伴って、徒歩で二重橋まで行く。このあとは、先箱を除いた三人と本丸玄関まで歩き、控えていた刀番に刀を渡して、大名一人だけで書院内へ入り、詰間である大広間へ案内されるのである。

行列は「見せるもの」であり、「見られるもの」である。大名登城が集中する大手門一帯は、江戸の名所であった。だから、多彩な行列見物に来る人たちをあてこんで、棒手振り、武鑑売り、食べ物

図 67　定例登城日の大手門前の供侍（文献 3 章 74）

図 68　将軍家光の通行（『江戸図屏風』，文献 2）

を売る露天の商人などで、下馬所周辺はごった返したのである。向うから進んでくる行列が見えると、どの大名の行列かを素早くあてるのが「つう」であった。代表的な大名は行列の編成でわかるが、疑問がある場合は、手持ちの武鑑を開いて確認し合うのである。

行列の儀装は大名の格とその家の伝統を表している。武士の身分は「鎗一筋」ともいわれるが、行列の主役の道具は鎗である。その本数、鞘の型や色、鎗や挟箱の位置が家や当主によって特色があるのである。例えば鎗の本数は将軍家五本、御三家四本、島津、伊達などの大大名三本、以下二本、一本の五段階であった。この鎗をどの位置に立てるかも優劣があり、次の五種類になっていた。

①挟道具　乗り物の前後に鎗を立てる。
②跡道具　乗り物の後に鎗を立てる。
③引道具　徒の先に鎗を立てる。
④脇道具　乗り物の脇に鎗を立てる。
⑤先道具　乗り物の先に鎗を立てる。

このほかに、袋入り立長柄傘　長刀（薙刀・打物）、茶弁当、供馬、供鎗と乗り物によって各家の行列の格が表現されている。

吉原通いの駕籠

江戸時代の「吉原」は、江戸文化の象徴の一つであった。江戸開府にともなって、麹町近辺、鎌倉海岸、常盤橋周辺に遊女の群れが集まった。幕府はこれを必要な存在として容認したが、風紀上の問題から公許の遊里を開設することにした。そして、元和三年（一六一七）日本橋葺屋町の埋め立て地に、「吉原」の開業が許可された。その後、手狭になって拡張や移転が話題になっていた明暦三年（一六五七）、大火が起こり吉原は類焼した。これをきっかけに移転されて、「新吉原」が浅草寺の裏から北へ一〇町（一〇九〇メートル）の町はずれの日本堤沿いの地に開設された。ここでは昼夜営業が許され、大歓楽街として発展することになった。

吉原へ行くには、徒歩、馬、駕籠、舟の四つの方法があった。このうち、馬と駕籠は江戸初期には庶民が乗用として使うことは禁止であった。しかし、現実には許可されていない身分の者が利用することが目立つようになってきた。そこで、幕府は吉原へ行く者が馬や駕籠に乗るのはぜいたくとして、寛文元年（一六六一）に禁令を出した。しかし、なかなか守られず翌同二年（一六六二）にも再度禁止令を出している。さらに、同五年（一六六五）には、「町人が駕籠に乗ることは以前から禁止。違反者は逮捕する」と、繰り返しているのをみると、実際には駕籠を排除することはむずかしかったようである。

その後も禁令は繰り返されるが、吉原は町の中から離れた所にあり、身を隠して行く客が多かったので、日本堤の駕籠利用は続いていた。駕籠は馬や船より雨や風を防ぎ、身を隠して行くことができるので、重宝がられた。吉原通い専用の駕籠は、小窓がなく、中に乗っている客の顔が見えないようにしたものが好まれた。加えて、江戸っ子は大枚をはたいても、大門前まで駕籠を乗りつける見栄に

図 69　新吉原町（『江戸名所図会』）

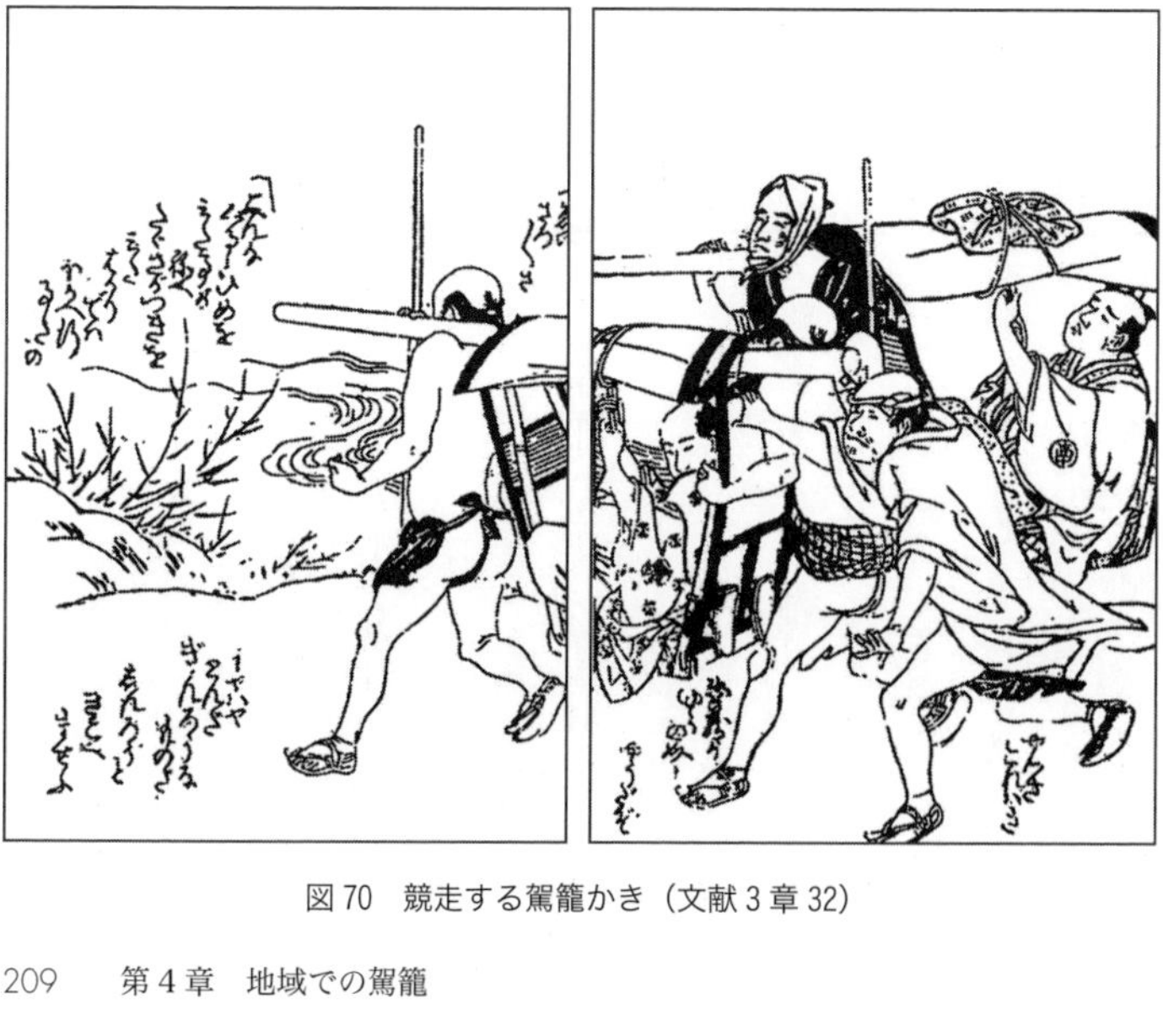

図 70　競走する駕籠かき（文献 3 章 32）

図71　駕籠屋の初音屋（文献3章32）

かっこよさを感じていた。また、遊里へ行く駕籠は、道楽息子がよく利用して、家から勘当される例もあることから、「勘当駕籠」とも呼ばれたという。

駕籠が江戸で自由化されるのは享保一一年（一七二六）からである。幕末ころの駕籠賃は、日本橋から吉原大門まで約一〇キロ、二人で担ぐ「さし」で金二朱（銭八〇〇文余）、一人の手換りを加えて行く「三枚」は三朱、二人の手換りがつく四人で、韋駄天のごとく超高速で駆ける「四枚」は四朱（金一分）であった。吉原駕籠は早いことがしんじょうであった。だから、相手に追い抜かれることが、最もプライドを傷つけられることになる。「やっさ、これさ」「えい、さっさ」と掛け声をかけながら競い合ったのである。提灯は先につるし、息杖は前後とも肩の上に直立するかたちを常例としていた。『江戸繁昌記』に、「前鷹は高く鳴き、後鷹は低し。高低相ひ喚んで長堤を渡る」と、駕籠の先頭を担ぐ者の掛け声は高く、大きく、後ろを担ぐ者の声は低く、小さい。高い声と低い声が互に呼び合って調子をとって、長い日本堤を威勢よく急ぐ情景がよく表現されている。

駕籠賃のほかにチップの酒手を、駕籠かき一人に二〇〇文ずつ加えるのが普通であった。これはあくまでも標準で、実際は遊客と駕籠かきとの掛け合いで決まる相対賃銭である。天候、時刻、客の気分や気前、身なりなどの諸条件が微妙に影響するのである。

遊客は吉原に近づくと、まず、日本堤の土手八町（八七〇メートル余）を通る。駕籠で垂れを下げて通れば、だれにも会わずにすむが、暑いので垂れをあげていたり、何かで悶着でも起きたりすれば、知り合いに出くわすこともある。仲間ならお互いさまですむが、親父や女房に会ったら具合の悪いことこの上もない。親父のほうもばつの悪いのは、同じである。

はて、珍しい対面と、土手で云ひ

今夜はあやしいと直感して、土手で待ち伏せしている女房がいないとも限らないのである。江戸名所図会の新吉原には、大門前に一五挺もの駕籠が各地から参集して賑わっている様子が描かれている。そして、其角の「闇の夜は　吉原ばかり　月夜なれ」の句が添えられている。

土手を無事に通過すると、衣紋坂へ出て、曲がって五十間道を行くと入口の大門である。大門を入れば、そこは浮世を忘れる二〇〇戸、八〇〇〇人余が集中する別世界である。大門前の制札の一つに、「何者に限らず、乗り物医者の外　一切無用たるべし」とある。医者だけは救急車のように、駕籠のままでの入場が特別許されていたのである。これ以外は、大名、高僧などいくら身分や格式の高い人でも、大門前で駕籠を下りてあとは徒歩で進むのである。

医者の乗り物を「御免駕」といって、大門入口の面番所の検閲を受けてから入場していた。中にはこの特権を利用するために、医者に変装する僧侶もあったという。僧侶は女犯が禁じられている宗派があったから、途中の中宿に入って法衣を羽織に着替えて、姿を医者に仕立てた。これをやゆした川柳に、

中宿へ　出家入いると　医者が出る
御免駕は　なかに細見　読んでゐる
脈を見て　おくんなましに　化けが破れ

などがあり、こうした変装が周知のことになっていたことがうかがえる。

安永年間（一七七二〜八一）にできた小咄に味付けして、幕末の世情騒然たるころを映した落語に『蔵前駕籠』がある。江戸ッ子は物騒がつのるときは、あり金はいまのうちに使っちゃおうという心意気の者も多く、吉原は大にぎわいであった。ふところに金を入れて吉原通いする駕籠を襲う追剝が

ひん発した。だから、駕籠屋は夜は早々と店じまいをする。ところが、中には身の危険をおかしても吉原へ行こうという決死隊のような威勢のいい者がいる。いやがる駕籠屋に酒手をはずんで承知させた。本人は着ているものを全部脱ぎ、尻の下へ敷いて駕籠を出させた。蔵前にさしかかったとき黒覆面をした二、三人がとび出すと、

「我々は由緒あって徳川家へお味方いたす浪士の一隊、軍用金に事欠いておる。身ぐるみ脱いで置いてまいれ。中におるのは武家か町人か、命まではとは申さん。身ぐるみ脱いで……」

駕籠の中からは返答がないので、刀のきっ先で駕籠の垂れをあげると、下帯一枚の男が腕を組んで座っているので、

「ううん……もう済んだか」

といって、残念そうに一団は退散して行った。下帯一枚の乗客を見て、すでに追剝に身ぐるみをはがれたと思ったのである。歴史が激動する世相が背景になっている興味あるパロディである。

朝の大門口では、寅の刻（午前四時）ころの早帰りは、遊女に送られて亀屋頭巾をつけてこっそり出て、待機している駕籠で帰るのがいきであった。八時も過ぎると、大門前には物乞いや肥取り、商

人、職人など毎夜一万人以上にふくれあがる吉原の町を保全する人たちでごった返すようになる。このころまでいる居続ける下の客は、番頭や手代に説得されて、ようやく駕籠などで帰る者もあった。

遊里（品川、内藤新宿、板橋、吉原）は、どこも町の中心からけっこう遠いし、人目を避けて潜んで行きたい客が多かった。そのため、鷹揚で駕籠賃を値切ったりするよりは、担ぎ手を一人増して「三枚肩」でつっ走り、気前よく酒手をはずむ上客が多かったという。

二　上方の駕籠

京　都

安永九年（一七八〇）発刊の秋里離島による『都名所図会』は、全国的な名所図会ブームの先がけをなすものとして注目される作品である。この中に駕籠は、二四図に三三挺が確認できる。その種類は引戸がある権門駕籠は七挺と少なく、垂れのある「京四ツ手駕籠」が二六挺と主流になっている。このうち、垂れ付きは一五挺、垂れがなく乗っている人が見える場合が一一挺である。しかし、垂れを屋根へ上げている場合も多いので、すべてが垂れなしではない。権門駕籠は大名や武士の行列、祇園会鉾の児などで、四ツ手駕籠は通りの店での買物や傾城町での町人、寺社参詣の人たちなどである。

垂れのない駕籠の典型例として、皿駕籠（皿竹輿）がある。竹で編んだ底が丸い皿のような形の籠に、母と子が一緒に乗り、荷物が屋根にくくり付けてある。注記に、「愛宕参りの竹輿を借りて行く」とある。小さい子を連れての外出などには、こうした駕籠が庶民に重宝がられたのであろう。また、これに似た駕籠は、天の橋立の遊客を成相山に運ぶのにも使われており、上方独特の駕籠である。

駕籠が描かれている主な場所は、寺社一一、橋や船着き場六、名物店前などが三である。京の町には名所の寺社が多くあり、その門前や近くを通る道筋に駕籠が描かれているが、駕籠はいずれも小さく、一般的な町の景観の一つになっている。

乗っている人が分かる場合は、武士三、母と子、祇園会鉾の駕籠の児、供を連れた町人などである。駕籠かきの数は、大名や武士の行列では四人担ぎが三挺、残りの三〇挺はすべて二人担ぎである。江戸に比べると庶民の四ツ手駕籠が卓越しているのは、京都の町の特性を反映している。

図 72　皿竹輿（『都名所図会』巻四）

駕籠かきの服装は、武士が乗る権門駕籠は、頭に手ぬぐいをのせ、十徳風の着物、脚絆、草鞋で、二〜四人が揃っている。庶民が使う四ツ手駕籠では、月髪頭に鉢巻、横縞入り半てん、草鞋、杖のいでたちが一般的である。数は少ないが、ほおかむり、上半身裸、腰巻き、褌などいろいろあるが、腹掛けは上方では見かけない。

図 73　善正寺（文献 10）

京の名所図会に、日蓮宗善正寺（左京区岡崎東福ノ川町）の釈迦如来の開帳参りに、駕籠に乗って野道を行く一行が大きく描かれている。この寺の春の開帳の間は、仮茶屋も設けられて、近郷か

図 74　稲荷社初午詣（文献 12）

らの遊楽や法談の人たちでにぎわったという。町人一家の旦那は、丸に四つ目結いの羽織で正装し、厚手の大きな柄の座布団を駕籠に敷いて、左手にきせるを持ってゆったりと背もたれに体をあずけている。垂れを巻き上げて、春の心地よい外気を受けて気持ちよさそうである。駕籠の前を歩む五人の女性は、前結び帯のお乳人、その傍の路に、葺の裾模様の着物をきた腰元遣の女性たちは、いずれも扇子を手に、踊るような楽しいしぐさで進んでおり、近くの田で農作業をしている百姓も、揃って注目するにぎやかさである。何か歌を口ずさんでいるのであろうか。

京都の駕籠について、歌人の津村涼庵の寛政年間（一七八九～一八〇〇）の『譚海』に、「四方の山に風を隔てる故、京都の雨、竪に降るなり、駕籠かく者も傘をさしてかくなり」とある。京都の駕籠かきは、雨降りにはいつも傘をさすのかはわからないが、寒中でも褌ひとつ、はん天一枚に背中の刺青を自慢に素っ飛ばす江戸の駕籠かきとは、違いがあることがわかる。

大　坂

寛文元年（一六六一）の大坂奉行からの触れで、「駕籠かき共に申付候、掟三ヶ条之事」が出されている。その要点は、

・竹輿を持って、賃銭を取って夜中も限らず、方々へ乗せている者が数多くある。駕籠を借りて乗る者があれば、約束の宿まで送り届けるべし。途中でおろすべからず。

・他所から駕籠に乗せてきた駕籠かきが、戻りに大坂から人を乗せることがあったら、見付け次第

断ること。そして、駕籠かきの宿を確認すること。
・手負いや不審者などが、駕籠を借りることがあれば、昼夜を問わず早々に申し出ること。金を沢山もらったからといって、隠し乗せて行くことがあれば、死罪申し付ける。

のようである。これで見ると、江戸初期から竹輿が庶民の乗り物として、昼夜を問わず各地へ利用されていたことが読み取れる。そして、大坂はこの土地の駕籠かきが専有権を確保しており、他地域からの駕籠の営業を禁止している。これは現代のタクシーの営業システムと似ている。また、不審者の隠密運送については、死罪という重い刑罰で対処しており、駕籠の悪用を警戒している。

駕籠賃は相対賃銭が原則で、「一たん賃銭を取り決めたうえは、あとから勝手な理由をつけて、増賃を強要したりねだり取ることがあれば、曲事（悪事、違法行為）とする」としている。

この触れは、元禄七年（一六九四）、文化一〇年（一八一三）など何回も出されているので、増賃強要や実魂ねだりが横行し、取り締りがむずかしかったことがうかがえる。大坂では江戸初期から、庶民の駕籠利用があったことがうかがえる。

大坂の町中見廻りや手負いや変死者の検死改めに、町奉行所から役人が出張することがあった。こうしたとき、与力、同心や手先にまで、身分に応じて酒や食事、謝銀とともに駕籠を用意して送ることがなされていた。しかし、天明七年（一七八七）に通達が出されて、これが禁止されている。役人接待に駕籠まで用意されていたことに注目したい。

利用する駕籠の種類について、天保一四年（一八四三）の触れでは、「町人で山駕籠と唱えて、乗駕籠仕立ての引戸駕籠に乗っている者があると聞くが、町人の身分ではこれは不相当である。町人が紛らわしき駕籠に乗ることは、堅く禁止する」としている。また、病人や足痛の者を乗せる駕籠は、「垂れ駕籠にし、引戸駕籠には乗せるべからず」としている。引戸駕籠は武士など身分の高い人が乗る高級仕様の乗り物とされていたことがわかる。

現在の大阪府と兵庫県の名所を描いた『摂津名所図会』は、寛政八年（一七九六）の秋里離島の作で、二三図、三一挺の駕籠が登場している。引戸のある駕籠は三挺とわずかで、武士一挺、女乗り物二挺で、あとは四ツ手駕籠が二八挺と大部分である。

図 75　天下茶屋（文献 11）

乗っている人で目立つのは女性で、天下茶屋村是斉茶屋の前を行く母と子が乗る四ツ手駕籠、井保桜をめでる扇子を携えた小袖の女性、雉子畷で一休みする奥方、有馬の峠で駕籠から降りて景色を眺める女性など、商都大坂を反映しているようである。場所別では、寺社が一〇と多く、次いで茶屋や名物店四と橋、芝居小屋、花見、畷や里、峠など町内と郊外の多様な名所に、駕籠が焦点化されて展開している。

上方の町駕籠は、江戸と比べると利用は少なめで、専業の駕籠屋もそれほど多くなかったようである。集中していたのは、やはり遊里の関係であった。特に、島の内八幡筋は一町の間、駕籠屋が集まっていたという。しかし、大坂は町の規模が江戸のように広くはなく、新町遊郭など遊里も町から近い所にあるので、行くときに駕籠を利用する人はあまりなかったし、帰路も雨天、深夜、酩酊などの特別の場合に用いる程度であったという。したがって、駕籠屋は上得意の医者などと常契約しているところは別として、他の家業と兼業しながら、求めに応じて駕籠を担ぐ者が多かったという。

江戸の駕籠は、「つばさ駕籠」などと呼んで、早さを競っていたが、上方では静かに揺れないように行くのが賞賛のもとであった。だから、水を一杯入れた鉢を駕籠に乗せて、水がこぼれないように担ぐ練習を堤防などで繰り返していたという。

文久年間（一八六一〜六三）、島の内の駕籠屋で正月の十日戎を前にして、雇い人の駕籠かき二三人が、親方に突然賃上げ要求を出した。十月戎は大坂の諸所娼家では年間第一の祝日で、北新地や島の内などの各娼家から、太鼓持ちが駕籠かきとともに、「ほいほらほら」と掛け声をかけながら、娼婦を駕籠に乗せて威勢よく走るので、大坂では特に珍しく「ホイ駕籠」と呼ばれて名物になっていた。この日は、一日に何回も戎神社へ参拝するのを誉れとしていたので、駕籠屋にとっては一番の稼ぎどきであった。

前例のない賃上げ要求をつきつけられた親方は、一言のもとにはねつけた。これに対して、駕籠かきたちは揃って暇を願い出た。しかし、親方はこれを認めなかったので、結束してストライキを断行した。親方はこれには困りはてて、奉行所へ訴え出た。そこで、関係者一同の取り調べが行われ、次のような裁定が下された。「駕籠かき一統が申し合わせて、暇を取り、駕籠屋渡世に差し支えが出たのは、不届き至極なり。よって、奉行人二三人は召し取りの上、入牢申し付けるものなり」と、駕籠かきたちが厳重に処罰されることになった。労働者による賃上げ要求ストライキの先がけである。

三　尾張での駕籠

『尾張名所図会』

『尾張名所図会』は、岡田啓と野口道直が本文を、小田切春らが図を尾張各地を取材して一三巻に四二三図を付してまとめた。そして、前編を天保一二年（一八四二）、後編は明治一三年に刊行された。

駕籠は二九図に五六挺が描かれている。地域別では名古屋城下町が一三挺と多く、次いで佐屋街道筋六、熱田など東海道筋五、美濃街道等二などである。駕籠利用の特色をみると、名古屋城近辺では、城へ向かう武士の小行列での四人担ぎの権門駕籠が目立ち、本町筋や札の辻の町中では、店の前に留めてある宝仙寺駕籠や四ツ手駕籠が主である。熱田では宮宿の賑わい、熱田神宮への夜参り、七里渡前、名物店などこの地を代表する名所を行き交う四ツ手駕籠が多く描かれている。

佐屋街道では津島への追分・埋由での賑わい、津島神社前のみやげ店、佐屋の渡口近くでの武士

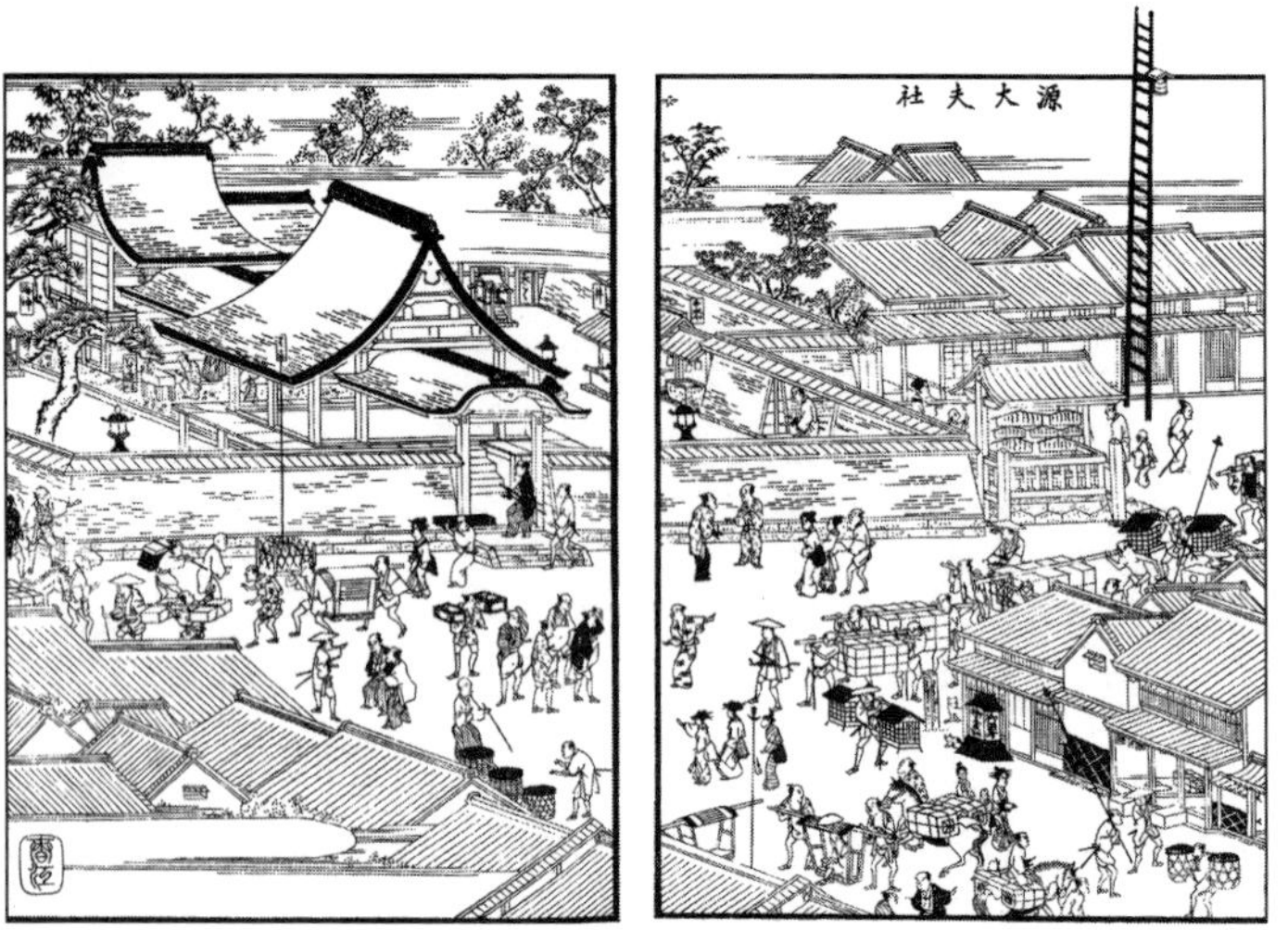

図 76　東海道と佐屋路・美濃路の追分（『尾張名所図会』，文献 3 章 15）

と庶民が入り交じった多彩な通行が描かれているが、駕籠は四ツ手駕籠が中心である。このほかでは、東海道有松の紋店、桶狭間古戦場辺り、美濃街道の枇杷島橋上、清洲宿での朝鮮通信使、犬山や甚目地など周辺主要町の店、寺院や寺社に沿う道筋に駕籠が見られる。

駕籠の種類をみると、引戸駕籠が三〇挺と半数を越えている。うち二人担ぎが二二挺、四人担ぎは八挺と少ない。四ツ手駕籠は二六挺で、うち垂れがないのが半数の一三挺である。乗っている人が分かるのは、庶民二七、武士二二、外国人六、神主一で、駕籠利用が各層にわたっていることがわかる。

図が大きく、駕籠を担いでいる人の様子が読み取れる一一例を見ると、駕籠の種類によって服装が違っていることがわかる。庶民用の四ツ手駕籠では、鉢巻をしめ、横縞の模様入りの半てんを着て、ふんどしをしめ、脚絆を付けて草鞋をはき、息杖をついていて、威勢のよさが伝わってくる。大名行列の陸尺は、揃いの家紋入りで模様が同じ羽織を着て、威儀を正している。また、神主が乗る三宅天王祭りの行列でも、羽織を着ていることに注目したい。

江戸時代中期の尾張藩主宗春治世の「享元絵巻」には、繁栄する名古屋城下の中心部の町並が描かれている。人通りの多い広小路から本町にかけて一五挺の駕籠が点々と続いており、いずれも垂れのない四ツ手駕籠である。二人担ぎ、乗客は羽織を着た町人風がほとんどである。南部の三つの遊廓がある地域では、ここをめざす駕籠が五挺ほど列をなすように続いている。

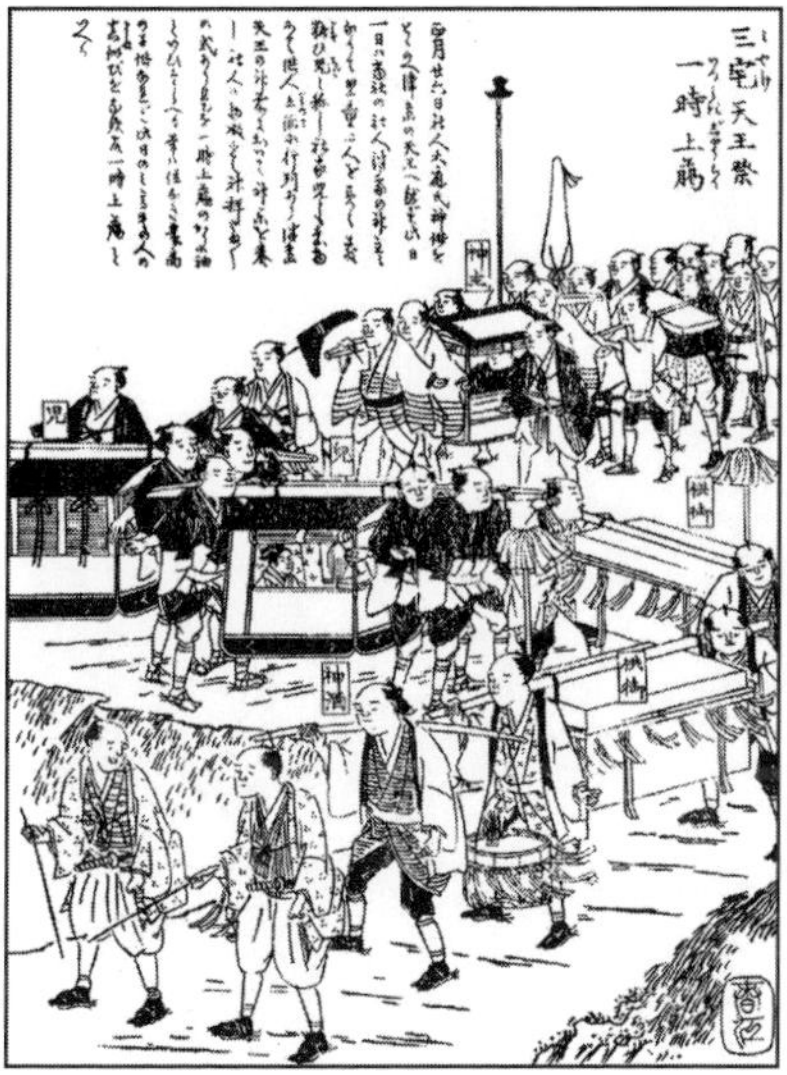

図 77　津島神社へ向かう駕籠の行列
（文献 3 章 15）

『尾張名所図会』のなかで、駕籠を中心にすえて、大きく描かれているのは「一時上臈」の行事の図である。津島神社（愛知県津島市）へ向けて、屯倉社（同稲沢市）の神主や三宅地区の代表が駕籠に乗った稚児を中心にして、お供物を携えて行列を組んで進んでいる。この習わしは五〇〇年以上前から、毎年二月二六日（元来は旧正月二六日）に行われていた。現在、主役の稚児は三宅地区の四つの字から選ばれた小学生の女子代表一人ずつが、一時上臈（身分の貴い女性）の巫女になる。これは一時だけ仮に身分を上げ

図 78　享元絵図（『新修名古屋市史』）

てもらって、これにふさわしい正式の服装で、拝殿に上がって津島神社で舞を奉納するのである。図会には、「常は位なき農商の子供なれど、この日のみは高貴な人の真似びをなす故なり」と説明されている。夏前に代表が決められ、舞の練習が神主さんの指導で始められ、屯倉社の夏祭りに雅楽に合わせて舞うのである。そして、翌年二月二六日早朝、帯刀した村人代表三人、駕籠に乗った巫女の装いをした子供二人と神主が、長持ちに入れた供物とともに行列を組んで出発する。津島神社では正装してこの一行を丁重に迎えるのである。

この地域で最も格の高い、東日本の天王信仰の中心である津島神社が、神事として扱うのは、「津島の牛頭天王は、古い昔に三宅から流れてきた」といわれているからである。つまり、「お天王さん」の元宮が、かつて三宅にあったので、本家を立てているのだと考えられている。京都の祇園会でも児を駕籠に乗せて、本社へ行列する図が『都名所図会』に描かれており、こうした風習が古くから各地にあったことがうかがわれる。

名古屋城下町の駕籠の名称やその利用について、『松濤棹筆』では左のように述べている。

御番高野又太郎殿は、或時噺に当時は「駕籠断」と申すことは、長棒のことで切棒の留守番駕籠以下は垂れ駕籠とも一様に取り扱い候ことにて、引戸たりとも無差別のこと。御亀駕籠同様の振りに、御目付方の趣は相見候との噺に候、

天保の初めころまでは、名古屋城三之丸内を、宿駕籠の御座垂れ懸け候駕籠、あるいはたれの御亀駕籠、いずれも旅人共は通りに乗って出入りいたし、御番所通し置候ところ、同一四年（一八四三）卯年、御在国の節より右躰の垂れ駕籠は、すきと咎めて追い返し、乗り通ること成らずように成り申し候。引戸の分は切棒にても引戸にさえ、これあり候えば出入り苦しからず由にて通し申し候。但し、丸之内屋敷より病人などで下げ申され候節は、御目付方へ御断り済にて、垂れ駕籠も通行候由。

「駕籠断」とは、駕籠に乗ることが許可された者であり、古くは、垂れのある庶民用の御亀駕籠も城内への出入りができたが、天保ころは武士用の引戸駕籠に限定したことが読み取れる。駕籠の種類と身分をリンクさせた処置であったといえる。

表17　春日井の駕籠一覧

種　類	大きさ（底）：cm	時代	所　蔵
朱塗総網代駕籠	104 × 75	江戸	密蔵院（熊野）
網代駕籠	100 × 80	江戸	〃
網代駕籠	未計測	江戸	観音寺（神屋）
網代駕籠	101 × 68	江戸	宝珠寺（廻間）
寺籠	98 × 76	明治	春日井市立郷土館
庄屋駕籠	96 × 66	江戸	春日井市文化財課
四ツ手駕籠	94 × 68	江戸	春日井市文化財課
朱塗総網代駕籠	未計測	江戸	明照寺（明知）
朱塗総網代駕籠	109 × 78	江戸	長昌寺（大手）
朱塗総網代駕籠	107 × 73	江戸	新徳寺（鷹来）
朱塗総網代駕籠	108 × 80	江戸	円福寺（白山）
朱塗総網代駕籠	103 × 74	江戸	泰岳寺（上条）
朱塗総網代駕籠	102 × 65	江戸	春日井市文化財課

主要街道が通っていない農山村地域では、駕籠の通行は珍しい光景であった。名古屋城下から東北一〇キロほどにある春日井地域（愛知県）での駕籠の実態を見てみたい。

この地域の幹線は下《した》街道で、東海道と中山道をつなぐ脇往還であり、現在の国道一九号沿いの経路である。江戸時代には、伊勢参りや善光寺参りの旅人にとって便利な道なので、通行者は全国的であった。庶民の旅人が中心であったので、駕籠の利用は特別な人たちだけなので少なかった。

春日井市域に現存する駕籠で、これまでに確認できたのは一三挺である。所蔵先は寺院八ヵ所九挺、農家四挺（市文化財収蔵庫三、市立郷土館一）である。駕籠の種類は、僧侶用の総網代朱塗駕籠が八挺と最も多く、次いで網代駕籠三、腰黒駕籠、庄屋駕籠、四ツ手駕籠が各一挺となっている。

「かつて、あそこには駕籠があった」という情報があって確認すると、「むかしはあったが、こわれたので破棄した」「使うこともないので、村芝居の人に贈呈した」「おばあさんが嫁入りのとき乗ってきた駕籠が門の横につってあったが、火事で燃えてしまった」などのそれぞれの事情で現存しないということであった。中には、「おじいさんから蔵の奥に駕籠があると聞いたことがあるので、いつか見ておきますわ」との話はいただいたものの、今だに返答がない場合もある。こうしてみると、地方でも主な寺院や庄屋などの富裕な家には、駕籠が常備されていたといえる。春日井での駕籠利用の代表的な例を見てみたい。

天台宗中本寺格・密蔵院住職の江戸参向

寺の玄関の天井の左側に二挺の駕籠が吊されている。一つは総網代朱塗駕籠で、通称長棒駕籠といい、六人で担ぐ住職用の高級仕様のものである。もう一つは網代駕籠で切棒駕籠ともいい、役僧用の四人担ぎである。また、本堂の廊下の奥に、細木で組まれた御霊供駕籠が置かれている。これは二人担ぎで、中には葵紋入りの黒渋紙の竹籠が入っており、名古屋城内にある尊寿院（兼務）での儀式用のお供え物を運ぶのに使っていた。さらに、法会の道具、装束を運ぶ法要長持も残っている。行事があるときは、これらを連ねて、名古屋と春日井を行き来していたのである。

密蔵院は江戸幕府から直接一三五石余の禄を受けており、将軍の代替りと住職交替時には、江戸まで出向いている。天明八年（一七八八）二月六日、第四一世最歓僧正は前年就任した一一代将軍家斉からの朱印状を頂戴するため、江戸へ出立している。関係する寺々から餞別と見舞の干菓子などを

図79　越境寺（知多郡東浦町）の朱塗総網代駕籠（右）と網代駕籠（左）（『郷土文化』56-3, 2002）

贈られ、名古屋の天台宗の六坊の僧が付き添って、岡崎宿近辺まで見送っている。このとき、住職と末寺の代表が駕籠に乗り、供侍と寺男のお供を従えての道中であった。駕籠を担ぐ者は、地元の野田村から名古屋までは寺男で担当し、東海道は各宿の人足による継ぎ立てを利用したと思われる。江戸で新しい朱印状を無事に受け取って、帰りは中山道から木曽街道に入り、三月二六日に帰着する約五〇日間の旅であった。

文政五年（一八二二）には、四三世円阿が僧正に就任したので、一月二〇日に出発して、江戸と本山のある京都へ挨拶に出向いている。これに先立って、寺中総代と年行事は、餞別に代銀六匁と菓子折を持参して旅の安泰を祈っている。見送りは本坊看院の善明坊が名古屋まで、年行事の副泉坊が東海道鳴海宿まで付き添っている。江戸ではお供の万吉が急な腹痛で死亡したので、その後、息子が芝高輪の泉岳寺につくった墓が現存している。寺社奉行所へ挨拶をすませ、帰路は中山道を通って京都比叡山の延暦寺へ挨拶している。そして、見送りに出た両人が東海道熱田まで迎えに出て、三月二〇日に密蔵院に帰着する二ヵ月の旅程であった。

また、安政六年（一八五九）、四六世円龍が一四代将軍家茂の就任に伴う朱印改めに江戸へ出向いている。一二月二日に帰着との書状が届いたので、出迎のため前日に寺を出て熱田に一泊し、翌朝六ツ時（午前六時）に出て、笠寺（名古屋市）での出迎えを予定していたが、待っていてもなかなか来ないので、「ふらふらと有松まで参り候処、御駕参り、目礼仕候」と、無事に出会うことができ、鳴海宿で小休止して、宮宿で昼食をとって帰着している。

上記のほか、尾張藩主の日光社参や御神忌の大法会には、一門の僧など七〇～八〇人で名古屋まで行き、殿様の行列に加わっていた。また、名古屋最大の祭である東照宮祭礼には主催者として行列に輿で参列している。そして、兼帯している名古屋の尊寿院へは、毎月二回ほど駕籠で出仕していた。このように格の高い寺の僧侶にとって、駕籠は必須の交通手段であった。

天台座主・吉田源応のお迎え駕籠

春日井市稲口町（愛知県）の吉田家から寄贈された腰黒駕籠が、春日井市立郷土館に展示されている。これは密蔵院、大阪の四天王寺の住職や天台座主を二度にわたって務めた市内稲口新田出身の吉田源応のお国入りのときに使われた駕籠である。

源応は嘉永二年（一八四九）に稲口で生まれ、一一歳で天台宗龍泉寺（名古屋市）に入り、二七歳で密蔵院住職、四一歳で四天王寺住職、五五歳で第二四二世天台座主に就任した。明治三六年ころ、ふる里を訪れたいとの報を聞き、地元では大出世した源応さんを丁重に迎えるために、駕籠を特注した。当日は国鉄中央線の藤川駅まで地元の代表が迎えに行き、稲口の実家まで行列を組んで駕籠でお迎えしたという。この折に源応が揮毫した「倹《つつしみ》は宝なり」の額が、現在も稲口公民館に飾られている。

尾張の俳人・横井也有の駕籠での旅

寺社奉行まで勤めた尾張藩士の也有は、老後は文学に専念し、多くの著作を残している。安永二年（一七七三）八月、内津（愛知県春日井市）の俳人・長谷川三止のかねてからの招きに応じて、名古屋の庵を供とともに、丑三ツ（午前二時）を過ぎるころ出発した。也有は七〇歳を越える高齢になっていたので、駕籠に乗って寝静まって物音もなく、往来の人影が絶えた市中を抜けて、大曾根（名古屋市）から下《した》街道に入っている。このときの紀行を『内津草』として著している。この中で駕籠に関する描写のあるところをみてみたい。

途中の大きな川・庄内川には橋がなく、「かち渡り」であるので、駕籠に乗ったまま進んでいる。

この部分の描写では、「ずさども、あな冷めたやなど笑いののしる声に、我は駕よりさしのぞきて、

かち人の　蹴あげや駕に　露時雨

と詠んでいる。夜中であるので、川の水が意外に冷たかったので、従者や駕籠かきが思わずいろんな声をあげているので、也有も外の様子をのぞいて確認している。このことから、駕籠は窓のある囲い

の付いた引戸駕籠であろうか。

夜が明けた鳥居松（春日井市）で朝食後、駕籠から下りて杖をつきながら一里（四キロ）ばかり歩いている。このときの様子を

山がらの　出てまた籠に　もどりけり
駕たてる　ところどころや　蓼《たで》の花

駕籠を止めるところには、どこでも蓼の花が咲いているといい、「たてる」と「たで」との同音のしゃれがきいている。蓼は今でも道端によく見かける植物で、「たで食う虫も好き好き」の諺があるように、特有の辛味があって、好む人は少ない。

「昼ばかり、内津につく。この所のさま、妙見宮の山うちかこみ、杉の木立ものすごくしげりて、麓に、つきづき敷家ゐくらなれり」と、山間の内津宿に無事到着したことに、安どしている。途中、休息を入れて句をつくりながら、約二五キロを一〇時間かけるゆっくりしたペースであった。駕籠での旅は、景観と体調に応じて適宜乗り降りができるところが便利である。

仙宥院の内津参詣

八代尾張藩主宗勝の側室である仙宥院は、寛政年間（一七八九〜一八〇九）の三月二七日に、下街

道を通って内津の妙見宮へ参詣に出向いている。名古屋宿の人足問屋から、下街道勝川、坂下、内津の各村庄屋へ、人足継ぎ立ての先触状が前日に届けられている。

駕籠人足　四人、分持人足　三人

の計七人を、滞りなく出すようにとの内容である。下街道は脇往還であるので、庄屋宛文書であり、継ぎ立ては公定賃銭で処理されたと考えられる。一行は駕籠一挺、供持、女中数名、荷物三荷ほどの小行列であった。内津妙見宮は尾張国では著名な神社であったので、周辺各国や下街道の旅人の参詣者でにぎわっていた。ここは、日本武尊通行の伝説があり、武将の尊崇も厚く、豊臣秀吉の朝鮮出兵では、戦勝祈願として、軍船用の帆柱七本がこの地から伐り出されている。仙宥院は妙見信仰が盛んになった一八世紀末の参詣であり、健康か開運を祈願されたのであろうか。

千村氏の江戸出府

尾張藩の家臣のうち、家康直系の「幕下御付属衆」である美濃国久々利（岐阜県可児市）在住の千村氏は、五〇〇〇石の交代寄合並旗本である。尾張藩では城代格の陪臣で、将軍の代替りや自家代替りに、江戸へ出府している。行きは下街道を経て名古屋へ出て、東海道を行き、帰路は中山道から領地となっている飯田（長野県）陣屋へ立ち寄って帰っている。

安政二年（一八五五）の場合は、五五人の一行と給地からの荷物運送人足五〇人余の小規模な編成であった。千村氏の駕籠は六人担ぎ、黒羅紗の日覆いで、窓には黒色系の化粧紐をかけるという大目付並であった。後方の供駕籠は、三人担ぎ四挺で、馬も八頭続いていた。庶民の寺社参詣の通行の多い下街道筋では、こうした武士の通行は珍しかった。人足も沿道村々へ要請するのではなく、自家の給地の人足を使うのが原則であった。

尾張藩役人の廻村

地域の出先機関である所付代官所の役人は、所轄の村々を巡廻して実情把握につとめていた。安政六年（一八五九）の廻村先触れ文書は次のようである。

一、切棒駕籠　壱挺　人足三人懸り
一、両懸　三荷　内　御徒目付　壱荷
　　　　　　　　　御小人目付　壱荷　人足　都合三人
一、合羽籠　壱荷　人足壱人持

巡回予定は、一七日出立、昼・瀬古村（名古屋市）、同日泊・上条村（春日井市）のように、二泊三日の経路が示され、休泊準備と案内者を村端まで出すように達している。

駕籠には御徒目付の加藤五郎左衛門が乗り、各村の村役人が一行を案内して、順々に引き継ぐ方式で、水野代官所（瀬戸市）の廻村が進められている。

以上は、村外からの来訪者や通過者による駕籠通行であるが、村内の人たちの場合は、葬儀や法会での尊師送迎、代官所へ向う総庄屋、上層農家や商家の輿入れでの駕籠利用が主なものである。全体としては村の上層階級の限定的な利用であった。

現存する駕籠

愛知県下に現存する駕籠は、表18のようであり、一四五挺を確認できた。その後も一〇数挺が見つかっている。現在の所蔵先は博物館、郷土資料館、美術館などが七二挺、寺院が六三挺で、この二つに九三パーセントが集中している。原所蔵先を尾張地域についてみると、寺院四二（五八パーセント）、農家二二（三〇パーセント）、商家五、医者三、武家二である。駕籠の種類別では、総網代朱塗駕籠二五、網代駕籠一八でこれらは寺院に多く、嫁入り駕籠は一六で農商家にあったものが多い。寺院や農商家では使わなくなって、保管場所にも困ってきたため、公共の資料館などへ寄贈された駕籠が相当ある。

中本寺格など規模の大きい四つの寺院では、総網代朱塗駕籠と網代駕籠の二挺を対で所有している。前者は轅の先が細く黒塗りで、長さ四〇〇センチと長く、駕籠の四側や内部の細工が高級仕様で、寺紋が入っている。これは大きな法会、晋山式、貴人の訪問などに使用する「よそゆき用」である。網

表 18　愛知県下に現存する市町村別駕籠数（平成 13 年 8 月末現在）

所蔵先市町村名	寺院	商家	医者	資料館	小学校	計	所蔵先市町村名	寺院	商家	医者	資料館	小学校	計
名古屋市	2	2		6	2	12	豊橋市				3		3
一宮市	1			2		3	岡崎市	5			1		6
瀬戸市	7					7	豊川市	2			3	1	6
半田市				1		1	刈谷市				2		2
春日井市	9			3		12	豊田市	1			3		4
津島市				1		1	安城市				5		5
犬山市	1					1	西尾市	4	1		2	1	8
常滑市	3					3	蒲郡市	2					2
江南市	3			1		4	知立市				1		1
尾西市				3		3	新城市	2			1		3
小牧市				2		2	吉良町		1				1
稲沢市	1					1	幡豆町	1			1		2
東海市				2		2	幸田町	2			1		3
大府市				2		2	額田町	1					1
知多市	2			2		4	三好町			1			1
尾張旭市	1			1		2	足助町				2		2
岩倉市				2		2	東栄町	1			1		2
日進市	1					1	稲武町	1					1
豊明市			1			1	一色町				1		1
東郷町	1					1	作手村	1			1		2
師勝町	2			1		3	一宮町				1		1
大口町	2			1		3	小坂井町				1		1
木曽川町				1		1	御津町	1					1
平和町				1		1	渥美町				2		2
七宝町				1		1	田原町				1		1
美和町				1		1	赤羽根町				1		1
甚目寺町				2		2							
蟹江町				1		1							
阿久比町				1		1							
東浦町	2					2	合計	63	4	2	72	4	145
美浜町	1					1							

（文献 1 章 23）

代駕籠は遠乗り、宗派の会合、葬儀などでの「普段使い」であった。

この中で、特色ある駕籠を見ると、正眼寺（愛知県小牧市）には菊の紋章入りのものがある。これは応永三年（一三九六）後小松天皇から唐本大般若、黄金誕生仏の下賜と綸旨を賜って、勅願寺となったからである。また、禅源寺（稲沢市）の駕籠には、葵の紋章が入っている。寛永一一年（一六三四）七月、三代将軍徳川家光が上洛の途次、美濃街道に近いこの寺で休憩した折、不快《おこり》になったところを、住職の祈禱によって治癒したのを喜んで、葵の紋章を付けることを許されたと言われている。

長岳院（愛知県北名古屋市）の朱塗総網代駕籠は、熱田の秋葉山円通寺から喜参和尚が当院一二世として入山した明治三八年に使用されたものである。このときは、素足に白足袋、奴ばんてんに身をかためた地元の若衆が、挟箱、長柄の傘、草履などを持って、駕籠を中心に行列を整え、「しっーこ、しっーこ」の掛け声とともに、すり足で古式ゆかしい入山式を行ったという。

嫁入りでの駕籠は、慣習を重視する地域では、不可欠の道具であった。庄屋や大地主、有力商家には、紅い房が付いた嫁入り駕籠が、家宝のように大切に保存されている。有松絞りの老舗・服部家（名古屋市緑区）には、江戸時代からの店の天井に二挺の嫁入り駕籠が吊られている。上段の駕籠は、先々代のおばあさん、下段は先代のおばあさんが嫁入りのときに乗ってみえたもので、二代とも津島（愛知県）から佐屋街道、東海道を通って有松へ入ったという。また、文永寺（江南市）には、大山藩主の成瀬氏のかたばみ紋がついた金蒔絵の武家用女乗り物が伝えられている。

名古屋市博物館の医者駕籠のうち一挺は、三田家（愛知県豊明市）から寄贈されたものである。江戸時代、三世のときに名古屋から移住して東海道沿いの阿野に居を構えて、医業を始めている。貧血や疲労に効能がある「仙寿散」という家伝薬での医療が評判となり、近郷からの来院者でにぎわった。また、尾張侯の侍医を務めるとともに、参勤交代などで通行の折には、藩主が休憩されることもあった。

駕籠は腰板が黒渋塗りで、屋根の片側の一部が踏ね上がって、乗りやすくなっている。天保ころから明治初期まで、往診などに使われたものである。三田家では江戸時代、五挺の駕籠を所有していたという。

眼科医の酒井家（愛知県西加茂郡三好町）には、往診に使った天保一三年（一八四二）製作の駕籠が、大きな木箱にすっぽり入れられて大切に保管されている。このほかに、大庄屋が代官所を訪ねるときに使った駕籠が、知多市・大府市・春日井市・江南市など、各地の民俗資料館に所蔵されている。また、鳴海宿（名古屋市）の大商人で俳人としても知られた下郷家で使った引戸付きの駕籠と垂れのある四ツ手駕籠が、地元の鳴海小学校に寄贈され、資料室に展示されて子どもたちの学習に活用されている。庶民の道中駕籠として広く使われていた宿駕籠・山駕籠の現存は、消耗度が大きかったためか、極めて少ない。御油（愛知県宝飯郡音羽町）松並木資料館に、御油宿で使われていた宿駕籠、二川宿本陣資料館には、他地域から収集した山駕籠が展示されている。

四　駕籠にまつわる話

駕籠訴

「駕籠訴」は江戸で、老中や三奉行など江戸幕府の高官が登城する行列を、農民、町人、僧侶、下級武士などが待ち受けて、駕籠に駆け寄って訴状を差し出す行為である。これは所定の手続を経ずに訴える非合法な越訴であるが、やむにやまれぬ事情がある場合は、訴人は命がけで実行するのである。江戸幕府としては、支配秩序を堅持するため、非合法な訴えは正式には受理しなかったが、各種の情報を入手する必要もあったことから、訴状を受け取って願いの趣旨を見きわめて対処している。

駕籠訴は江戸時代を通じて、相当広範に展開され、訴訟内容も多様であった。大平祐一氏の「近世の非合法的訴訟」でみると、私人の民事的紛争、村役人の不正、村と村の紛争、幕府・藩・知行所の職務のあり方、年貢や税負担の軽減・免除、開墾・灌漑等各種の願い事、転封・支配替え、金銀貸借棄損願や新銅鋳銭願などの許願や提案など多方面の事項があげられている。そして、訴人も庶民、武士、女子、無宿者の個人、連名、村々連名など実にさまざまである。

江戸の公事宿を営む紀伊国屋利八には、宿泊人がしばしば企てる駕籠訴に対して、即座に援助できるように駕籠訴状の仕法、奥書文書案や留意点などが用意されていた。そして、「公事馴れた者でないことを印象付けるため、着府早々に駕籠訴したかのごとく、旅支度で訴状を提出すること」「大切な願い事ゆえ、最年長の者が訴状を提出すべきである」などの助言を行っていた。

また、一回でかなえられないため、四度、五度と駕籠訴に及ぶ者もあった。これは合法的な訴訟制度が、人々の要求を十分満たしていないため、非合法手段に訴えざるを得なかった事情が背景にあったともいえる。

駕籠訴が行われた場合の取り扱いは、寛政三年（一七九一）の松平越中守定信（白河藩）の家中の写しである「取扱帳」の第一条には、「老中登城の際の駕籠訴では、まず、訴状を徒頭が受け取り、駕籠内へ差し出し、老中がそのあらましを一覧し、

①ありふれた願い筋であれば、訴状を駕籠脇の者へ渡し、老中の屋敷にいる公用人宛に送り届けさせる。公用人は訴状の趣意を要約して書き取り、封をして老中御用部屋の部屋頭宛に手紙を添えて、足軽に江戸城へ持参させ、御城において老中が公用人作成の趣意書に下知書を添えて、公用人宛に下すこと。

②願い筋が特別な場合は、老中が駕籠から降りる際に訴状を徒頭に直接渡し、封をして江戸城内の老中御用部屋へ提出するよう命ずる。

③特に、隠密の事柄あれば、訴状を老中が懐中にし登城する。」

など、訴状の内容によって取り扱いが違っていた。いずれの場合も駕籠訴人は、老中家来に一時抑留されるのである。

訴訟の受理については第四条に、「駕籠訴はすべて、これといってそれほど問題にすることもないのに、所定の手続を踏まずに差し越して訴え出た願いであるので、受理しないこと」が基本方針であり、駕籠訴人に、関係役所へ願い出るように、老中公用人から申し渡し、訴状を差し戻して、附人に付添われて老中屋敷を退去させられるのが一般的であった。

駕籠訴は非合法であったので、不受理扱いであったが、奉行所など関係役所での吟味で、採用すべきと判断された訴状は、受理されることが稀にはあった。

歴史に残る駕籠訴の代表例は、郡上（岐阜県）の百姓一揆である。宝暦五年（一七五五）一一月二六日、江戸城に登城する老中酒井左衛門尉忠寄の行列を、大手門の近くで経文を唱えながら、緊張した面持ちで待つ五人の農民があった。行列が向かってくるのを確認した彼らは、「御訴訟、御訴訟」と叫びながら、老中の駕籠前に飛び出した。このときの状況を「御訴状書写」からたどると、「老中の駕籠の勢いはおびただしく、あたりを払うて草木が風になびくが如くである。これを見て肝をつぶし、足のすくむ思いだったが、呪文を唱え、腹を据えて力をふりしぼって、身を心も投げ捨てて、駕籠をめがけて飛び込んだ。供の者にけちらされ目がくらんだが、また、立ち直って飛び込んだ。前のようにおこられたが、その場で大声をあげて泣き崩れた。すると、駕籠の中から声があり、名前と宿を聞かれ、『私の屋敷に出向くように』といわれた。私たちは夢かとばかりに喜び合って、やがて老中様の屋敷に訴え出た」のようである。

彼らが懐にしていた訴状には、「郡上はやせた土地に加え、冷害もあり、猿や猪の被害も多い。農民は困窮しているのに、臨時の税も多く、藩はさらに検見取法で増徴を企図《きと》している。私たちの訴えをお取り上げくださって調べていただきたい」と記されていた。彼らは老中の屋敷で尋問を受け、とりあえず宿所預けの身となった。

郡上の農民が、駕籠訴を決行したきっかけは、宝暦四年（一七五四）七月、藩が領内の庄屋を集め、実質的な増税を通告したことである。課税法を毎年一定の年貢を納める定免法から、その年の収穫に応じて税額を決める検見法に変更するというのである。これは実際の出来に応じて、農民の手元に余剰を残すことなく、年貢を最大限に取ることを可能にする徴租法である。

郡上藩主の金森頼錦《よりかね》は、延享四年（一七四七）幕府の奏者番に任命された。この職は大名などの将軍拝謁の折、姓名や進物を披露する役で、幕閣エリートの〝登竜門〟になっていたが、反面、交際費などの出費がかさんだ。このため、領民に再三にわたり、臨時の徴税、増税や賦役が課されて、農民たちの不満が増大していた。

そして、こうした動きから、宝暦四年（一七五四）八月二日、南宮神社（郡上市）に有志が集まり、傘連判状に署名して断固抵抗する姿勢を固めた。次いで、八月一〇日八幡城下に三〇〇〇余人が参集して、増徴撤回など一六ヵ条の要求を家老らに突きつけた。この勢いに押されて、家老は要求を受け入れる誓約書に署名したので、農民たちは成功を祝って八幡城下を練り歩いて喜びを表した。

しかし、藩当局は一旦は検見法をあきらめたが、他に財政改善の施策がなく、再度検見法の実施を検討し始めた。金森家と縁戚になる老中本多正彦、寺社奉行本多忠央らと密談して、検見法は幕府の命令であるようによそおう画策をした。宝暦五年（一七五五）七月、幕府からの通達役として美濃笠松代官に青木次郎九郎が任命された。ここに庄屋たちを呼び出し、幕命であるとの威嚇と足軽による暴力の前に、前記の誓約書の返還と検見法の受け入れを認めさせられた。

農民側は庄屋層が脱落したため、百姓だけで陣容を立て直すことになった。同年八月一二日に那留ヶ野（白鳥町）に集結して、有志七〇人が傘連判状により同盟し、江戸藩邸への直訴を決議した。そして、四〇人で嘆願書を提出するが、藩は農民を手鎖にして逮捕するなど強圧的に臨んだため、農民たちは藩相手の交渉を断念し、幕府に直接訴え出ることを決めた。これで決行されたのが駕籠訴であった。

江戸では駕籠訴人に対する取り調べが行われて、「庄屋への村預け」という比較的寛容な措置が申し渡された。駕籠訴をしても成果があげられない状況が続く中で、村預け中の駕籠訴人二人はひそかに江戸へ向かった。そして、最後の手段として、評定所の「目安箱」への訴えを、宝暦八年（一七五八）四月二日に六人で決行した。これによって、幕府は本格的に対応することになり、五人の詮議掛（裁判官）を任命して再吟味を開始した。

幕府側は老中、若年寄、三奉行、それに郡上藩主以下多数の家臣と三〇〇人余の農民が取り調べを受けた。判決は宝暦八年一〇月二九日に下され、老中、若年寄、勘定奉行、美濃郡代らに免職が申し渡された。理由は、「幕臣でありながら、私的に他藩の施政に介入した」というものであった。また、藩主金森は領地召し上げのうえ、お家断絶の厳しい処分であった。

次いで、同年一二月二五日には、側用人田沼意次も列席して農民らに対する判決が申し渡された。駕籠訴、箱訴などの当事者はいずれも極刑で、獄門四人、死罪一〇人をはじめとして過酷なものであった。

江戸時代に一揆を理由として、幕府高官が免職、藩主が改易となったのは、この件だけであり、極めて異例のことであった。郡上一揆が現在の最高裁判所大法廷なみの国家的重要事件として扱われたのは、「田沼意次が老中本多一派を追い落とし、次の幕府の実権を握るための権力闘争の場となった」という側面が含まれているという見方もある。

郡上農民の願いは半ば入れられたが、現実には検地によって増税がなされている。今でも一揆に参加した農民たちは「義民」として、郡上の人々の尊敬を集めている。

『旅行用心集』での駕籠

文化七年（一八一〇）、八隅蘆庵は、庶民の旅の安全を願って『旅行用心集』を、道中用心六一ヵ条にまとめ、江戸日本橋の須原屋から刊行し、人気の書籍になっている。この中に「駕籠に酔ざる方」の項目があり、次の三点をあげている。

一、かごに酔う人ハ、駕籠の戸を開けて乗るべし。

一、南天の葉を駕籠のうちに立て、それを見て乗れば、かごに酔うことなし。もし頭痛甚しく胸悪きには、熱湯に生姜のしぼり汁を入れ、かきまぜて飲すべし。冷水決して呑すべからず。
一、女子、馬、かごに乗る際は、水おちを細帯にてしっかりとしめて乗るべし。

駕籠は振動が連続することから、乗り慣れない人は、船酔いに似た症状を呈する人もあったようで、外気を入れながらゆったり乗るとともに、酔い止め防止の妙薬として、生姜のしぼり汁を紹介しているところがおもしろい。

また、『海陸行程細見記』では、「乗る前に、織部の盃を封じて、酔う人のたもとへ入れさすべし。極めて酔わざる事妙なり」としている。さらに、旅の提要のひとつとして、馬や駕籠に乗るときの留意点を、「馬、かごに乗らバ、朝の出立か、晩《くれ》の宿着《やどいり》に乗るのがよく、昼中、馬、かごに乗らバ、歩行の時、草臥（早くねること）となりて、足のためによろしからず」として、昼間に駕籠に乗るのは、足のためによくないことを強調している。

天保一〇年（一八三九）、平亭銀鶏が著した『江の島もうで　浜のさざなみ』の道中心得二〇ヵ条のうちに、「道にて、駕籠をすすむること、駅場の入口、出口に必ずあること也。不用なればとて、がさつに断り、または、乗る心もなきになぶりまわすことなど決してすべからず。これ喧嘩の元となること疑いなし。よくよく慎む事也」とあり、駕籠をすすめられたときの対処として、乱雑に断ったり、乗る気もないのに駕籠かきにからかい半分の態度を示したりすることをいましめている。

駕籠についての諺

駕籠かきの仕事は、体力勝負が基本であるが、客と駕籠賃や酒手の交渉をするなど総合力を問われる一面がある。このため、駕籠かきに関する諺もいくつかあり、江戸社会の特質をうかがうことができて味わいがある。

・駕籠かき　駕籠に乗らず

いつも扱っている「商いもの」は、自分のためには使わないことのたとえである。駕籠は客の行きたい所まで運んでもらえるぜいたくな運送用具である。山道をあえぎあえぎ登っているときに、自分も一度は客となって、運んでもらいたいという気持がわいてくるのも理解できる。「紺屋の白袴。槍持ち、槍を使わず。髪結いの乱れ髪」など、他人のために尽くすばかりで、自分のことには手がまわらない状況を語っている諺はいろいろある。

・駕籠かきに肩のないようなもの

駕籠を担ぐのに、最も大切な体の部位は肩である。手巾をあてて、肩を保護しながら担ぎ続けていると、筋肉が盛り上がり、体力もつく。稼ぎがよければ、スタミナと栄養のあるものをたっぷり食べて、快調に客を運ぶことができる。しかし、万一、肩に故障が起きたら致命的である。

・駕籠に乗る人　担ぐ人　そのまた草鞋をつくる人

世の中には、駕籠に乗れる身分の高い人、富裕な人もいれば、その駕籠を担いで生活の糧にしている人もいる。さらに、駕籠かきのはいている草鞋を編んで暮らしを立てている人もいる。世の中は、さまざまな身分、境遇、職業の人たちが、互に支え合って社会をつくり上げていることを語っている。身分や階級差の厳しい封建社会では、下積みの階級は祖父—父—子と代々身分関係が変わることはほとんどない。器量よしの女性は、玉の輿に乗る例外もあるが、男は大店の箱入り娘に見染められて、婿養子に迎えられる場合の外は、極めて少なかった。この諺は、当時の身分社会を如実に反映しているが、同時に「人の子として生まれてきたのなら、どうか駕籠に乗るような人になっておくれ」と、わが子に託す親の悲願もこめられているように思う。

悶着

駕籠は一人の乗客を二人以上でていねいに担いで運ぶ乗り物なので、安全性が高く交通事故などになることは、極めて稀である。しかし、思わぬきっかけで、悶着になったり、駕籠が破損したりすることも時々はあった。具体例によって実情をみてみたい。

安政六年（一八五九）、東海道二川宿（愛知県豊橋市）の駕籠かき人足が、京都光明寺役者の駕籠を、吉田宿への途中で、不調法仕り、御駕籠を取り落して破損させてしまった。隣の赤坂宿まで跡を追って行き、旅宿で種々おわび申し上げたところ、駕籠をきちんと直してもらいたいとの申し出であったが、当宿には駕籠職人がいないので、後の対応を考えて、至急連絡することにした。先の熱田宿には駕籠職人がいることがわかり、そこで駕籠を直す旨の書状を託すもうまく届かなかったという。

文政七年（一八二四）七月、越前侯が上国の折、途中で御駕籠人足が、駕籠を損じてしまった。早速近村の雇人足で御継ぎ立てしたので不調法の次第も私共へさた仕らず、直に自分の村方へ帰ってしまっていたので、おわびするのが延引して申し分けもございません。本来なら御駕籠人足を召し連れて国元へ出向かねばならないのですが、当宿は小宿貧宿ですのでこれも難渋至極のことですので、幾重にもおわび申し上げます。何卒御憐愍の御容赦をもって、この度のことはお聞済くださいますようお願い申し上げますと、濃州王宿の問屋役人は、越前藩の重臣の書状でひたすらあやまっている。

宝永二年（一七〇五）二月、御目付広瀬助右衛門は母の忌中ゆえ、駕籠に乗ってきて、はいはいといって列を割り、同行してきた石川十左衛門に駕籠の棒が当たった。十左衛門はこれをとがめたが、助右衛門は駕籠から出て言う。召仕甚不調法なり。我御用の書を見て居て、これを見ずなり。勘忍し給えと謝す。このとき跡より十左衛門の弟子が大勢来て会す。助右衛門はこの衆に向って、十左衛門が憤りやすまるように、召仕如何様にもいたすべしと云々。皆一言の返答にも及ばず。とかくの間、十左衛門いうように、その元に申し分なし。ただ御召仕の義を申すなり。我ら立つようにし給え。先の駕籠に乗り給え。重ねて左右せんとて別れ帰りて、手紙遣して、我ら立つようにいたしと。こうしたやりとりを経て、駕籠棒を当ててしまった駕籠かき二人は追放、一人は奉公構ひて出すということで、この駕籠の棒当て悶着は決着している。

天保一四年（一八四三）五月、五街道取り締り役からの人馬勤め方、通行諸役人の行動についての二川宿からの答書によると、幕府や堂上方、諸家の威光を背景にして、規定外の無賃継ぎ立て要求以外に、さまざまな要求やいやがらせが行われることがあり、各宿では対応に苦慮する場合があった。

前述したお茶壺道中、日光例幣使のほかに、将軍名代の高家、遠国奉行、摂家や御用家への付添の者などいろいろである。「御召駕籠や御供立駕籠の通し人足の分を、片棒払いで一挺二人出すように要求してきたが、断ったところ、通し日雇の者たちが申し合い、御乗り物の前棒から先持陸尺が四、五人立ち廻り、宿人足を後棒へ付け、前棒は肩から肩へ替え、半道余も休憩せず。これによって、交代のない宿人足は大変難渋したので、その後は酒手などを差し遣わすようになった」など、権威を後ろ盾にして、各種の無理な要求に悩まされたことがわかる。

紀州家家老鈴木監物の一行が、天保一一年（一八四〇）美濃街道起宿に宿泊した折の「御休泊附帳」に、「御駕籠の者へ酒三升、肴一種遣わす。代四五〇文ほど入用。これは宿の義にて、ぐづぐづあり候。初めに酒二升遣わした分、不足の由に付、また、三升遣わす也。何事もなく候とも、酒少々は遣わす事」とあり、駕籠の者への接待の慣例があったことが読みとれる。

駕籠の種類によって、人足数を決める場合も、いろんなかけ引きがされて悶着の原因になっている。例えば、引戸駕籠の戸をはずして、乗駕籠にして人足数を減らしたり、駕籠の屋根や内部に品々をくくりつけたり持ち込んだりするため、貫目が重くなって人足が難渋することになる。乗駕籠はいくら重くても人足二人払、引戸駕籠は三人、乗り物は四人が原則である。しかし、駕籠が格別重くて、御定めの掛り人足では、難儀であることが予見できるときは、自分たちで自ら増し人足を差し出すこともあったという。

第5章

駕籠と江戸文明

一　明治以降の駕籠

明治に入って、江戸時代の宿駅制度を改正した新駅逓規則が明治三年に布告され、公用旅行の官員に支給される旅費・支度料・人足数などは、官位に応じて九段階に定められた。最高の従一位の官員は、三〇〇両・上下一一人・馬一疋と長棒駕籠（人足六人）一挺・長持三棹と両掛笠籠四荷の人足二九人が措置された。五位から馬はなく、切棒駕籠（人足四人）、七位から乗駕籠（人足三人）、九位からは駕籠はなく、二～五人の人足を配置することになっていた。江戸時代の尾張藩の参勤交代では、二〇〇〇人を超える大行列であったが、「諸藩は大小の差別なく、一二等より一六等まで等級を立てて旅行すること」となった。一二等の場合は随行の三人と七人の継ぎ人足であり、極めて簡素な公事旅行に変わったことになる。

明治三年、東京で人力車の営業が許可されると、急速に全国へ拡大していった。人力車の発明のきっかけについては諸説があるが、駕籠に関係深いこととしては、「当時、乗り物の中心であった駕籠かき人足の客に対する横暴をうらんだためという」話題が伝えられている。駕籠は客一人に駕籠かきは二人以上であるので、駕籠賃の決定や酒代の要求でもめた場合に、不利になることが度々あった。こうした横暴も「一対一」の人力車であれば、それほどのことはなくなるだろうと考えたことが、人

図 80　駕籠婦人之図（石井研堂『明治事物起源』, 筑摩書房, 1997）

力車発展の引き金になったという。このことは、客と駕籠かきのやりとりに困惑している庶民が多かったことを反映していると見ることができる。

明治四年の東京の人力車は三万五〇〇〇台に急増し、辻駕籠は一万台からおよそ三分の一に激減している。名古屋でもこの年に二軒の人力車仕入所ができ、目抜き通りの三四ヵ所に出張所を設けるまでになっている。人力車のスピード、乗り心地の良さ、安価さなどが受けて、新しい交通手段として急速に全国的に普及した。明治八年には約一一万台に達しており、駕籠は短期間のうちに主役の座を人力車に譲ったといえる。明治六年からは駕籠税がかけられ、引戸駕籠が年間五〇銭、垂駕籠二五銭で、人力車三円、借馬一円五〇銭、荷車七〇銭などより低額であった。

明治での社会の変化を当時の新聞は、次のように伝えている。「明治五年、東京市中の諸職人のうち、一番盛んであるのは、軍服洋服の仕立屋である。最も衰えたのは駕籠屋である」「人力車の発明に対して、駕籠商売の者たちが種々やかましくいい、車引きを見てはののしったり、そしったりしている。このごろ人力車が増えて駕籠は減ったが、全体としては五〇〇〇人の渡世増になっている。ひとえに車のよさと路の続くことによるとして、器械の効力を見るべし」と人力車の効果を述べている。

また、明治八年には、「便利になったものは、郵便・郵船それから電信に蒸気車、その次は人力車。全く廃りたるものは、四ツ手駕籠なり」「島津公（最後まで駕籠に乗っていた殿様）、西国にお立ちになりし、あとは東京中にて、病人のほかは駕籠に乗るものなし。もっとも倹約の葬式か旧弊の嫁入り駕籠を用ゆるものあるといえり」と社会の実相を伝えている。

明治五年に陸運会社が全国的に設立され、その規則書には、「宿駕籠お借り入れの方は、一挺につき一里まで銭一〇〇文、一里以上は一里につき三二文ずつの割合をもって、損料をお払いなさるべきこと」のようになっていた。また、明治一八年の内国通運会社の駅伝営業取締細則の営業項目には、人馬継立、宿屋、馬車、人力車などとともに、陸運稼業のなかに「かご」が位置付けられ、掛金は「かご日雇三人つり七五銭」であった。

こうしてみると、駕籠は明治初期に一掃されたのではなく、主要乗り物としての役割から、医者、僧侶、富裕な農商など特定の人たちの自家用や輿入れなどに利用されるようになったといえる。また、山間地域や特定の観光地では、駕籠は相当あとまで使われていたことが、『明治商売往来』からうかがうことができる。

父に連れられて日光見物に行ったとき、私たちは徒歩であったが、中には貸馬に乗ったり、駕籠に揺られて行く人も多かった。芝居の舞台でしか知らなかった竹駕籠に、おかみさんらしい人たちが四台つらねて乗って行った。駕籠の中に身体をかがめて座って、担ぎ棒からつり下げた手拭につかまって揺られて行く姿は窮屈そうであった。

坂にかかったとき、籐椅子の脚のもとに二本の棒をつけて、四人の駕籠かきが神輿を担ぐようにして来るのに出会った。その椅子にマドロスパイプをくゆらせて英国の夫人があたりを睥睨するように乗っているのに、子供ながら反発を感じた。こんな様式の駕籠は六甲にあったと聞く。その後、香港でこれに似たセダンチェアという駕籠に乗る機会があったが、これはとてもクッションがよかった。

明治も三〇年代になると、駕籠は前時代の遺物で、すでに平地では、姿を消していたが、日光、箱根のような山路では、まだ、わずかに利用されていた。湯本、塔の沢あたりの軒先に、古びた駕籠がつるされていたのを覚えている。

それから大正初期、天の橋立に旅行したとき、成山の登降にまだ駕籠が使われていた。同行の伯母はこれに乗ったことがなかった。ところが、昭和四一年のある日曜日のテレビで、のど自慢を見ていたら、大山のふもとの町から神社まで駕籠を担いでいる雨降山の駕籠かきが三人、脚絆に草鞋がけで登場したのには驚かされた。石段の多い参詣道なので、好奇心から駕籠に乗る人があるという。

明治一一年一〇月の東京日日新聞には、「死刑者は駕籠で刑場へ送る」の見出しで、次のように報じられている。

一五日深川の越中島で、銃殺の刑に処せられた近衛異徒五三人が、愛宕山下の監倉から駕籠で未明に刑場へ送られるべしと評決された。一四日午後六時ころ、陸軍裁判所から千住、板橋、新宿、品川の四宿へ一四、一五の宿駕籠を割り当てて、即刻差し出すよう命じたが、人力車の時代になっているので数が揃わず、市中を捜しまわって、三〜五挺ずつを集めて取りあえず調達できただけを夜に入り、裁判所へ差し出した。しかし、罪人の半ばにもならなかったので、病人だけを乗せ、その余は人力車で送らせた。

この夜、四宿から出した人足たちは、空の宿駕籠を担いで宿役人について裁判所へ行ったが、しばらくして愛宕町の監倉へ行くよう指示された。門前で高声の話をしないよう申し付けられた。寒さと暗さの中で待機していると、ようやく一五日午前四時になって監倉の構内へ駕籠を置いてしばらく外で待っていると、「担ぎ出せ」との指示があって、中へ入って恐る恐る肩を入れ、官吏について門を出た。駕籠の中にはどういう人がいるかわからないまま、深川方面へ担いで行くと、行き交う人たちが、「今日こそ竹橋の異徒が、越中島へうたれに行く」といい合うのを聞いて、始めてひと心地ついたのを覚えていると、この人足たちが、昨日、区務所へ来て代金を受け取るときに話っていた。駕籠代は総計六円という。また、青山墓地へ埋められた穴の掘り手間賃は、一つにつき五〇銭で、総計二六円五〇銭がその筋から渡されたという。

駕籠は高貴な人を運ぶ用具として似つかわしいとともに、唐丸駕籠があったことから罪人の輸送手段としても欠かせないものとなっており、これを人力車で移送することは予定外であったが、駕籠が揃わなかったことが、時代の状況を反映している。

同じく明治一二年二月一一日の大坂・蛭子詣の初天神に、ホイカゴが流行したことを、大坂新報は次のように報じている。「北新地その他より担ぎ出しを見れば、今日の人の目には、ことさら馬鹿げて見ゆる」と、駕籠は時代離れしているとコメントしている。また、明治一三年の記事では、天満天神の初祭の日には、北新地の芸妓達は「ホイ駕」に乗って押し出したが、この日は寒気が格別きびしく大変であった。耳は赤貝のごとく、襟元は粟を生じて鶏の毛をむしった跡に等しく、鼻がおしろいの上を滑り、胸元に落ちて、実に笑止千万の有様であった。でも、駕籠は二〇〇挺も出る盛況であったという。

明治一七年の記事では、「東京―甲府間を電車転覆保険付で一日行程」との見出しで次のように記述している。

図 81　刈谷の駕籠（『愛知の百年』）

東京と甲府間は普通三日間の旅程で、途中、小仏と笹子の二つの峠をはじめ、山谷川が多くある。旅客が馬車、人力車などで急ぐときは、往々転覆して谷に落ち、身命を失う者さえある。今回、八王子駅の松声社と甲府駅の甲通社と協議の上、道中各所に壮健なる馬数頭を備え、二つの険しい峠には駕籠で運ぶことにし、転覆保険料二円八五銭で、急行日一日で東京から甲府に到着するようにした。最も右二峠を歩行するときは、一円六〇銭を引き、一円二五銭の保険料で晴雨とも旅人往復の便利を開いたという、道が険しく急坂の続く峠道は、馬ではなく駕籠が最適の乗り物であったことがわかる。

明治時代最初の一〇年は、馬車や鉄道の登場による交通革新の西洋化が進展するが、国民の広い層に影響が大きかったのは、個人利用の交通手段が駕籠から人力車に変わったことである。駕籠は次第に縮少していくが後世で公的に駕籠が使用された例として写真に残っているのは、昭和一一年の愛知県刈谷での史跡名勝・天然記念物カキツバタの群落調査時である。文部省から来訪した三好学博士らが駕籠で現場を案内されている。周辺の道が狭く、ぬかるんでいるので、車の利用ができなかったためであろう。こうした特別の条件のところでは、貴客には駕籠がふさわしいことを伝える場面である。

二　交通史における駕籠

日本の時代毎の代表的な乗り物をみると、奈良時代の輿、平安時代の牛車、鎌倉時代の馬、江戸時代の駕籠、明治時代の人力車、汽車、現代の自動車と変遷している。政治のしくみの変わりめが、乗り物の変化に結びついているのは興味深い。

乗り物の発達過程でいえば、輿・駕籠↓馬↓人力車↓牛車↓自動車の順が考えられる。人間が道具を工夫し、人力、畜力、動力を使って運搬具を考案したのである。日本では、平安時代以降牛車↓馬↓駕籠と変化しており、交通手段の発達過程を逆に進んで、「駕籠の時代」を迎えている。

駕籠は江戸時代直前の一六世紀末に登場し、江戸時代を通じて主要陸上交通手段として全盛期を送り、明治初期の人力車の誕生とともに衰退し、主役の座を交代した。石川英輔氏は、『江戸時代と現代～〇と一〇万キロカロリーの世界』の「乗り物～昔と今」で、駕籠について〇キロカロリーの乗り物で、長期的には合理的なものであるとして、次のように特性をまとめている。

・駕籠の欠点は、①早く進めない、②長距離は無理、③全重量を人力で運ぶ非効率な方法などである。

・駕籠の長所は、①交通事故がほとんどない。②大気汚染なし、③製造、運行、廃棄で環境負荷なし。

・江戸時代は歩くのがあたり前であり、これによる不平不満や不便さは問題にならなかった。だから、駕籠は現代のタクシーよりぜいたくであった。

現代は自動車時代で、毎日一人一〇万キロカロリーを消費し、目先は便利だが、長期的には環境負荷が大きく、結果的に人間生活をおびやかす不合理性を内包しているとして、「私たちの暮らしは、一〇万倍豊かになったのだろうか」と疑問を投げかけている。駕籠についてまとめるに当って示唆に富む見解である。

江戸時代の陸上交通手段は、主要街道では駕籠と馬で、車は使用していない。旅でどちらを選ぶかは、各人の好みや天候などによってさまざまである。馬は乗る位置が高いので、天気のよい日は好む人もあるが、高い所が不安な人もいる。ついうとうとした場合には、滑り落ちる危険もある。また、日本の馬は去勢や調教が行われていなかったので、野性味を有しており、突然の音に驚いて走り出したり、あばれたりすることは避けられない。こうした不安要因を考慮すると、駕籠は安全性が高く安心できる乗り物である。

人間を人力だけで運ぶ乗り物の様式をみると、①二本以上の轅を肩で担ぐ、みこし、鳳輦、②二本の轅を腰のところで手で持つ腰輿、椅子駕籠、③一本の轅で下へぶら下げて肩で担ぐ駕籠の三種類がある。欧州、インド、中国などはいずれも①か②で腰かけて乗る様式が多い。朝鮮の輿は立ちひざなどで座って乗るものもある。日本の駕籠は、一本の轅、吊り下げて運ぶ、座して乗るの三点が独特である。このことから、和時計と同様に「和駕籠」と呼称するのがふさわしいと考える。改めて、和駕籠についての特色を列記すると、

- 敷物の上に、正座やあぐらをかくなど座位で乗る。
- 乗るための特別な技術は必要なく、だれでも簡単に乗ることができる。
- 駕籠の材料である木や竹は得やすく、製作技術も容易で、庶民用から高級仕様まで多彩である。
- 低い位置で、人力によって運搬されるので、安全性が高く、交通事故の心配はほとんどない。
- 駕籠の管理、運用は馬に比べて、少しの手間と施設で簡易にできる。
- 自分の行きたいところまで、運んでもらえる。遠隔地でも宿継ぎ立てを利用すれば行ける。
- 身をかくして、お忍びで行くことができる。

などであり、利用のしやすさ、製作の容易さ、運用の経済性があり、廃棄処分にも環境負担がなく安全性、簡便性、個別性に優れている。江戸幕府はこれらの諸点を評価して、交通政策の柱である宿駅

制のメニューに駕籠を位置付けたと考えられる。

　駕籠に乗るのは、良くも悪くも特別扱いで、乗っている者の身分や格を駕籠の仕様で判別することができる。駕籠は庶民から大名まで身分を超えた乗り物であったが、そのつくりは身分・格にふさわしい仕様になっており、駕籠は視覚指標になっていた。それだけに費用や人手を多くかけるぜいたくな交通手段であった。

　多くの交通手段のうち、駕籠が最適とされる利用の機会が、日本的慣行として次第に定着している。徒歩や馬ではさまにならず、駕籠がよく似合うのは、

・公用の訪問――大名の江戸城登城、参勤交代行列、上使・巡見使・日光例幣使の通行、御茶壺道中
・輿入れの花嫁
・僧侶の晋山式、法会、葬儀
・緊急用務の早駕籠
・病人の村送り、おかげ参りの施行駕籠
・重犯罪人護送の唐丸駕籠
・御目見医師・奥医師の往診
・遊里行、芝居行
・貴族・高僧などの高貴な人や高齢者、足弱の人の旅

のような場合で、許された特別の人たちだけの乗り物から順次緩和されて、身分、階層を問わず必要に応じて利用できる交通手段になったことが重要である。

江戸時代の陸上交通の特色は、車利用の未発達と駕籠が広く利用されたことである。車は宿駅制での輸送手段のメニューにはなく、主要街道以外のところで一部荷車として使用されていただけであった。効率よく重い荷物を運搬できる車は、人類最高の発明品の一つとされ、紀元前三五〇〇年ころのメソポタミア時代から利用され始めて、世界各地へ伝播して行った。日本へも伝来して、奈良時代の東大寺建設や平安時代の公家衆の乗り物としての牛車などでは、車が活用されていたが、中世以降はあまり利用されない時代となった。そして、江戸時代に入っても、大きな町や京都の車路での牛車などで、荷車として利用されるものの、主要街道筋では、荷物、人とも車での運送は原則禁止であり、陸上では人か馬で運ぶのが、宿駅制で定められた運送方法であった。

車が除外されたのは、中世末の交通状況の反映であったと考えられる。このころは乗り物としての牛車はほとんど姿を消し、荷物運搬用に一部地域で使われていただけである。車を円滑に動かすには、広い道と敷石などを使用して、轍に対応できる道路構造に改良することが必要である。しかし、馬と駕籠による運送体系に対応している柔構造の土と砂利の道を、ローマの道のように石造りに変える構想はなかった。また、馬と駕籠で生計を立てている問屋や働く人たちが潤沢に存在していた。このため、効率はよいが、硬構造の道が必要な車輸送に転換しようとする勢力は、江戸初期には官界、民間とも確認できない。

宿駅制では、公用輸送を宿駅の問屋に安い公定賃銭で請け負わせる代償として、問屋に貨客輸送の独占権を与えて、利益を上げることを認める仕組みである。輸送手段は人と駕籠、馬を使うことが規定されているので、問屋はこれを守って営業して経営を維持した。車など新しい交通手段を導入しようという意識はなかった。

馬は飼育頭数が次第に減少して、ところによっては馬が不足する地域もあったが、駕籠や駕籠かきの供給は順調であった。馬や牛、車などの効率的な道具や手段を活用するよりも、人の勤労こそが美徳という考え方が主流であった。「早起き三文の得」に象徴される長時間の精勤労働が、最も大切であるという心性が重視された。人力中心の集約型労働慣習を高く評価したのである。

車を導入すれば効率よく貨客を運搬できることは自明であり、技術もあったが、人足、駕籠かき、馬方などの従来からの労働慣行をおびやかすということで見送られた。江戸幕府が駕籠を主要交通手段として支えていた価値観を現代と比較すると、次の三点がきわ立っている。

①効率性より安定性～現代は効率の良さが最優先の価値である。これを追求して創意工夫を重ねて、消費者のニーズに合った新製品やシステムを創出するために、激しい競争が展開されている。しかし、江戸時代は効率性には高い評価はなされず、従来からある着実で安定性のあることに価値がおかれた。駕籠の速さも、緊急時以外は歩く早さでゆっくり運ぶのが常態であった。駕籠を担ぐ豊富な労働力と駕籠の材料の潤沢な供給によって、駕籠による輸送システムは安定していた。

②革新性より継続性～利便性の高い車は、従来からある運送の労働慣行をおびやかすということで、

車導入による政策転換は見送られた。従来からある労働方式を尊重し、前例を踏襲してその権益を保護することが優先された。つまり、変革より継続が重視される時代であった。

③国際性より国内性〜駕籠は木と竹の国産材料を使い、あぐらをかいて座る乗り物である。これは日常の習俗になじんでおり、日本の伝統的行動様式に合致している。そして、登城、参勤交代、輿入れ、早打ち、晋山式、病人の継ぎ送り、囚人運搬などでの駕籠利用を日本的慣行として定着させた。

交通史における駕籠は、人を運ぶ道具としては初期的段階のものであるが、江戸時代の交通政策の根幹をなす宿駅制のメニューとして位置付けられ、全盛期を保つことができた。駕籠は国内産の自然素材から造られ、自己完結的なリサイクル社会を維持できる合理的な乗り物である。また、四ツ手駕籠から大名駕籠まで、全階層の人々に応じる多彩な仕様で供給し、身分による違いにもきめ細かく対応しており、江戸社会の特質に合致していた。さらに、駕籠かきとして豊富な労働力を活用できることは、費用が安くすんで経済的であった。つまり、効率性、革新性、国際性より安定性、継続性、国内性を優先した江戸文明の下では、駕籠は極めて合理的、経済的な乗り物であり、日本の風土に育まれた江戸時代限定の乗り物であったといえる。

江戸初期に実施された宿駅制度は、着実に継承されて、二五〇年以上が経過して、一九世紀後半に入ってきた。この間、世界の交通事情は大きく変化し、馬車から蒸気機関車の時代に進展していく。鎖国政策の続く日本では、長崎を通じて少しずつ、世界の動きは入るものの、江戸幕府の宿駅制を変更する力としては作用しなかった。渦中の当時者は、多少の疑問はあっても、既定方針の変革に手をつけることはなく、ひたすら前例踏襲に専念して、それぞれの職務を、着実に遂行するのである。このため、世界の潮流とのギャップは次第に拡大していった。そして、その質的違いは、いつカタストロフィー（悲劇的結末）を迎えてもおかしくない状況になっていった。

国内的にも、商品経済の発展に対応できない輸送の非効率、助郷村への負担増による農村の窮乏化などによって、宿駅制の諸問題が顕在化していた。

明治時代になって、西洋文明を導入して、車を積極的に活用する社会に転換して、効率性、革新性、国際性を基軸とする交通政策が展開されたため、「駕籠の時代」は急速に終焉を迎えることになったのである。

あとがき

広重の版画や『東海道中膝栗毛』には、駕籠がよく登場する。また、主な通行の場面には、必ず駕籠がひそんでおり、それだけ江戸時代の主要交通手段であった証左である。来日した外国人たちは、日本の珍しい乗り物として駕籠に格別の関心を示している。オランダのライデン国立民族学博物館に、大名駕籠が展示されている。これはシーボルトが収集した日本文物の一つである。駕籠は西欧には見られない珍しい乗り物であったので、見たことのない人にもわかるように、詳細な描写が残されている。しかし、日本人にとっては日常的なものなので、特別の関心を持たれることはなかった。

インターネットの検索で「駕籠」を見ると、二〇〇〇項目以上のデータがヒットした。日本各地にはかなりの数の駕籠が現存しており、地域の行事に活用されたり、駕籠にまつわる伝承や地名が残っていたりすることがわかった。やはり、日本の特色ある文明の一翼を担う存在であったので、現在もさまざまなところで息づいている。

日本は古来から外国の文物を数多く導入して、日本人に合うように改良して日本社会になじませてきた。このなかで、馬車は西欧では古くから戦闘や貨客の運搬に広く利用されていたが、日本では明治時代まで出現しなかった。これは、「車」の利用を抑制する交通政策が、江戸時代を通じて堅持されたためである。こうした状況で、人が乗る交通手段としての地位を得たのが駕籠で、日本独特の形態であり江戸文明を象徴する乗り物である。これを支えた考え方は「定められた宿駅制のなかで考える」「既存の制度の権益を乱さない範囲で改善する」「制度変更ではなく、柔軟な解釈で運用する」などである。運搬具として初期段階の駕籠が、江戸時代の主要乗り物として位置づいたことを、日本交通史の特異現象としてではなく、日本的価値観に基づく一つのあり方であったと考えたい。そして、上記三つの視点は、現代の日本社会での意志決定においても、心の奥底に生きていると感じた。

おととし、世界遺産に指定されている中国の黄山（安徽省・標高一八〇〇メートル）へ登った。急峻な奇岩の連続で、とくに尾根筋へ向かう最終部は四〇度を越える急坂であり、両手で岩をつかみながら一歩一歩進んだ。ここに、現在も駕籠が用意されている。二本の竹の間に小さい椅子を組み込んで、二人で担いで乗せる輿に似たつくりである。担ぐ人たちは体は細身であるが、筋肉質の体つきで精悍《せいかん》である。こんな急坂の細い道を行けるのかと心配するほどであるが、ゆっくりゆっくり休憩を入れながら着実に登って行く。朝から歩き続けて体力を消耗し、最後の胸つき八丁で疲れ切った人には、全くの助け船であり、利用する人がけっこうある。ただ、急坂では頭があお向けになって後へ下がるので、乗っている者はひっくり返るのではないかと不安がつのるという。駕籠は現在も金比羅さんをはじめ、需要のあるところでは活躍しているのである。

拙著をまとめるにあたって、先学の諸氏をはじめとして、資料閲覧や収集、聞き取り調査などでご協力いただいた皆様、さまざまな会合でヒントをくださった人たち、助言や示唆をいただいた多くの方々にお礼を申し上げたい。また、本書をまとめるにあたって、具体的な方策をご指示くださるなど大変お世話になった法政大学出版局の平川俊彦氏、秋田公士氏に心から感謝申し上げる次第である。

参考文献

第1章

(1) 中村太郎「中・近世の陸上交通用具――輿・車、特に駕籠について」、『日本の風俗と文化』創元社、一九九一
(2) 樋畑雪湖「旅人の乗り物」、『江戸時代の交通』臨川書店、一九七四
(3) 庄野 新『運びの社会史』白桃書房、一九九六
(4) 板倉聖宣『日本史再発見』朝日新聞社、一九九三
(5) 大宅誠一『運ぶ――物流日本史』柏書房、一九七八
(6) 渡辺和敏『近世交通制度の研究』吉川弘文館、一九九一
(7) 増田義郎「再び文化史像の形成について」、『中央公論』八二巻六号、一九六七
(8) 黒田日出男「画像分析で見える歴史の変動」、『日本史がわかる』朝日新聞社、二〇〇〇
(9) ルイス・フロイス/松田毅一・川崎桃太訳『フロイス日本史』第一巻、中央公論新社、二〇〇〇
(10) 宮島新一「秀吉は駕籠に乗ったか」、『日本歴史』、吉川弘文館、二〇〇四、二
(11) 児玉幸多校訂『近世交通史料集』一〇巻、吉川弘文館、一九八〇
(12) 高柳真三・石井良助『御触書寛保集成』岩波書店、一九八九
(13) 黒川真頼『工芸志料』巻四、平凡社、一九七六
(14) 稲垣史生『時代考証事典』新人物往来社、一九七一
(15) 松平主殿助「家忠日記」、『増補続史料大成』一九巻、臨川書店、一九八一

(16)『日本屏風図集成』一〇～一二巻、講談社、一九七八～八〇
(17)『洛中洛外図大観（舟木家旧蔵本）』小学館、一九七八
(18)『図録太平記絵巻』埼玉新聞社、一九九七
(19)『近世風俗図譜』二巻、小学館、一九八三
(20)『風俗画大成』四巻、国書刊行会、一九八六
(21)佐多芳彦「車から駕籠へ」、『古代交通史研究会紀要』三巻、二〇〇四
(22)『和漢三才図会』平凡社、一九八六
(23)櫻井芳昭「駕籠の時代」、『郷土文化』五六巻三号、名古屋郷土文化会、二〇〇二

第2章

(1)喜田川守貞『守貞漫稿』東京堂、一九七四
(2)松野武人『むかし旅、街道曼陀羅』豊川堂、一九九二
(3)小林泰彦『むかしの道具の考現学』風媒社、一九九六
(4)田村栄太郎『一揆雲助博徒』三崎書房、一九七二
(5)長坂金雄『旅風俗』一巻、雄山閣、一九五九
(6)平井聖監修『江戸城と将軍の暮らし』学習研究社、二〇〇〇
(7)市橋鐸『近世なごやの裏話』名古屋市教育委員会、一九七三
(8)遠藤元男『日本職人史』雄山閣、一九九一
(9)日高真吾ほか「女乗り物（駕籠）の保存処理」、『文化財保存学会発表要項』文化財保存学会、一九九九
(10)石井里信ほか「日南市所有女乗り物（駕籠）の構造と保存処理について」、右に同じ
(11)『東海道名所図会』日本資料刊行会、一九七五
(12)猿猴庵『東街便覧図略』巻二、名古屋博物館、二〇〇五

第3章

(1) 渡辺和敏『東海道の宿場と交通』静岡新聞社、二〇〇〇
(2)『中津川市史』別巻、岐阜県中津川市、一九七九
(3)『尾西市史』資料編四、愛知県尾西市、一九八九
(4) 長井典雄『中山道和田宿の記録』山海道、一九九〇
(5) 二川区有文書「御通行人馬継立日〆帳」二川宿本陣資料館蔵、天保一一年(一七八四)
(6) 近藤恒次『御油・赤坂宿交通資料』国書刊行会、一九八〇
(7) 渡辺和敏編『古文書にみる江戸時代の二川宿』豊橋市教育委員会、一九九九
(8) 金森敦子『伊勢詣と江戸の旅』文藝春秋、二〇〇四
(9) 石川英輔『大江戸庶民事情』講談社、一九九五
(10) 同右『大江戸テクノロジー事情』講談社、一九九五
(11) 同右『江戸と現代、0と10万キロカロリーの世界』講談社、二〇〇六
(12) スエンソン『江戸幕末滞在記』講談社、二〇〇三
(13) 林美一『時代風俗事典』河出書房新社、一九九七
(14) 朝日重章『鸚鵡籠中記』名古屋叢書続編一一、一九六八
(15) 岡田啓・野口道直『尾張名所図会』臨川書店、一九九八
(16) 横井也有「内津草」『名古屋叢書』三編一七巻、一九八三
(17) 田中丘隅「駅逓志稿」、『大日本交通史』朝陽会、一九二八
(18)『名古屋市史』政治編二、名古屋市、一九三八
(19)『土岐市史』二巻、岐阜県土岐市、一九五一
(20) 佐藤要人監修『浮世絵に見る江戸の旅』河出書房新社、二〇〇〇
(21) 合田一道『日本史の現場検証』扶桑社、一九九八

(22) 水藤安久『庶民の乗り物――江戸・明治』文眞堂、一九八四
(23) 大島延次郎『日本交通史概論』吉川弘文館、一九六四
(24) 岸井良衛『江戸雑稿』毎日新聞社、一九七七
(25) 宮本常一『旅の民俗』八坂書房、一九八七
(26) 南和男『江戸の社会構造』塙書房、一九六九
(27) 『徳川盛世録』平凡社、一九八九
(28) 『伊勢参宮名所図会』臨川書店、一九九八
(29) 三谷一馬『江戸庶民風俗図会』三樹書房、一九七二
(30) 寺門静軒『江戸繁昌記』教育社、一九八〇
(31) 『寒河江市史』山形県寒河江市、一九七七
(32) 『江戸のくらし風俗大事典』柏書房、二〇〇四
(33) 須藤功『幕末・明治の生活風景』東方総合研究社、一九九五
(34) 忠田敏男『参勤交代道中記』平凡社、一九九三
(35) 小山譽城「紀州藩参勤交代」、『歴史読本』、新人物往来社、一九八九、一二
(36) 櫻井芳昭『尾張の街道と村』第一法規出版、一九九七
(37) 徳川美術館編『婚礼』、一九九一
(38) 関口すみ子『大江戸の姫さま』角川学芸出版、二〇〇五
(39) 『名古屋市史』風俗編、名古屋市、一九一五
(40) 『関ヶ原町史』史料編三、岐阜県関ヶ原町、一九七八
(41) 出田恒治『久右衛門日記』ミラテック、一九八八
(42) 『設楽町誌』近世文書編Ⅰ、愛知県設楽町、一九九八
(43) 武陽隠士『世事見聞録』岩波書店、一九九四

(44) 三田村鳶魚『鳶魚全集』一四巻、中央公論社、一九七五
(45) 『徳川実紀』吉川弘文館、一九八一
(46) アンペール『幕末日本図会』雄松堂出版、一九六九
(47) グランド『日本訪問記』雄松堂出版、一九八三
(48) クロワ『日本内陸紀行』雄松堂出版、一九八四
(49) エルギン『遣日使節録』雄松堂出版、一九六八
(50) 司馬遼太郎『峠・司馬遼太郎全集』一九巻、文藝春秋、一九七二
(51) 小玉玉兆『脱獄始末光棍肆椋録』愛知県郷土資料刊行会、一九七二
(52) 『公儀御茶壷一巻留』名古屋市市政資料館、一九九七
(53) 『鳳来町誌』愛知県鳳来町、一九九四
(54) 『大垣市史』岐阜県大垣市、一九三〇
(55) 大島延次郎「茶壺道中」、『交通文化』二八号、国際交通文化協会、一九四六
(56) 内藤二郎『交通史を主とした論集』文献出版、一九九一
(57) ツュンベリー『江戸参府随行記』平凡社、一九九四
(58) シーボルト『江戸参府紀行』平凡社、一九六七
(59) ケンペル『江戸参府旅行日記』平凡社、一九九四
(60) 『蟹江町史』愛知県蟹江町、一九七三
(61) 樋畑雪湖『日本風俗史講座』一一巻、雄山閣、一九七三
(62) 読売新聞大阪本社『続・歴史のかたち』淡交社、二〇〇五
(63) オールコック『大君の都』岩波書店、一九六二
(64) 櫻井芳昭「駕籠継ぎ立ての実態――美濃起宿の場合」、『郷土文化』五九巻一号、名古屋郷土文化会、二〇〇四
(65) 同右「春日井をとおる街道――駕籠での通行」、『郷土誌かすがい』六三号、春日井市教育委員会、二〇〇四

(66) 加藤家文書「往還人馬日〆帳」一宮市歴史民俗資料館蔵
(67) 白井一二『東海道赤坂宿史談』一九八六
(68) 小川恭一『江戸幕藩大名家事典』原書房、一九九二
(69) 松村博『大井川に橋がなかった理由』創元社、二〇〇一
(70) 『南木曾町誌』長野県南木曾町、一九八二
(71) 『将軍家茂公御上洛図』河出書房新社、二〇〇一
(72) 利倉盛庸作・序。益池直方書『蒐道青紙図彙』国立国会図書館蔵、文化七年(一七一〇)
(73) 『中山道と皇女和宮』大垣市教育委員会、一九九九
(74) 笹間良彦著『復元 江戸生活図鑑』柏書房、一九九五
(75) 紀田順一郎『幕末明治風俗逸話事典』東京堂、一九九三
(76) 五十嵐富夫『日光例幣使』柏書房、一九七七

第4章

(1) 小沢弘『図説江戸図屏風を読む』河出書房新社、一九九三
(2) 内藤正人『江戸名所図屏風』小学館、二〇〇三
(3) 山本一力『深川駕籠』祥伝社、二〇〇二
(4) 矢野誠一『落語商売往来』白水社、一九九五
(5) 近松鴻二編『江戸で暮らしてみる』三、中央公論新社、二〇〇二
(6) 『週刊・再現日本』江戸Ⅱ、講談社、二〇〇一
(7) 杉浦日向子監修、深笛義也構成『お江戸でござる』ワニブック、二〇〇三
(8) 『大阪市史』二巻、大阪市、一九一四
(9) 石川英輔・田中優子監修『江戸名所図会』評論社、一九九六

(10) 秋里籬島『都名所図会』筑摩書房、一九九九
(11) 秋里籬島『摂津名所図会』臨川書店、一九九六
(12)「都林泉名勝図会」、『新修京都叢書』八、臨川書店、一九六八

第5章

(1) 小笠原泰『なんとなく、日本人』PHP研究所、二〇〇六
(2) 石川英輔、第3章(11)に同じ
(3) 斉藤俊彦『人力車』産業技術センター、一九七九
(4) 同右『轍の文化史』ダイヤモンド社、一九九二
(5) 竹村公太郎『日本文明の謎を解く』清流出版、二〇〇三
(6) 鬼頭宏『文明としての江戸システム』講談社、二〇〇二

事項索引

あ　行

相乗駕籠　46, 84
足なし　83
網代駕籠　26, 28, 56
後棒　25, 106
泥障(あふり，あおり)駕籠　51, 83
天児(あまかつ)　169
編板　3
あゆみ銭　97
籃(筬)輿(あんだ)　3, 33
あんぽつ　51, 52

『家忠日記』　17
家康の駕籠　24
医者駕籠　50
椅子駕籠　115, 116

打揚式　41

「江戸図屏風」　206
「江戸名所図屏風」　203
江戸留守居役　44
エルギン卿　129

大岡越前守　37
御駕籠頭　64
御駕籠台　64
お駕籠時計　134
御駕籠之者　62, 64
御駕籠町　63
御亀駕籠　225
奥医者　49, 94
御先駕籠　137
御忍(おしのび)駕籠　43, 44
お茶壺道中　144
御留守居駕籠　44
織(折)部駕籠　51
尾張徳川家　45

か　行

貝桶渡し　170
「花下群舞図」　23
駕籠　40
——会所　90
——かき　66, 70, 77, 110, 117
——師　55
——磁石　134
——訴　238
——橇　54
——賃　75, 77, 100, 105
——部屋　43
——屋　10, 37
和宮降嫁　173
片棒払　243
空(から)駕籠　120
借駕籠　14
軽尻　82, 91
勘当駕籠　210
牛車　257

京四ツ(路)　52
切棒駕籠　51

くも駕籠　68
雲助　66, 67, 72
——節　72
鶤鶏駕籠　182

下乗橋　125
ケンペル　115, 128
権門駕籠　45, 57, 108, 151

輿　2, 86
——入れ　169
断り状　8, 38
御免駕籠　37

さ　行

酒手　77
先棒　106
桜田門外の変　195
福君(さちぎみ)　171
皿駕籠　51, 54
参勤交代　131
三宝荒神　82
三枚　73, 210

シーボルト　115
「四条河原遊楽図」　29
実魂　218
しびね　71
叔駅人足　66
宿駕籠　→宿(やど)駕籠
朱塗総網代駕籠　48, 57, 190
「聚楽第図屏風」　20
巡見使　136
庄屋駕籠　57
生類憐れみの令　10
乗輿制　6
人力車　169, 250, 257

誓詞　8, 11, 38
関所通行手形　158
施行駕籠　186
「摂津名所図会」　219
戦場駕籠　24

総茶筅髷　30

た　行

「醍醐花見図屏風」　20
「太平記絵巻」　22
大名駕籠　43, 134, 265
腰輿(たごし)　2, 4
垂駕籠　179, 225, 251

月次駕籠　11, 45
辻駕籠　10, 16, 34
ツュンベリー　115, 128
釣輿　2

定例登城　204

『東海道中膝栗毛』　104
「東福門院入内図」　22
唐丸駕籠　182, 255
桐油紙　112
道中奉行　82, 95
問屋駕籠　53, 54

な　行

轅(ながえ)　2
長棒駕籠　43, 48, 83
投げ草履　205

日光例幣使　139
人足部屋　66

乗り替え用乗り物　134
乗掛馬　82
乗駕籠　54, 91
乗り物　40
乗り物医者　49
乗物師　55

は　行

馬車　257
早駕籠　54, 73, 153
早打扮装　155
ハリス　116
半切　2

引戸駕籠　83, 89
秀吉　8
日庸座　15
病人の村継ぎ駕籠　192
「武家諸法度」　8

蒲団　90
フロイス　6

ホイ駕籠　220
這子(ほうこ)　169
法仙(宝泉)寺駕籠　51
本棒駕籠　43, 83

ま　行

町駕籠　9, 59
丸棒駕籠　83

神輿(みこし)　253
「都名所図会」　214

無印駕籠　16, 35

目駕籠　182

もっこ　5
戻り駕籠　105, 107

や　行

焼き印駕籠　35
闇(ヤミ・やみ)駕籠　10, 34
宿(やど)駕籠　53, 54, 85
山駕籠　51, 53
やわら　66

夜駕籠　75
横井也有　230
よこね　71
四ツ路　52
四ツ手駕籠　25, 51
嫁入り駕籠　234

ら　行

「洛中洛外図屏風」　30

力者　62
『旅行用心集』　107, 243

蓮台越，蓮台渡し　164
陸尺(ろくしゃく)　48, 62
六尺給米　63

駕籠関係年表

全　般	街　道	地　域
8世紀　輦車＝天皇家の乗用		
9世紀　牛車		
14世紀〜　腰輿		
16世紀　箯輿(あんだ)		
1595　秀吉乗り物公許の身分制定		
	1601　東海道に伝馬の制	
		1610　関東武士は陸尺を抱えおくこと禁止
1615　乗り物公許の身分制定		
		1624　町人は駕籠に乗ること禁止
1629　同上改定(緩和)		
		1631　江戸の辻駕籠600挺
1635　同上改定(緩和)		
		1648　駕籠製法規制
	1659　幕府道中奉行役設置	
		1661　遊里に行く者・馬，駕籠に乗ること停止
		1665　江戸市中で駕籠に乗ること以前から禁止
		1674　辻駕籠300挺営業許可
	1676　乗り物乗用の制	
		1677　町人が駕籠に乗ることを取り締まる
		1681　駕籠仕様制定，これ以外の製作禁

全　般	街　道	地　域
		止
		1688　町人が駕籠に乗ること禁止
		1693　辻駕籠緩和・極印代納入
		1701　駕籠3612挺に増加
		1703　辻駕籠・大八車の課税廃止
		1704　駕籠かきの日傭座への登録義務化
		1711　辻駕籠焼印登録制
		1713　辻駕籠600挺に制限(うち町方300挺)
		辻駕籠450挺に制限(うち町方150挺)
		1720・1725　辻駕籠取り締まり令
		1726　辻駕籠制限撤廃(完全自由化)
		1737　駕籠かきの服制を定める
		1743　辻駕籠の戸・敷居禁止
1772　英国は馬車の時代に		
1775　家格による乗り物規定	1789　勘定奉行，酒手・駕籠代不払注意	
1843　老中，乗馬出勤を命じる	1850　中山道垂井・今須間に板車許可	1843　諸侯の乗り物改定
	1857　東海道二川宿ほか四宿に地車許可	1860頃　江戸での駕籠製作62軒

全　般	街　道	地　域
1862　幕府，荷物の車運送許可		1862　月切駕籠禁止
		1863　大小名駕籠登城禁止，乗馬で
1864　京・草津間に小車使用許可		
	1865　岡崎・草津間に旅人用小車	1865　江戸町奉行，人や荷物を運ぶ車5両の試用許可
	1866　五街道荷馬輸送の馬車許可	
	1867　アーネスト・サトウ，関・桑名で座型人力車を見る	
1869　東京・横浜間に乗合馬車開業		1869　和泉要助らが人力車の試作に着手
1870　人力車免許		
		1879　「ホイ駕籠」大坂で流行
		1887　日光参拝者用駕籠

著者略歴

櫻井芳昭（さくらい よしあき）

1938年，愛知県名古屋市に生まれる．愛知学芸大学卒業，愛知県内の小中学校および愛知教育大学附属名古屋中学校，愛知県教育委員会義務教育課長を歴任．交通史研究会会員，名古屋郷土文化会理事．
著書に，『尾張の街道と村』（第一法規出版，1997），共著に，『下街道』（春日井市教育委員会，1978），『ぼくらの愛知県』（ポプラ社，1984），『社会科基礎学力の指導』（明治図書，1985）などがある．

ものと人間の文化史 141・駕籠

2007年10月22日 初版第1刷発行

発行所 財団法人 法政大学出版局
〒102-0073 東京都千代田区九段北3-2-7
電話03(5214)5540 振替00160-6-95814
組版・印刷：平文社 製本：鈴木製本所

ISBN978-4-588-21411-0

ものと人間の文化史

★第９回梓会出版文化賞受賞

人間が〈もの〉とのかかわりを通じて営々と築いてきた暮らしの足跡を具体的に辿りつつ文化・文明の基礎を問いなおす。手づくりの〈もの〉の記憶が失われ、〈もの〉離れが進行する危機の時代におくる豊穣な百科叢書。

1 船　須藤利一編

海国日本では古来、漁業・水運・交易はもとより、大陸文化も船によって運ばれた。本書は造船技術、航海の模様の推移を中心に、漂流、船霊信仰、伝説の数々を語る。四六判３６８頁 ’68

2 狩猟　直良信夫

人類の歴史は狩猟から始まった。本書は、わが国の遺跡に出土する獣骨、猟具の実証的考察をおこないながら、狩猟をつうじて発展した人間の知恵と生活の軌跡を辿る。四六判２７２頁 ’68

3 からくり　立川昭二

〈からくり〉は自動機械であり、驚嘆すべき庶民の技術的創意がこめられている。本書は、日本と西洋のからくりを発掘・復元・遍歴し、埋もれた技術の水脈をさぐる。四六判４１０頁 ’69

4 化粧　久下司

美を求める人間の心が生みだした化粧—その手法と道具に語らせた人間の欲望と本性、そして社会関係。歴史を遡り、全国を踏査して書かれた比類ない美と醜の文化史。四六判３６８頁 ’70

5 番匠　大河直躬

番匠はわが国中世の建築工匠。地方・在地を舞台に開花した彼らの造型・装飾・工法等の諸技術、さらに信仰と生活等、職人以前の独自で多彩な工匠的世界を描き出す。四六判２８８頁 ’71

6 結び　額田巌

〈結び〉の発達は人間の叡知の結晶である。本書はその諸形態および技法を作業・装飾・象徴の三つの系譜に辿り、〈結び〉のすべてを民俗学的・人類学的に考察する。四六判２６４頁 ’72

7 塩　平島裕正

人類史に貴重な役割を果たしてきた塩をめぐって、発見から伝承・製造技術の発展過程にいたる総体を歴史的に描き出すとともに、その多彩な効用と味覚の秘密を解く。四六判２７２頁 ’73

8 はきもの　潮田鉄雄

田下駄・かんじき・わらじなど、日本人の生活の礎となってきた伝統的はきものの成り立ちと変遷を、二〇年余の実地調査と細密な観察・描写によって辿る庶民生活史　四六判２８０頁 ’73

9 城　井上宗和

古代城塞・城柵から近世代名の居城として集大成されるまでの日本の城の変遷を辿り、文化の各領野で果たしてきたその役割を再検討。あわせて世界城郭史に位置づける。四六判３１０頁 ’73

10 竹　室井綽

食生活、建築、民芸、造園、信仰等々にわたって、竹と人間との交流史は驚くほど深く永い。その多岐にわたる発展の過程を個々に辿り、竹の特異な性格を浮彫にする。四六判３２４頁 ’73

11 海藻　宮下章

古来日本人にとって生活必需品とされてきた海藻をめぐって、その採取・加工法の変遷、商品としての流通史および神事・祭事での役割に至るまでを歴史的に考証する。四六判３３０頁 ’74

12 絵馬　岩井宏實
古くは祭礼における神への献馬にはじまり、民間信仰と絵画のみごとな結晶として民衆の手で描かれ祀り伝えられてきた各地の絵馬を豊富な写真と史料によってたどる。四六判302頁
'74

13 機械　吉田光邦
畜力・水力・風力などの自然のエネルギーを利用し、幾多の改良を経て形成された初期の機械の歩みを検証し、日本文化の形成における科学・技術の役割を再検討する。四六判242頁
'74

14 狩猟伝承　千葉徳爾
狩猟には古来、感謝と慰霊の祭祀がともない、人獣交渉の豊かで意味深い歴史があった。狩猟用具、巻物、儀式具、またけものたちの生態を通して語る狩猟文化の世界。四六判346頁
'75

15 石垣　田淵実夫
採石から運搬、加工、石積みに至るまで、石垣の造成をめぐって積み重ねられてきた石工たちの苦闘の足跡を掘り起こし、その独自な技術の形成過程と伝承を集成する。四六判224頁
'75

16 松　高嶋雄三郎
日本人の精神史に深く根をおろした松の伝承に光を当て、食用、薬用等の実用の松、祭祀・観賞用の松、さらに文学・芸能・美術に表現された松のシンボリズムを説く。四六判342頁
'75

17 釣針　直良信夫
人と魚との出会いから現在に至るまで、釣針がたどった一万有余年の変遷を、世界各地の遺跡出土物を通して実証しつつ、漁撈によって生きた人々の生活と文化を探る。四六判278頁
'76

18 鋸　吉川金次
鋸鍛冶の家に生まれ、鋸の研究を生涯の課題とする著者が、出土遺品や文献・絵画により各時代の鋸を復元・実験し、庶民の手仕事にみられる驚くべき合理性を実証する。四六判360頁
'76

19 農具　飯沼二郎／堀尾尚志
鍬と犂の交代・進化の歩みとして発達したわが国農耕文化の発展経過を世界史的視野において再検討しつつ、無名の農民たちによる驚くべき創意のかずかずを記録する。四六判220頁
'76

20 包み　額田巌
結びとともに文化の起源にかかわる〈包み〉の系譜を人類史的視野において捉え、衣・食・住をはじめ社会・経済史、信仰、祭事などにおけるその実際と役割とを描く。四六判354頁
'77

21 蓮　阪本祐二
仏教における蓮の象徴的位置の成立と深化、美術・文芸等に見る人間とのかかわりを歴史的に考察。また大賀蓮はじめ多様な品種とその来歴を紹介しつつその美を語る。四六判306頁
'77

22 ものさし　小泉袈裟勝
ものをつくる人間にとって最も基本的な道具であり、数千年にわたって社会生活を律してきたその変遷を実証的に追求し、歴史の中で果たしてきた役割を浮彫りにする。四六判314頁
'77

23-I 将棋I　増川宏一
その起源を古代インドに、我国への伝播の道すじを海のシルクロードに探り、また伝来後一千年におよぶ日本将棋の変化と発展を盤、駒、ルール等にわたって跡づける。四六判280頁
'77

23-Ⅱ **将棋Ⅱ**　増川宏一

わが国伝来後の普及と変遷を貴族や武家・豪商の日記等に博捜し、遊戯者の歴史をあとづけると共に、中国伝来説の誤りを正し、将棋宗家の位置と役割を明らかにする。四六判346頁　'85

24 **湿原祭祀**　第2版　金井典美

古代日本の自然環境に着目し、各地の湿原聖地を稲作社会との関連において捉え直して古代国家成立の背景を浮彫にしつつ、水と植物にまつわる日本人の宇宙観を探る。四六判410頁　'77

25 **臼**　三輪茂雄

臼が人類の生活文化の中で果たしてきた役割を、各地に遺る貴重な民俗資料・伝承と実地調査にもとづいて解明。失われゆく道具のなかに、未来の生活文化の姿を探る。四六判412頁　'78

26 **河原巻物**　盛田嘉徳

中世末期以来の被差別部落民が生きる権利を守るために偽作し護り伝えてきた河原巻物を全国にわたって踏査し、そこに秘められた最底辺の人びとの叫びに耳を傾ける。四六判226頁　'78

27 **香料**　日本のにおい　山田憲太郎

焼香供養の香から趣味としての薫物へ、さらに沈香木を焚く香道へと変遷した日本の「匂い」の歴史を豊富な史料に基づいて辿り、我国風俗史の知られざる側面を描く。四六判370頁　'78

28 **神像**　神々の心と形　景山春樹

神仏習合によって変貌しつつも、常にその原型＝自然を保持してきた日本の神々の造型を図像学的方法によって捉え直し、その多彩な形象に日本人の精神構造をさぐる。四六判342頁　'78

29 **盤上遊戯**　増川宏一

祭具・占具としての発生を『死者の書』をはじめとする古代の文献にさぐり、形状・遊戯法を分類しつつその〈進化〉の過程を考察。〈遊戯者たちの歴史〉をも跡づける。四六判326頁　'78

30 **筆**　田淵実夫

筆の里・熊野に筆づくりの現場を訪ねて、筆匠たちの境涯と製筆の由来を克明に記録しつつ、筆の発生と変遷、種類、製筆法、さらには筆塚、筆供養にまで説きおよぶ。四六判204頁　'78

31 **ろくろ**　橋本鉄男

日本の山野を漂移しつづけ、高度の技術文化と幾多の伝説とをもたらした特異な旅職集団＝木地屋の生態を、その呼称、地名、伝承、文書等をもとに生き生きと描く。四六判460頁　'79

32 **蛇**　吉野裕子

日本古代信仰の根幹をなす蛇巫をめぐって、祭事におけるさまざまな蛇の「もどき」や各種の蛇の造型・伝承に鋭い考証を加え、忘れられたその呪性を大胆に暴き出す。四六判250頁　'79

33 **鋏**（はさみ）　岡本誠之

梃子の原理の発見から鋏の誕生に至る過程を推理し、日本鋏の特異な歴史的位置を明らかにするとともに、刀鍛冶等から転進した鋏職人たちの創意と苦闘の跡をたどる。四六判396頁　'79

34 **猿**　廣瀬鎮

嫌悪と愛玩、軽蔑と畏敬の交錯する日本人とサルとの関わりあいの歴史を、狩猟伝承や祭祀・風習、美術・工芸や芸能のなかに探り、日本人の動物観を浮彫りにする。四六判292頁　'79

35 鮫　矢野憲一

神話の時代から今日まで、津々浦々につたわるサメの伝承とサメをめぐる海の民俗を集成し、神饌、食用、薬用等に活用されてきたサメと人間のかかわりの変遷を描く。四六判292頁　'79

36 枡　小泉袈裟勝

米の経済の枢要をなす器として千年余にわたり日本人の生活の中に生きてきた枡の変遷をたどり、記録・伝承をもとにこの独特な計量器が果たした役割を再検討する。四六判322頁　'80

37 経木　田中信清

食品の包装材料として近年まで身近に存在した経木の起源を、こけら経や塔婆、木簡、屋根板等に遡って明らかにし、その製造・流通に携った人々の労苦の足跡を辿る。四六判288頁　'80

38 色　染と色彩　前田雨城

わが国古代の染色技術の復元と文献解読をもとに日本色彩史を体系づけ、赤・白・青・黒等におけるわが国独自の色彩感覚を探りつつ日本文化における色の構造を解明。四六判320頁　'80

39 狐　陰陽五行と稲荷信仰　吉野裕子

その伝承と文献を渉猟しつつ、中国古代哲学＝陰陽五行の原理の応用という独自の視点から、謎とされてきた稲荷信仰と狐との密接な結びつきを明快に解き明かす。四六判232頁　'80

40-Ⅰ 賭博Ⅰ　増川宏一

時代、地域、階層を超えて連綿と行なわれてきた賭博。――その起源を古代の神判、スポーツ、遊戯等の中に探り、抑圧と許容の歴史を物語る。全Ⅲ分冊の〈総説篇〉。四六判298頁　'80

40-Ⅱ 賭博Ⅱ　増川宏一

古代インド文学の世界からラスベガスまで、賭博の形態・用具・方法の時代的特質を明らかにし、夥しい禁令に賭博の不滅のエネルギーを見る。全Ⅲ分冊の〈外国篇〉。四六判456頁　'82

40-Ⅲ 賭博Ⅲ　増川宏一

聞香、闘茶、笠附等、わが国独特の賭博を中心にその具体例を網羅し、方法の変遷に賭博の時代性を探りつつ禁令の改廃に時代の賭博観を追う。全Ⅲ分冊の〈日本篇〉。四六判388頁　'83

41-Ⅰ 地方仏Ⅰ　むしゃこうじ・みのる

古代から中世にかけて全国各地で作られた無銘の仏像を訪ね、素朴で多様なノミの跡に民衆の祈りと地域の願望を探る。宗教の伝播、文化の創造を考える異色の紀行。四六判256頁　'80

41-Ⅱ 地方仏Ⅱ　むしゃこうじ・みのる

紀州や飛騨を中心に草の根の仏たちを訪ねて、その相好と像容の魅力を探り、技法を比較考証して仏像彫刻史に位置づけつつ、中世地域社会の形成と信仰の実態に迫る。四六判260頁　'97

42 南部絵暦　岡田芳朗

田山・盛岡地方で「盲暦」として古くから親しまれてきた独得の絵解き暦を詳しく紹介しつつその全体像を復元する。その無類の生活暦は、南部農民の哀歓をつたえる。四六判288頁　'80

43 野菜　在来品種の系譜　青葉高

蕪、大根、茄子等の日本在来野菜をめぐって、その渡来・伝播経路、品種分布と栽培のいきさつを各地の伝承や古記録をもとに辿り、畑作文化の源流とその風土を描く。四六判368頁　'81

44 つぶて　中沢厚

弥生投弾、古代・中世の石戦と印地の様相、投石具の発達を展望しつつ、願かけの小石、正月つぶて、石こづみ等の習俗を辿り、石塊に託した民衆の願いや怒りを探る。　四六判３３８頁　'81

45 壁　山田幸一

弥生時代から明治期に至るわが国の壁の変遷を壁塗＝左官工事の側面から辿り直し、その技術的復元・考証を通じて建築史・文化史における壁の役割を浮き彫りにする。　四六判２９６頁　'81

46 簞笥（たんす）　小泉和子

近世における簞笥の出現＝箱から抽斗への転換に着目し、以降近現代に至るその変遷を社会・経済・技術の側面からあとづける。著者自身による簞笥製作の記録を付す。　四六判３７８頁　'82

47 木の実　松山利夫

山村の重要な食糧資源であった木の実をめぐる各地の記録・伝承を集成し、その採集・加工における幾多の試みを実地に検証しつつ、稲作農耕以前の食生活文化を復元。　四六判３８４頁　'82

48 秤（はかり）　小泉袈裟勝

秤の起源を東西に探るとともに、わが国律令制下における中国制度の導入、近世商品経済の発展に伴う秤座の出現、明治期近代化政策による洋式秤受容等の経緯を描く。　四六判３２６頁　'82

49 鶏（にわとり）　山口健児

神話・伝説をはじめ遠い歴史の中の鶏を古今東西の伝承・文献に探り、特に我国の信仰・絵画・文学等に遺された鶏の足跡を追って、鶏をめぐる民俗の記憶を蘇らせる。　四六判３４６頁　'83

50 燈用植物　深津正

人類が燈火を得るために用いてきた多種多様な植物との出会いと個個の植物の来歴、特性及びはたらきを詳しく検証しつつ「あかり」の原点を問いなおす異色の植物誌。　四六判４４２頁　'83

51 斧・鑿・鉋（おの・のみ・かんな）　吉川金次

古墳出土品や文献・絵画をもとに、古代から現代までの斧・鑿・鉋を復元・実験し、労働体験によって生まれた民衆の知恵と道具の変遷を蘇らせる異色の日本木工具史。　四六判３０４頁　'84

52 垣根　額田巌

大和・山辺の道に神々と垣との関わりを探り、各地に垣の伝承を訪ねて、寺院の垣、民家の垣、露地の垣など、風土と生活に培われた生垣の独特のはたらきと美を描く。　四六判２３４頁　'84

53-Ⅰ 森林Ⅰ　四手井綱英

森林生態学の立場から、森林のなりたちとその生活史を辿りつつ、産業の発展と消費社会の拡大により刻々と変貌する森林の現状を語り、未来への再生のみちをさぐる。　四六判３０６頁　'85

53-Ⅱ 森林Ⅱ　四手井綱英

森林と人間との多様なかかわりを包括的に語り、人と自然が共生するための森や里山をいかにして創出するか、森林再生への具体的な方策を提示する21世紀への提言。　四六判３０８頁　'98

53-Ⅲ 森林Ⅲ　四手井綱英

地球規模で進行しつつある森林破壊の現状を実地に踏査し、森と人が共存する日本人の伝統的自然観を未来へ伝えるために、いま何が必要なのかを具体的に提言する。　四六判３０４頁　'00

54 海老（えび）　酒向昇

人類との出会いからエビの科学、漁法、さらには調理法を語り、めでたい姿態と色彩にまつわる多彩なエビの民俗を、地名や人名、詩歌・文学、絵画や芸能の中に探る。四六判４２８頁 '85

55-Ⅰ 藁（わら）Ⅰ　宮崎清

稲作農耕とともに二千年余の歴史をもち、日本人の全生活領域に生きてきた藁の文化を日本文化の原型として捉え、風土に根ざしたそのゆたかな遺産を詳細に検討する。四六判４００頁 '85

55-Ⅱ 藁（わら）Ⅱ　宮崎清

床・畳から壁・屋根にいたる住居における藁の製作・使用のメカニズムを明らかにし、日本人の生活空間における藁の役割を見なおすとともに、藁の文化の復権を説く。四六判４００頁 '85

56 鮎　松井魁

清楚な姿態と独特な味覚によって、日本人の目と舌を魅了しつづけてきたアユ——その形態と分布、生態、漁法等を詳述し、古今のアユ料理や文芸にみるアユにおよぶ。四六判２９６頁 '86

57 ひも　額田巌

物と物、人と物とを結びつける不思議な力を秘めた「ひも」の謎を追って、民俗学的視点から多角的なアプローチを試みる。『結び』、『包み』につづく三部作の完結篇。四六判２５０頁 '86

58 石垣普請　北垣聰一郎

近世石垣の技術者集団「穴太」の足跡を辿り、各地城郭の石垣遺構の実地調査と資料・文献をもとに石垣普請の歴史的系譜を復元しつつ石工たちの技術伝承を集成する。四六判４３８頁 '87

59 碁　増川宏一

その起源を古代の盤上遊戯に探ると共に、定着以来二千年の歴史を時代の状況や遊び手の社会環境との関わりにおいて跡づける。逸話や伝説を排して綴る初の囲碁全史。四六判３６６頁 '87

60 日和山（ひよりやま）　南波松太郎

千石船の時代、航海の安全のために観天望気した日和山——多くは忘れられ、あるいは失われた船舶・航海史の貴重な遺跡を追って、全国津々浦々におよんだ調査紀行。四六判３８２頁 '88

61 篩（ふるい）　三輪茂雄

臼とともに人類の生産活動に不可欠な道具であった篩、箕(み)、笊(ざる)の多彩な変遷を豊富な図解入りでたどり、現代技術の先端に再生するまでの歩みをえがく。四六判３３４頁 '89

62 鮑（あわび）　矢野憲一

縄文時代以来、貝肉の美味と貝殻の美しさによって日本人を魅了し続けてきたアワビ——その生態と養殖、神饌としての歴史、漁法、螺鈿の技法からアワビ料理に及ぶ。四六判３４４頁 '89

63 絵師　むしゃこうじ・みのる

日本古代の渡来画工から江戸前期の菱川師宣まで、時代の代表的絵師の列伝で辿る絵画制作の文化史。前近代社会における絵画の意味や芸術創造の社会的条件を考える。四六判２３０頁 '90

64 蛙（かえる）　碓井益雄

動物学の立場からその特異な生態を描き出すとともに、和漢洋の文献資料を駆使して故事・習俗・神事・民話・文芸・美術工芸にわたる蛙の多彩な活躍ぶりを活写する。四六判３８２頁 '89

65-I 藍（あい）I 風土が生んだ色 竹内淳子
全国各地の〈藍の里〉を訪ねて、藍栽培から染色・加工のすべてにわたり、藍とともに生きた人々の伝承を克明に描き、風土と人間が生んだ〈日本の色〉の秘密を探る。四六判416頁 '91

65-II 藍（あい）II 暮らしが育てた色 竹内淳子
日本の風土に生まれ、伝統に育てられた藍が、今なお暮らしの中で生き生きと活躍しているさまを、手わざに生きる人々との出会いを通じて描く。藍の里紀行の続篇。四六判406頁 '99

66 橋 小山田了三
丸木橋・舟橋・吊橋から板橋・アーチ型石橋まで、人々に親しまれてきた各地の橋を訪ねて、その来歴と築橋の技術伝承を辿り、土木文化の伝播・交流の足跡をえがく。四六判312頁 '91

67 箱 宮内悊
日本の伝統的な箱（櫃）と西欧のチェストを比較文化史の視点から考察し、居住・収納・運搬・装飾の各分野における箱の重要な役割とその多彩な文化を浮彫りにする。四六判390頁 '91

68-I 絹 I 伊藤智夫
養蚕の起源を神話や説話に探り、伝来の時期とルートを跡づけ、記紀・万葉の時代から近世に至るまで、それぞれの時代・社会・階層が生み出した絹の文化を描き出す。四六判304頁 '92

68-II 絹 II 伊藤智夫
生糸と絹織物の生産と輸出が、わが国の近代化にはたした役割を描くと共に、養蚕の道具、信仰や庶民生活にわたる養蚕と絹の民俗、さらには蚕の種類と生態におよぶ。四六判294頁 '92

69 鯛（たい） 鈴木克美
古来「魚の王」とされてきた鯛をめぐって、その生態・味覚から漁法、祭り、工芸、文芸にわたる多彩な伝承文化を語りつつ、鯛と日本人とのかかわりの原点をさぐる。四六判418頁 '92

70 さいころ 増川宏一
古代神話の世界から近現代の博徒の動向まで、さいころの役割を各時代・社会に位置づけ、木の実や貝殻のさいころから投げ棒型や立方体のさいころへの変遷をたどる。四六判374頁 '92

71 木炭 樋口清之
炭の起源から炭焼、流通、経済、文化にわたる木炭の歩みを歴史・考古・民俗の知見を総合して描き出し、独自で多彩な文化を育んできた木炭の尽きせぬ魅力を語る。四六判296頁 '93

72 鍋・釜（なべ・かま） 朝岡康二
日本をはじめ韓国、中国、インドネシアなど東アジアの各地を歩きながら鍋・釜の製作と使用の現場に立ち会い、調理をめぐる庶民生活の変遷とその交流の足跡を探る。四六判326頁 '93

73 海女（あま） 田辺悟
その漁の実際と社会組織、風習、信仰、民具などを克明に描くとともに海女の起源・分布・交流を探り、わが国漁撈文化の古層としての海女の生活と文化をあとづける。四六判294頁 '93

74 蛸（たこ） 刀禰勇太郎
蛸をめぐる信仰や多彩な民間伝承を紹介するとともに、その生態・分布・捕獲法・繁殖と保護・調理法などを集成し、日本人と蛸との知られざるかかわりの歴史を探る。四六判370頁 '94

75 曲物（まげもの）　岩井宏實
桶・樽出現以前から伝承され、古来最も簡便・重宝な木製容器として愛用された曲物の加工技術と機能・利用形態の変遷をさぐり、手づくりの「木の文化」を見なおす。四六判318頁 '94

76-Ⅰ 和船Ⅰ　石井謙治
江戸時代の海運を担った千石船（弁才船）について、その構造と技術、帆走性能を綿密に調査し、通説の誤りを正すとともに、海難と信仰、船絵馬等の考察にもおよぶ。四六判436頁 '95

76-Ⅱ 和船Ⅱ　石井謙治
造船史から見た著名な船を紹介し、遣唐使船や遣欧使節船、幕末の洋式船における外国技術の導入について論じつつ、船の名称と船型を海船・川船にわたって解説する。四六判316頁 '95

77-Ⅰ 反射炉Ⅰ　金子功
日本初の佐賀鍋島藩の反射炉と精練方＝理化学研究所、島津藩の反射炉と集成館＝近代工場群を軸に、日本の産業革命の時代における人と技術を現地に訪ねて発掘する。四六判244頁 '95

77-Ⅱ 反射炉Ⅱ　金子功
伊豆韮山の反射炉をはじめ、全国各地の反射炉建設にかかわった有名無名の人々の足跡をたどり、開国か攘夷かに揺れる幕末の政治と社会の悲喜劇をも生き生きと描く。四六判226頁 '95

78-Ⅰ 草木布（そうもくふ）Ⅰ　竹内淳子
風土に育まれた布を求めて全国各地を歩き、木綿普及以前に山野の草木を利用して豊かな衣生活文化を築き上げてきた庶民の知られざる知恵のかずかずを実地にさぐる。四六判282頁 '95

78-Ⅱ 草木布（そうもくふ）Ⅱ　竹内淳子
アサ、クズ、シナ、コウゾ、カラムシ、フジなどの草木の繊維から、どのようにして糸を採り、布を織っていたのか——聞書きをもとに忘れられた技術と文化を発掘する。四六判282頁 '95

79-Ⅰ すごろくⅠ　増川宏一
古代エジプトのセネト、ヨーロッパのバクギャモン、中近東のナルド、中国の双陸などの系譜に日本の盤雙六を位置づけ、遊戯・賭博としてのその数奇なる運命を辿る。四六判312頁 '95

79-Ⅱ すごろくⅡ　増川宏一
ヨーロッパの鵞鳥のゲームから日本中世の浄土双六、近世の華麗な絵双六、さらには近現代の少年誌の附録まで、絵双六の変遷を追って時代の社会・文化を読みとる。四六判390頁 '95

80 パン　安達巖
古代オリエントに起ったパン食文化が中国・朝鮮を経て弥生時代の日本に伝えられたことを史料と伝承をもとに解明し、わが国パン食文化二〇〇〇年の足跡を描き出す。四六判260頁 '96

81 枕（まくら）　矢野憲一
神さまの枕・大嘗祭の枕から枕絵の世界まで、人生の三分の一を共に過す枕をめぐって、その材質の変遷を辿り、伝説と怪談、俗信と民俗、エピソードを興味深く語る。四六判252頁 '96

82-Ⅰ 桶・樽（おけ・たる）Ⅰ　石村真一
日本、中国、朝鮮、ヨーロッパにわたる厖大な資料を集成してその豊かな文化の系譜を探り、東西の木工技術史を比較しつつ世界史的視野から桶・樽の文化を描き出す。四六判388頁 '97

82-Ⅱ 桶・樽（おけ・たる）Ⅱ　石村真一

多数の調査資料と絵画・民俗資料をもとにその製作技術を復元し、東西の木工技術を比較考証しつつ、技術文化史の視点から桶・樽製作の実態とその変遷を跡づける。　四六判372頁　'97

82-Ⅲ 桶・樽（おけ・たる）Ⅲ　石村真一

樹木と人間とのかかわり、製作者と消費者とのかかわりを通じて桶樽と生活文化の変遷を考察し、木材資源の有効利用という視点から桶樽の文化史的役割を浮彫にする。　四六判352頁　'97

83-Ⅰ 貝Ⅰ　白井祥平

世界各地の現地調査と文献資料を駆使して、古来至高の財宝とされてきた宝貝のルーツとその変遷を探り、貝と人間とのかかわりの歴史を「貝貨」の文化史として描く。　四六判386頁　'97

83-Ⅱ 貝Ⅱ　白井祥平

サザエ、アワビ、イモガイなど古来人類とかかわりの深い貝をめぐって、その生態・分布・地方名、装身具や貝貨としての利用法などを豊富なエピソードを交えて語る。　四六判328頁　'97

83-Ⅲ 貝Ⅲ　白井祥平

シンジュガイ、ハマグリ、アカガイ、シャコガイなどをめぐって世界各地の民族誌を渉猟し、それらが人類文化に残した足跡を辿る。参考文献一覧／総索引を付す。　四六判392頁　'97

84 松茸（まつたけ）　有岡利幸

秋の味覚として古来珍重されてきた松茸の由来を求めて、稲作文化と里山（松林）の生態系から説きおこし、日本人の伝統的生活文化の中に松茸流行の秘密をさぐる。　四六判296頁　'97

85 野鍛冶（のかじ）　朝岡康二

鉄製農具の製作・修理・再生を担ってきた農鍛冶の歴史的役割を探り、近代化の大波の中で変貌する職人技術の実態をアジア各地のフィールドワークを通して描き出す。　四六判280頁　'98

86 稲　品種改良の系譜　菅 洋

作物としての稲の誕生、稲の渡来と伝播の経緯から説きおこし、明治以降主として庄内地方の民間育種家の手によって飛躍的発展をとげたわが国品種改良の歩みを描く。　四六判332頁　'98

87 橘（たちばな）　吉武利文

永遠のかぐわしい果実として日本の神話・伝説に特別の位置を占めて語り継がれてきた橘をめぐって、その育まれた風土とかずかずの伝承の中に日本文化の特質を探る。　四六判286頁　'98

88 杖（つえ）　矢野憲一

神の依代としての杖や仏教の錫杖に杖と信仰とのかかわりを探り、人類が突きつつ歩んだその歴史と民俗を興味ぶかく語る。多彩な材質と用途を網羅した杖の博物誌。　四六判314頁　'98

89 もち（糯・餅）　渡部忠世／深澤小百合

モチイネの栽培・育種から食品加工、民俗、儀礼にわたってそのルーツと伝承の足跡をたどり、アジア稲作文化という広範な視野からこの特異な食文化の謎を解明する。　四六判330頁　'98

90 さつまいも　坂井健吉

その栽培の起源と伝播経路を跡づけるとともに、わが国伝来後四百年の経緯を詳細にたどり、世界に冠たる育種と栽培・利用法を築いた人々の知られざる足跡をえがく。　四六判328頁　'99

91 **珊瑚**（さんご）　鈴木克美
海岸の自然保護に重要な役割を果たす岩石サンゴから宝飾品として知られる宝石サンゴまで、人間生活と深くかかわってきたサンゴの多彩な姿を人類文化史として描く。　四六判３７０頁　'99

92-Ⅰ **梅Ⅰ**　有岡利幸
万葉集、源氏物語、五山文学などの古典や天神信仰に表れた梅の足跡を克明に辿りつつ日本人の精神史に刻印された梅を浮彫にし、梅と日本人の二〇〇〇年史を描く。　四六判２７４頁　'99

92-Ⅱ **梅Ⅱ**　有岡利幸
その植生と栽培、伝承、梅の名所や鑑賞法の変遷から戦前の国定教科書に表れた梅まで、梅と日本人との多彩なかかわりを探り、桜との対比において梅の文化史を描く。　四六判３３８頁　'99

93 **木綿口伝**（もめんくでん）　第２版　福井貞子
老女たちからの聞書を経糸とし、厖大な遺品・資料を緯糸として、母から娘へと幾代にも伝えられた手づくりの木綿文化を掘り起し、近代の木綿の盛衰を描く。増補版　四六判３３６頁　'00

94 **合せもの**　増川宏一
「合せる」には古来、一致させるの他に、競う、闘う、比べる等の意味があった。貝合せや絵合せ等の遊戯・賭博を中心に、広範な人間の営みを「合せる」行為に辿る。　四六判３００頁　'00

95 **野良着**（のらぎ）　福井貞子
明治初期から昭和四〇年までの野良着を収集・分類・整理し、それらの用途と年代、形態、材質、重量、呼称などを精査して、働く庶民の創意にみちた生活史を描く。　四六判２９２頁　'00

96 **食具**（しょくぐ）　山内昶
東西の食文化に関する資料を渉猟し、食法の違いを人間の自然に対するかかわり方の違いとして捉えつつ、食具を人間と自然をつなぐ基本的な媒介物として位置づける。　四六判２９０頁　'00

97 **鰹節**（かつおぶし）　宮下章
黒潮からの贈り物・カツオの漁法から鰹節の製法や食法、商品としての流通までを歴史的に展望するとともに、沖縄やモルジブ諸島の調査をもとにそのルーツを探る。　四六判３８２頁　'00

98 **丸木舟**（まるきぶね）　出口晶子
先史時代から現代の高度文明社会まで、もっとも長期にわたり使われてきた刳り舟に焦点を当て、その技術伝承を辿りつつ、森や水辺の文化の広がりと動態をえがく。　四六判３２４頁　'01

99 **梅干**（うめぼし）　有岡利幸
日本人の食生活に不可欠の自然食品・梅干をつくりだした先人たちの知恵に学ぶとともに、健康増進に驚くべき薬効を発揮する、その知られざるパワーの秘密を探る。　四六判３００頁　'01

100 **瓦**（かわら）　森郁夫
仏教文化と共に中国・朝鮮から伝来し、一四〇〇年にわたり日本の建築を飾ってきた瓦をめぐって、発掘資料をもとにその製造技術、形態、文様などの変遷をたどる。　四六判３２０頁　'01

101 **植物民俗**　長澤武
衣食住から子供の遊びまで、幾世代にも伝承された植物をめぐる暮らしの知恵を克明に記録し、高度経済成長期以前の農山村の豊かな生活文化を愛惜をこめて描き出す。　四六判３４８頁　'01

102 **箸**（はし） 向井由紀子／橋本慶子
そのルーツを中国、朝鮮半島に探るとともに、日本人の食生活に不可欠の食具となり、日本文化のシンボルとされるまでに洗練された箸の文化の変遷を総合的に描く。 四六判３３４頁 '01

103 **採集** ブナ林の恵み 赤羽正春
縄文時代から今日に至る採集・狩猟民の暮らしを復元し、動物の生態系と採集生活の関連を明らかにしつつ、民俗学と考古学の両面から山に生かされた人々の姿を描く。 四六判２９８頁 '01

104 **下駄** 神のはきもの 秋田裕毅
古墳や井戸等から出土する下駄に着目し、下駄が地上と地下の他界を結ぶ聖なるはきものであったという大胆な仮説を提出、日本の神々の忘れられた側面を浮彫にする。 四六判３０４頁 '02

105 **絣**（かすり） 福井貞子
膨大な絣遺品を収集・分類し、絣産地を実地に調査して絣の技法と文様の変遷を地域別・時代別に跡づけ、明治・大正・昭和の手づくりの染織文化の盛衰を描き出す。 四六判３１０頁 '02

106 **網**（あみ） 田辺悟
漁網を中心に、網に関する基本資料を網羅して網の変遷と網をめぐる民俗を体系的に描き出し、網の文化を集成する。「網に関する小事典」「網のある博物館」を付す。 四六判３１６頁 '02

107 **蜘蛛**（くも） 斎藤慎一郎
「土蜘蛛」の呼称で畏怖される一方「クモ合戦」など子供の遊びとしても親しまれてきたクモと人間との長い交渉の歴史をその深層に遡って追究した異色のクモ文化論。 四六判３２０頁 '02

108 **襖**（ふすま） むしゃこうじ・みのる
襖の起源と変遷を建築史・絵画史の中に探りつつその用と美を浮彫にし、衝立・障子・屏風等と共に日本建築の空間構成に不可欠の建具となるまでの経緯を描き出す。 四六判２７０頁 '02

109 **漁撈伝承**（ぎょろうでんしょう） 川島秀一
漁師たちからの聞き書きをもとに、寄り物、船霊、大漁旗など、漁撈にまつわる〈もの〉の伝承を集成し、海の道によって運ばれた習俗や信仰の民俗地図を描き出す。 四六判３３４頁 '03

110 **チェス** 増川宏一
世界中に数億人の愛好者を持つチェスの起源と文化を、欧米における膨大な研究の蓄積を渉猟しつつ探り、日本への伝来の経緯から美術工芸品としてのチェスにおよぶ。 四六判２９８頁 '03

111 **海苔**（のり） 宮下章
海苔の歴史は厳しい自然とのたたかいの歴史だった——採取から養殖、加工、流通、消費に至る先人たちの苦難の歩みを史料と実地調査によって浮彫にする食物文化史。 四六判１７２頁 '03

112 **屋根** 檜皮葺と柿葺 原田多加司
屋根葺師一〇代の著者が、自らの体験と職人の本懐を語り、連綿として受け継がれてきた伝統の手わざを体系的にたどりつつ伝統技術の保存と継承の必要性を訴える。 四六判３４０頁 '03

113 **水族館** 鈴木克美
初期水族館の歩みを創始者たちの足跡を通して辿りなおし、水族館をめぐる社会の発展と風俗の変遷を描き出すとともにその未来像をさぐる初の〈日本水族館史〉の試み。 四六判２９０頁 '03

114 **古着**（ふるぎ）　朝岡康二
仕立てと着方、管理と保存、再生と再利用等にわたり衣生活の変容を近代の日常生活の変化として捉え直し、衣服をめぐるリサイクル文化が形成される経緯を描き出す。　四六判２９２頁　'03

115 **柿渋**（かきしぶ）　今井敬潤
染料・塗料をはじめ生活百般の必需品であった柿渋の伝承を記録し、文献資料をもとにその製造技術と利用の実態を明らかにして、忘れられた豊かな生活技術を見直す。　四六判２９４頁　'03

116-I **道Ｉ**　武部健一
道の歴史を先史時代から説き起こし、古代律令制国家の要請によって駅路が設けられ、しだいに幹線道路として整えられてゆく経緯を技術史・社会史の両面からえがく。　四六判２４８頁　'03

116-II **道Ⅱ**　武部健一
中世の鎌倉街道、近世の五街道、近代の開拓道路から現代の高速道路網までを通観し、道路を拓いた人々の手によって今日の交通ネットワークが形成された歴史を語る。　四六判２８０頁　'03

117 **かまど**　狩野敏次
日常の煮炊きの道具であるとともに祭りと信仰に重要な位置を占めてきたカマドをめぐる忘れられた伝承を掘り起こし、民俗空間の壮大なコスモロジーを浮彫りにする。　四六判２９２頁　'04

118-I **里山Ｉ**　有岡利幸
縄文時代から近世までの里山の変遷を人々の暮らしと植生の変化の両面から跡づけ、その源流を記紀万葉に描かれた里山の景観や大和・三輪山の古記録・伝承等に探る。　四六判２７６頁　'04

118-II **里山Ⅱ**　有岡利幸
明治の地租改正による山林の混乱、相次ぐ戦争による山野の荒廃、エネルギー革命、高度成長による大規模開発など、近代化の荒波に翻弄される里山の見直しを説く。　四六判２７４頁　'04

119 **有用植物**　菅　洋
人間生活に不可欠のものとして利用されてきた身近な植物たちの来歴と栽培・育種・品種改良・伝播の経緯を平易に語り、植物と共に歩んだ文明の足跡を浮彫にする。　四六判３２４頁　'04

120-I **捕鯨Ｉ**　山下渉登
世界の海で展開された鯨と人間との格闘の歴史を振り返り、「大航海時代」の副産物として開始された捕鯨業の誕生以来四〇〇年にわたる盛衰の社会的背景をさぐる。　四六判３１４頁　'04

120-II **捕鯨Ⅱ**　山下渉登
近代捕鯨の登場により鯨資源の激減を招き、捕鯨の規制・管理のための国際条約締結に至る経緯をたどり、グローバルな課題としての自然環境問題を浮き彫りにする。　四六判３１２頁　'04

121 **紅花**（べにばな）　竹内淳子
栽培、加工、流通、利用の実際を現地に探訪して紅花とかかわってきた人々からの聞き書きを集成し、忘れられた〈紅花文化〉を復元しつつその豊かな味わいを見直す。　四六判３４６頁　'04

122-I **もののけＩ**　山内昶
日本の妖怪変化、未開社会の〈マナ〉、西欧の悪魔やデーモンを比較考察し、名づけ得ぬ未知の対象を指す万能のゼロ記号〈もの〉をめぐる人類文化史を跡づける博物誌。　四六判３２０頁　'04

122-Ⅱ **もののけⅡ** 山内昶
日本の鬼、古代ギリシアのダイモン、中世の異端狩り・魔女狩り等々をめぐり、自然＝カオスと文化＝コスモスの対立の中で〈野生の思考〉が果たしてきた役割をさぐる。四六判280頁 '04

123 **染織**（そめおり） 福井貞子
自らの体験と厖大な残存資料をもとに、糸づくりから織り、染めにわたる手づくりの豊かな生活文化を見直す。創意にみちた手わざのかずかずを復元する庶民生活誌。四六判294頁 '05

124-Ⅰ **動物民俗Ⅰ** 長澤武
神として崇められたクマやシカをはじめ、人間にとって不可欠の鳥獣や魚、さらには人間を脅かす動物など、多種多様な動物たちと交流してきた人々の暮らしの民俗誌。四六判264頁 '05

124-Ⅱ **動物民俗Ⅱ** 長澤武
動物の捕獲法をめぐる各地の伝承を紹介するとともに、全国で語り継がれてきた多彩な動物民話・昔話を渉猟し、暮らしの中で培われた動物フォークロアの世界を描く。四六判266頁 '05

125 **粉**（こな） 三輪茂雄
粉体の研究をライフワークとする著者が、粉食の発見からナノテクノロジーまで、人類文明の歩みを〈粉〉の視点から捉え直した壮大なスケールの〈文明の粉体史観〉 四六判302頁 '05

126 **亀**（かめ） 矢野憲一
浦島伝説や「兎と亀」の昔話によって親しまれてきた亀のイメージの起源を探り、古代の亀卜の方法から、亀にまつわる信仰と迷信、鼈甲細工やスッポン料理におよぶ。四六判330頁 '05

127 **カツオ漁** 川島秀一
一本釣り、カツオ漁場、船上の生活、船霊信仰、祭りと禁忌など、カツオ漁にまつわる漁師たちの伝承を集成し、黒潮に沿って伝えられた漁民たちの文化を掘り起こす。四六判370頁 '05

128 **裂織**（さきおり） 佐藤利夫
木綿の風合いと強靭さを生かした裂織の技と美をすぐれたリサイクル文化として見なおす。東西文化の中継地・佐渡の古老たちからの聞書をもとに歴史と民俗をえがく。四六判308頁 '05

129 **イチョウ** 今野敏雄
「生きた化石」として珍重されてきたイチョウの生い立ちと人々の生活文化とのかかわりの歴史をたどり、この最古の樹木に秘められたパワーを最新の中国文献にさぐる。四六判312頁〔品切〕 '05

130 **広告** 八巻俊雄
のれん、看板、引札からインターネット広告までを通観し、いつの時代にも広告が人々の暮らしと密接にかかわって独自の文化を形成してきた経緯を描く広告の文化史。四六判276頁 '06

131-Ⅰ **漆**（うるし）**Ⅰ** 四柳嘉章
全国各地で発掘された考古資料を対象に科学的解析を行ない、縄文時代から現代に至る漆の技術と文化を跡づける試み。漆が日本人の生活と精神に与えた影響を探る。四六判274頁 '06

131-Ⅱ **漆**（うるし）**Ⅱ** 四柳嘉章
遺跡や寺院等に遺る漆器を分析し体系づけるとともに、絵巻物や文学作品の考証を通じて、職人や産地の形成、漆工芸の地場産業としての発展の経緯などを考察する。四六判216頁 '06

132 まな板　石村眞一
日本、アジア、ヨーロッパ各地のフィールド調査と考古・文献・絵画・写真資料をもとにまな板の素材・構造・使用法を分類し、多様な食文化とのかかわりをさぐる。　四六判372頁 '06

133-I 鮭・鱒（さけ・ます）I　赤羽正春
鮭・鱒をめぐる民俗研究の前史から現在までを概観するとともに、原初的な漁法から商業的漁法にわたる多彩な漁法と用具、漁場と社会組織の関係などを明らかにする。　四六判292頁 '06

133-II 鮭・鱒（さけ・ます）II　赤羽正春
鮭漁をめぐる行事、鮭捕り衆の生活等を聞き取りによって再現し、人工孵化事業の発展とそれを担った先人たちの業績を明らかにするとともに、鮭・鱒の料理におよぶ。　四六判352頁 '06

134 遊戯　その歴史と研究の歩み　増川宏一
古代から現代まで、日本と世界の遊戯の歴史を概説し、内外の研究者との交流の中で得られた最新の知見をもとに、研究の出発点と目的を論じ、現状と未来を展望する。　四六判296頁 '06

135 石干見（いしひみ）　田和正孝編
沿岸部に石垣を築き、潮汐作用を利用して漁獲する原初的漁法を日・韓・台に残る遺構と伝承の調査・分析をもとに復元し、東アジアの伝統的漁撈文化を浮彫りにする。　四六判332頁 '07

136 看板　岩井宏實
江戸時代から明治・大正・昭和初期までの看板の歴史を生活文化史の視点から考察し、多種多様な生業の起源と変遷を多数の図版をもとに紹介する〈図説商売往来〉。　四六判266頁 '07

137-I 桜I　有岡利幸
そのルーツと生態から説きおこし、和歌や物語に描かれた古代社会の桜観から「花は桜木、人は武士」の江戸の花見の流行まで、日本人と桜のかかわりの歴史をさぐる。　四六判382頁 '07

137-II 桜II　有岡利幸
明治以後、軍国主義と愛国心のシンボルとして政治的に利用されてきた桜の近代史を辿るとともに、日本人の生活と共に歩んだ「咲く花、散る花」の栄枯盛衰を描く。　四六判400頁 '07

138 麴（こうじ）　一島英治
日本の気候風土の中で稲作と共に育まれた麴菌のすぐれたはたらきの秘密を探り、醸造化学に携わった人々の足跡をたどりつつ醱酵食品と日本人の食生活文化を考える。　四六判244頁 '07

139 河岸（かし）　川名登
近世初頭、河川水運の隆盛と共に物流のターミナルとして賑わい、船旅や遊廓などをもたらした河岸（川の港）の盛衰を河岸に生きる人々の暮らしの変遷としてえがく。　四六判300頁 '07

140 神饌（しんせん）　岩井宏實／日和祐樹
土地に古くから伝わる食物を神に捧げる神饌儀礼に祭りの本義を探り、近畿地方主要神社の伝統的儀礼をつぶさに調査して、豊富な写真と共にその実際を明らかにする。　四六判374頁 '07